Les Tablettes Android

POUR LES NULS

Les Tablettes Android

POUR LES NULS

Dan Gookin

FIRST
> Interactive

Les Tablettes Android pour les Nuls

Titre de l'édition originale : *Android Tablets For Dummies, 3rd Edition*

Collection dirigée par Jean-Pierre Cano
Traduction : Anne Le Boterf
Mise en page : maged

Edition française publiée en accord avec Wiley Publishing, Inc.
© Éditions First, un département d'Édi8, 2016
12 avenue d'Italie
75013 Paris
Tél. : 01 44 16 09 00
Fax : 01 44 16 09 01
E-mail : firstinfo@efirst.com
Web : www.editionsfirst.fr
ISBN : 978-2-7540-8756-8
Dépôt légal : 2e trimestre 2016

Imprimé en Italie par La Tipografica Varese Srl, 21100 Varese - Italie

Sommaire

Deuxième partie : Rester en contact 75

Introduction

Bienvenue dans le XXIe siècle ! Les ordinateurs ? Oubliez-les ! Ils sont vieux, lourds, maladroits, et pas conçus pour notre nouveau style de vie moderne. Rejetez ces choses du passé, et rejoignez les tendances du jour : achetez une *tablette*, ce *gizmo*, comme disent les Anglo-Saxons, mobile, voire même communicant, que vous pouvez emporter avec vous et qui vous permet de rester connecté à peu près partout où vous vous rendez (à condition quand même qu'un réseau Wi-Fi soit accessible…).

Évitez de suivre la foule des nouveaux adorateurs du dieu Tablette, prête à se précipiter sur le moindre écran. Certes, aucun de ces appareils ne remplacera un smartphone et les factures mensuelles qui l'accompagnent. Mais n'ayez aucune crainte : votre tablette n'est pas près de vous lâcher, et vous n'êtes pas près non plus de la lâcher…

En tant que nouveau possesseur d'une tablette Android, ou à moins que vous ne soyez simplement intéressé(e) par son achat, vous avez évidemment envie de tirer le maximum de ses possibilités. Certes, cela peut être intimidant. Voire même frustrant. Mais rien dans tout cela n'est insurmontable, et votre expérience sera certainement encore meilleure à la lecture du livre que vous tenez entre les mains. C'est du moins ce que j'espère…

À propos de ce livre

Ce livre a été écrit pour vous aider à tirer le meilleur parti possible des possibilités offertes par votre tablette Android. C'est un ouvrage de référence. Chaque chapitre couvre un sujet spécifique, et les sections de ces chapitres s'intéressent à un point particulier de ce sujet. Vous n'avez donc pas besoin de lire ces vingt-deux chapitres dans l'ordre. En fait, je vous l'interdis.

N'OUBLIEZ PAS

Mettons-nous bien d'accord tout de suite : nous allons dans ce livre accompagner pas à pas une tablette standard, quelle que soit la dimension de son écran. Pour le reste, son système d'exploitation

(Android 6, dit Marshmallow) et son fonctionnement sont comparables à ceux de toutes ses sœurs. Et c'est ce qui nous intéresse ici. En route donc tout le monde !

N'OUBLIEZ PAS

Si le système d'exploitation de votre propre tablette est un peu plus ancien, ne refermez pas ce livre ! En fait, l'immense majorité des informations soigneusement décortiquées dans tout ce qui suit vous concerne aussi.

Au fil des pages, vous allez par exemple découvrir comment :

- verrouiller votre tablette ;
- activer la saisie vocale depuis le clavier ;
- importer des contacts depuis votre ordinateur ;
- configurer un compte de messagerie ;
- accéder à votre compte Facebook ;
- dialoguer avec vos contacts ;
- aider vos amis à vous localiser ;
- installer de nouvelles applications ;
- gérer votre emploi du temps.

Et tant d'autres choses encore… Vous n'avez rien de particulier à mémoriser, pas de formules magiques à prononcer, pas de sacrifices d'animaux à faire, et, définitivement, pas de présentations PowerPoint à ingurgiter. Au lieu de tout cela, chaque section explique un point particulier en supposant que vous venez d'ouvrir le livre au hasard à cette page-là. Il n'y a aucun présupposé à remplir. Et si certains termes un peu techniques doivent tout de même être expliqués, vous en êtes immédiatement prévenus. Ignorez-les si c'est ce que vous voulez. L'idée de ce livre, ce n'est pas de faire un cours de tablette Android niveau 7, 8 ou 10, mais tout simplement de vous aider à vous y retrouver tout seul ou toute seule, à comprendre en vous exerçant la philosophie générale qui sous-tend tout le fonctionnement de votre tablette, et ensuite de vous laisser vivre votre vie.

Comment utiliser ce livre

Je l'avoue, il y a quand même quelques conventions sur lesquelles nous devons nous mettre d'accord. Tout d'abord, votre tablette sera simplement appelée par son nom, ou parfois par la variante : votre *tablette Android*. En fait, vous devriez déjà savoir que le système qui l'anime s'appelle Google, pardon Android.

Pour interagir avec votre tablette, vous allez passer par son *écran tactile*, la grande « vitre » qui se trouve devant vous (l'autre côté de la tablette n'intéresse personne). Il y a bien aussi quelques boutons physiques et quelques connecteurs pour les branchements dont vous avez besoin. Tout cela est décrit dans le Chapitre 1.

Les premiers contacts avec votre tablette sont décortiqués dans le Chapitre 2.

Les diverses manières de toucher l'écran sont expliquées (entre autres choses) dans le Chapitre 3.

Le Chapitre 4 vous montre comment saisir du texte sur la tablette à l'aide de son *clavier virtuel*. Et vous apprendrez dans ce même chapitre comment entrer du texte en parlant à votre tablette.

Ce livre vous invite aussi à faire telle ou telle chose en suivant des étapes numérotées, chacune correspondant à une activité spécifique, comme toucher un élément affiché sur l'écran. Par exemple :

3. **Choisissez Installer.**

   Cela signifie que vous devez trouver un texte, un lien ou encore un bouton qui indique Installer, et toucher l'écran à cet endroit pour déclencher une certaine action.

Mais je pourrais tout aussi bien écrire :

3. **Touchez Installer.**

Ou encore :

3. **Tapez sur Installer.**

Toucher, taper, cela revient au même. En fait, c'est comme *cliquer* sur un ordinateur traditionnel.

Certaines options peuvent être activées ou désactivées, ce qui est généralement indiqué au moyen d'un bouton-poussoir (gris en position désactivée et vert quand l'option est activée), comme le dessin placé en marge. En touchant ce bouton sur votre écran, vous pouvez le faire passer du gris au vert (soit l'activer), et inversement, du vert au gris (soit le désactiver). On appelle aussi cela une *bascule* (ou un interrupteur).

Quelques suppositions un peu folles

Même si ce livre est écrit à l'intention de toutes celles et de tous ceux qui débutent, ou qui se sentent intimidé(e)s par cette petite merveille technologique qu'est une tablette Android, j'ai tout de même dû faire quelques suppositions. Ainsi, je *suppose* que vous êtes un être humain, et non une créature venue coloniser la Terre depuis la lointaine planète Zontar.

Et, bien entendu, je suppose aussi que vous êtes soit l'heureux ou l'heureuse propriétaire d'une tablette Android, soit que vous vous apprêtez à en faire l'acquisition. Sinon, tournez-vous plutôt vers la quinzième édition du célèbre ouvrage « Je ne sais pas pourquoi je lis ce livre *pour les Nuls* »...

Les programmes qui s'exécutent sur votre tablette sont appelés des *applications*, et les membres du clan Google disent même entre eux *apps*. Ce qui sonne comme un cri de ralliement. Donc, un certain programme est une *app*, ou une *application*. Et réciproquement.

Enfin, ce livre ne suppose pas que vous avez un compte de messagerie Google. Enfin, si, quand même. En posséder déjà un ne saurait nuire, bien au contraire. En fait, vous n'allez même pas pouvoir vous en passer. Le Chapitre 2 vous explique comment créer et configurer un compte Google. Sachez par avance que c'est *très* important pour profiter au mieux de votre tablette Android, car c'est ce qui vous permet d'accéder à certaines fonctionnalités, informations et applications qui vous aideront à rendre votre tablette encore plus efficace et productive.

Comment ce livre est organisé

Le livre est divisé en cinq parties, chacune traitant d'un certain aspect des tablettes Android ou de leur utilisation.

Première partie : Adopter un petit Android

Cette partie couvre en particulier la mise en service et la configuration de votre tablette Android afin de vous familiariser avec son fonctionnement. C'est un bon point de départ si vous découvrez totalement le monde des tablettes, de l'électronique mobile en général, ou bien le système d'exploitation Android en particulier.

Deuxième partie : Rester en contact

Dans cette partie, vous allez découvrir comment votre tablette Android peut communiquer électroniquement avec vos amis en ligne. Il y a les e-mails, le Web, les réseaux sociaux, et même l'astuce réclamée à cor et à cri grâce à laquelle il est possible d'utiliser une tablette pour lancer des appels téléphoniques et des discussions en vidéo !

Troisième partie : Les incroyables exploits d'une tablette Android

Votre tablette ne connaît pratiquement pas de limites dans son domaine. Pour le prouver, cette partie va vous montrer comment vous en servir pour faire des tas de choses étonnantes : lire des livres, visualiser des cartes, naviguer, gérer vos albums photo (et même prendre des photos), jouer de la musique, gérer votre agenda, faire des calculs et, potentiellement, bien plus encore.

Quatrième partie : Des écrous et des boulons

Cette quatrième partie couvre des sujets variés. Vous y verrez par exemple comment connecter votre tablette à Internet (sans fil et sans filets), mais aussi à d'autres appareils, comme une imprimante (ou un autre équipement) Bluetooth. Un des chapitres vous explique comment partager et échanger des fichiers avec votre ordinateur. Et il faudra bien nous intéresser aussi à des questions un peu moins amusantes, comme la maintenance de la tablette, sa personnalisation, ou encore la résolution des problèmes qui pourraient survenir.

Icônes utilisées dans ce livre

Cette icône signale un conseil utile ou un raccourci commode.

Pour vous aider à ne pas oublier de faire quelque chose de particulier.

Vous entrez dans une zone dangereuse, et cette icône vous alerte sur quelque chose que vous ne devriez *pas* faire.

NOTE TECHNIQUE

Malgré tous les efforts consentis, il y a tout de même quelques points techniques que je me dois d'expliciter. Mais vous n'êtes pas forcé de les lire. Quoique cela pourrait tout de même vous servir à briller en société !

Et maintenant ?

Commencez votre lecture ! Regardez la table des matières et trouvez-y un sujet qui vous intéresse. Ou feuilletez tranquillement les pages jusqu'à ce que vous repériez un mot qui vous accroche. Ou commencez tout simplement par le Chapitre 1 !

Et si vous voulez découvrir d'autres informations ou nouvelles, n'hésitez pas à jeter un coup d'œil sur mon site Web, `www.wambooli.com` (désolé, c'est uniquement en anglais).

Bonne lecture, et bon amusement avec votre tablette Android !

Première partie

Adopter un petit Android

Dans cette partie...

Fort heureusement, l'ère des robots domestiques n'est pas pour demain, car elle marquerait sans aucun doute l'extinction progressive de la race humaine.

Par conséquent, ne prenez pas le terme Android au pied de la lettre. Il identifie dans nos sociétés modernes un « simple » téléphone cellulaire ou une tout aussi « simple » tablette comme la vôtre dont l'intelligence potentielle reste contrôlée par le bout de vos petits doigts espiègles. Soucieuse de vous assister dans votre vie quotidienne, cette tablette n'a pas (encore) pour dessein de détruire votre existence. Par conséquent, profitez de la lecture de cette partie pour découvrir ce petit Android docile qui a tant besoin d'amour.

Chapitre 1

Sortie de boîte

Dans ce chapitre

- Sortir la tablette de sa boîte
- Charger la batterie
- Se familiariser avec la tablette
- Acquérir des accessoires optionnels
- Ranger la tablette

Quel que soit le nom de la tablette que vous avez achetée, elle fonctionne sous le système d'exploitation Android, et plus spécifiquement avec la version 6.*quelque chose*, dite aussi Marshmallow (autrement dit, guimauve, car on est très branché sucrerie chez Google). Mais avant de rentrer dans les détails de son utilisation, vous devez procéder à un certain nombre de travaux préparatoires qui consistent notamment à extraire la tablette de sa boîte, et à faire ami-ami avec elle.

Des tablettes Android, il en existe des tas de différentes marques, et, pour chaque marque, de différents modèles. Toutes ont en commun le système d'exploitation Android. Mais toutes ne sont ni identiques, ni égales. Il est donc parfaitement possible que l'interface de la vôtre diffère plus ou moins de ce qui vous est présenté dans ce livre. De même, votre appareil peut avoir une configuration matérielle plus ou moins évoluée ou encore des capacités d'extension plus ou moins étendues. Bien entendu, il n'est pas possible d'explorer toutes les possibilités. C'est pourquoi la consultation du manuel (généralement électronique) qui est censé accompagner votre tablette reste indispensable.

Un petit mot d'introduction

Mettre en marche une tablette Android n'est pas vraiment difficile. Évidemment, les personnes qui ont un QI de 240 trouveront même cela très facile. Mais, comme disait Albert Einstein, « tout est relatif. »

Le premier point important, c'est que vous pouvez prendre tout votre temps pour effectuer la première configuration de votre tablette. Il n'y a rien de particulièrement complexe à mettre en œuvre, et aucun ingrédient secret. C'était les premières bonnes nouvelles.

Donc, vous allez devoir travailler un peu pour configurer votre tablette lorsque vous l'allumerez pour la première fois. En gros, cela consiste à sortir tous les éléments de leur boîte, peut-être à assembler un composant ou deux, à charger la batterie et à configurer un compte Google. Les sections qui suivent vont vous aider à partir du bon pied.

- La configuration logicielle de la tablette consiste pour l'essentiel à l'associer à votre compte Google (évidemment, il va falloir commencer par l'allumer !). Et vous aurez besoin pour cela d'une connexion Internet (les techniciens Google ne se déplacent pas à domicile, désolé). Patientez jusqu'au Chapitre 2 pour que je vous explique la procédure.
- Certaines (rares) tablettes sont en plus capables de se connecter à un réseau téléphonique cellulaire. Là, il y a un peu de travail supplémentaire pour avoir le droit de payer vos factures mensuelles. Mais nous y reviendrons aussi rapidement dans le Chapitre 2.
- Évidemment, les tablettes sans aucune capacité d'accès à un réseau de téléphonie mobile (donc la quasi-totalité de la famille) ont simplement besoin d'un accès en Wi-Fi. C'est gratuit et accessible partout où vous pouvez vous connecter de cette manière.

Libération et configuration, les deux mamelles d'une tablette

Croyez-le ou non, une tablette fonctionne beaucoup mieux en dehors de son emballage. Cette procédure dépend de votre caractère et de votre patience. Personnellement, je préfère la sortir de sa boîte en prenant quelques précautions afin de ne pas l'abîmer. Pourquoi ? Parce qu'elle a beau être solide et plutôt compacte, il n'en demeure pas moins qu'elle est relativement onéreuse ! Il serait quand même très dommage de la détériorer avant même de l'utiliser.

L'emballage d'une tablette Android contient quelques éléments particulièrement utiles. Sortez-les tranquillement de la jolie boîte et posez-les dans le bon ordre sur votre table de salon (ou de salle à manger). Prenez le temps d'identifier les éléments spécifiques suivants :

- La tablette elle-même. Vous devriez pouvoir facilement l'identifier.
- Le câble du chargeur et d'échange de données, de type USB.
- Le chargeur qui se branche sur une prise secteur murale et qui accueille le câble de mise en charge et d'échange des données.
- Des papiers, des instructions, une garantie, et peut-être même un petit opus très utile portant le nom de *démarrage rapide*.

La tablette est parfois enveloppée dans un sachet en plastique. Son écran (son dos aussi d'ailleurs) est généralement protégé par une fine pellicule transparente. Certaines informations peuvent y être imprimées. Bien entendu, vous pouvez immédiatement retirer le sachet en plastique et les pellicules de protection.

Je suggère de conserver *ad vitam aeternam* le carton d'emballage, le manuel d'utilisation et les autres instructions. Vous utiliserez cette boîte pour y stocker l'ensemble de ces documents.

Charger la batterie

En règle générale, la batterie d'une tablette neuve est partiellement chargée. Toutefois, un jour ou l'autre (et même plus souvent que cela), vous serez bien obligé de la recharger. Voici donc la procédure à suivre :

1. **Branchez le câble USB fourni avec l'appareil sur le chargeur.**

   Vous pouvez bien entendu le brancher aussi sur une prise USB de votre ordinateur. Mais cette méthode n'est pas à conseiller ici : l'ordinateur, c'est très bien pour transférer des fichiers, mais beaucoup moins efficace pour alimenter la batterie d'une tablette.

2. **Une fois le chargeur assemblé, branchez-le à une prise secteur murale.**

Ces prises sont présentes un peu partout dans votre habitation. Il s'agit en effet des prises de courant auxquelles vous branchez des éclairages, votre fer à repasser, ou bien encore votre téléviseur.

3. **Raccordez le câble USB à votre tablette.**

   Dès lors, le chargement de la batterie peut commencer. L'électricité arrive dans l'adaptateur (ou si vous préférez le chargeur), et délivre le courant à la batterie *via* le câble USB.

Pour de nombreux modèles, un témoin lumineux permet de suivre l'évolution de la procédure de chargement. La couleur de ce témoin peut varier d'un appareil à l'autre. Il peut par exemple être orange, ou vert clignotant. Vous savez que la charge est terminée lorsque le témoin orange passe au vert, ou lorsque le témoin vert ne clignote plus. Une fois la batterie chargée, consultez le Chapitre 2 pour savoir ce que vous pouvez maintenant faire avec votre tablette.

Si la tablette est déjà allumée (quelle impatience !), le témoin de charge s'affiche en haut de l'écran tactile, sous la forme d'une animation montrant une jauge qui se remplit. Quand la jauge est pleine, la batterie est chargée.

- Si la tablette s'allume toute seule, ne paniquez pas ! Ne touchez à rien, et patientez tranquillement jusqu'au Chapitre 2.
- Je conseille de recharger complètement la batterie avant d'utiliser la tablette. Au moins, cela vous apprendra comment procéder.
- Vous pouvez également charger votre tablette en la branchant directement sur un port USB de votre ordinateur. Bien entendu, l'ordinateur doit être allumé ! Mais, comme cela a déjà été noté, ce n'est pas l'idéal. Ce genre de connexion sert essentiellement à échanger des fichiers ou des informations. Mais nous y reviendrons plus en détail dans le Chapitre 16.
- Vous pouvez utiliser la tablette pendant son chargement.
- Vous pouvez charger la tablette dans votre voiture en branchant le chargeur sur l'allume-cigare ou sur une prise 12 volts. Vous devrez pour cela vous procurer une prise adéquate (autrement dit, un chargeur allume-cigare/USB). Mais à quoi sert une tablette dans une voiture ? Par exemple à servir de GPS (voyez le Chapitre 10) ou encore à permettre à votre épouse, ou à votre époux, de se plonger dans un livre électronique pendant que vous conduisez. Bien entendu, il faudra oublier Internet pendant le voyage !

- En résumé, les tablettes se rechargent beaucoup plus rapidement *via* une prise secteur que par un port USB ou un allume-cigare.
- Normalement, les tablettes Android ont une batterie fixe. N'essayez surtout pas d'ouvrir le dos du bel appareil pour voir à quoi ressemblent ses entrailles ! Si la batterie ne se charge pas, ou si elle se décharge très vite, vous devrez la faire réparer ou la remplacer. Désolé…

Explorer la tablette

Vous n'avez besoin d'aucune boussole pour trouver votre chemin. Le tour de votre tablette se fait en quelques petites minutes, et vous allez très vite vous familiariser avec elle.

C'est quoi, ces choses sur ma tablette ?

Une image vaut mieux qu'un long discours, d'autant que si vous ne connaissez pas les différentes parties d'une tablette, l'évocation de ses éléments ne vous en apprendra pas davantage. Donc, regardez la Figure 1.1 qui illustre un genre de tablette Android générique.

Si vous observez la tablette de face, vous devriez facilement repérer les éléments suivants :

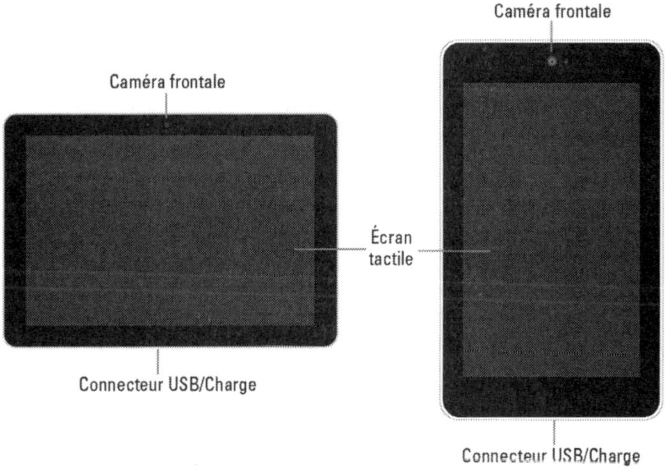

Figure 1.1 : Tablette en vue.

TRUC

Typiquement, les tablettes Android n'ont pas de clavier physique. Elles se servent à la place d'un clavier virtuel qui apparaît uniquement quand vous en avez besoin. Nous y reviendrons au Chapitre 4.

- **Écran tactile :** C'est ce qu'il y a de plus grand et de plus visible. En fait, l'écran occupe presque la totalité de la tablette. Vous pouvez le regarder (après tout, c'est un écran), mais aussi le toucher pour contrôler la tablette (eh, oui, elle est tactile, quoique pas vraiment sensuelle).
- **Caméra frontale :** Les tablettes Android disposent d'une caméra frontale placée au-dessus et au centre de l'écran tactile. Selon le format de la tablette, cette caméra se trouve soit en haut lorsque l'appareil est tenu horizontalement, soit en haut lorsqu'il est tenu verticalement (reportez-vous à la Figure 1.1).
- **Capteur de lumière :** Il est difficile à voir, mais sachez tout de même que ce capteur se trouve juste à gauche (ou à droite) de la caméra frontale. Il sert à ajuster le niveau de luminosité de l'écran, et probablement aussi à d'autres choses, mais rien qui puisse nous intéresser ici.
- **Connecteur USB :** Le connecteur USB accueille le câble USB de votre tablette. Vous pouvez l'utiliser pour charger celle-ci ou pour établir une communication entre votre tablette Android et votre ordinateur.

Voilà pour la mise en bouche. Bien entendu, en jetant un coup d'œil tout autour de la tablette, vous trouverez divers boutons, voire d'autres connecteurs, ouvertures et gadgets. Faites le tour du propriétaire et prenez note de leur emplacement :

- **Allumage/Verrouillage :** Le bouton de mise sous tension et de verrouillage se situe généralement dans la partie supérieure de la tablette ou sur l'un de ses côtés. Généralement, il est facilement repérable grâce à l'icône universelle représentée en marge. Il sert à allumer ou éteindre la tablette, ainsi qu'à la mettre en veille (c'est le *verrouillage*) ou à la sortir de son sommeil (c'est le *déverrouillage*). Vous en saurez plus à ce sujet dans le Chapitre 2.
- **Volume :** Le volume de la tablette peut être réglé avec les boutons situés sur le côté gauche ou droit de votre appareil. Il s'agit d'ailleurs souvent d'un seul grand bouton qui fonctionne comme une bascule : un appui sur le haut augmente le son, un appui sur le bas le diminue (ou le coupe carrément).

Le bouton de réglage du volume peut parfois être utilisé pour zoomer lorsque vous activez la fonction appareil photo de votre tablette.

- **Emplacement pour carte mémoire :** Cet emplacement, s'il existe, est destiné à recevoir une carte mémoire MicroSD pour y stocker plein de fichiers, de photos, de films, etc. Nous allons y revenir dans la prochaine section. Mais sachez que toutes les tablettes n'acceptent pas ce genre d'extension (c'est en particulier le cas chez Google).
- **Prise pour écouteurs :** C'est le trou dans lequel vous pouvez brancher des écouteurs standards.
- **Haut-parleurs :** Vous trouvez généralement ces petites enceintes stéréo à gauche et à droite de la tablette, parfois devant, souvent sur les côtés, et occasionnellement sur l'arrière de l'appareil.
- **Micro :** Il est à peine visible et peut se trouver sur la face avant ou sur un côté de l'appareil. Certaines tablettes ont même deux micros ! Si vous n'arrivez pas à repérer ce satané micro, ce n'est pas grave : il est là ! Pour qu'il fonctionne correctement, vous devez parler avec clarté.

Évidemment, il y a aussi le dos de la tablette. Il est généralement sans intérêt, même si certains modèles disposent d'une seconde caméra et d'un flash à LED. Et c'est tout.

- Il est vrai que les tablettes ne sont pas les meilleurs appareils photo numériques qui soient. Avec une seule caméra frontale, à vous le monde des *selfies* ! Mais pour capturer un paysage ou une fête de famille, ce n'est évidemment pas l'idéal.
- Même si la tablette possède une seconde caméra, elle n'est pas forcément accompagnée d'un flash…
- Certaines tablettes possèdent un composant NFC (pour *Near Field Communication*). Cette technologie permet d'échanger des informations en la mettant dos à dos avec un autre appareil NFC. Ce procédé se développe aussi dans l'utilisation des paiements électroniques (d'accord, sortir une tablette à la caisse d'une grande surface peut être une expérience curieuse…). Voyez à ce sujet le Chapitre 16.
- Ne collez rien sur l'entrée du microphone. Il ne servirait plus à grand-chose. Contentez-vous de ce que l'on vous propose : le câble USB, des écouteurs ou encore une carte mémoire MicroSD.

Installer une carte MicroSD

Certaines tablettes Android acceptent une carte mémoire amovible qui vous permet d'y enregistrer quantité de données, comme des photos, des vidéos, de la musique, des documents de travail, et tout ce que vous pouvez imaginer d'autre. Le format de ces cartes est bien souvent appelé SD (pour `Secure Digital`), mais le terme juste est MicroSD.

Une carte MicroSD est assez minuscule, et il vaut donc mieux ne pas la faire tomber entre deux lames de parquet... Elle vient se placer dans une fente qui se trouve sur le côté de la tablette, mais il est aussi possible de l'insérer dans votre ordinateur pour l'utiliser comme toute autre carte mémoire amovible.

Pour utiliser ce genre de carte avec un ordinateur, vous devrez utiliser un adaptateur SD/MicroSD. Sinon, vous risqueriez de ne même pas pouvoir la récupérer !

Pour insérer une carte MicroSD dans votre tablette, suivez ces étapes :

1. **Commencez par vous assurer que la tablette est bien éteinte.**

   Le Chapitre 2 vous explique tout à ce sujet. Mais, si nécessaire, appuyez sur le bouton Marche/Verrouillage et maintenez-le enfoncé. Choisissez ensuite la commande Éteindre dans le menu qui s'affiche (il vous suffit de toucher ce mot sur l'écran tactile).

2. **Localisez le réceptacle (ou *slot*) MicroSD.**

   Prenez quelques précautions. Avec un ongle, soulevez délicatement la languette de protection. Dans certains cas, celle-ci s'enlève complètement. Dans d'autres, il faut la pousser sur le côté pour révéler l'ouverture.

3. **Insérez la carte MicroSD dans son support.**

   La carte ne peut s'installer que dans un sens. Parfois, un petit schéma indique l'orientation appropriée. Pour faire court, la face imprimée devrait être face à vous, les petits connecteurs dorés étant dirigés vers l'arrière de la tablette.

   Un petit clic atteste que la carte est correctement insérée.

4. **Remettez le couvercle de protection en place.**

Une fois la carte MicroSD installée, vous allez pouvoir allumer votre tablette. En fait, vous devriez attendre le Chapitre 2 pour le faire. Un peu de patience quand même !

La plupart du temps, vous allez tout simplement laisser votre carte MicroSD en place. Mais si vous avez besoin de la retirer, par exemple pour la remplacer par une nouvelle, suivez ces étapes :

1. **Éteignez votre tablette Android.**

   Si la tablette reste allumée, vous risquez d'endommager la carte MicroSD en la retirant.

2. **Ouvrez la languette ou le couvercle qui protège le connecteur MicroSD.**
3. **Poussez légèrement la carte avec un ongle jusqu'à ce qu'elle sorte de son logement.**
4. **Prenez la carte entre deux doigts et sortez-la de la tablette.**
5. **Le cas échéant, insérez une nouvelle carte.**
6. **Remettez le couvercle de protection en place.**

Comme la carte MicroSD est très petite, il vaut mieux la ranger dans une mini-boîte sur laquelle vous collerez une mini-étiquette où vous écrirez une mention sur son contenu avec un mini-crayon. Ou bien, insérez-la immédiatement dans un adaptateur MicroSD.

- N'oubliez pas que toutes les tablettes n'acceptent pas la présence d'une carte mémoire. C'est peut-être un point à vérifier avant un achat. C'est déjà trop tard ?
- Il est peu probable que votre tablette soit livrée avec une carte MicroSD en cadeau. C'est donc un investissement supplémentaire à faire.
- Les cartes mémoire se distinguent notamment par leur capacité de stockage mesurée en giga-octets (Go ou Gb en bon anglais). Ces capacités sont généralement de 16, 32 ou 64 Go, voire davantage. Plus cette valeur est élevée, plus vous pouvez stocker de données, et plus le prix monte. Avant tout achat, vérifiez la capacité maximale autorisée par la tablette.
- Pour utiliser une carte MicroSD sur un ordinateur, vous avez besoin d'un adaptateur (il est généralement fourni avec la carte). Vous insérez la carte MicroSD dans l'adaptateur, puis celui-ci dans le connecteur adéquat de l'ordinateur. Et c'est parti !
- Bien entendu, votre tablette a aussi une mémoire interne, sans laquelle elle ne serait qu'un objet de décoration inutile. C'est là que se trouvent le système d'exploitation Android, les programmes que vous installez et de nombreuses choses néces-

saires au fonctionnement de la tablette, et bien trop compliquées pour le commun des mortels.

Utiliser des écouteurs

Parfois, des écouteurs sont fournis avec l'appareil ou bien vous sont donnés en cadeau par un revendeur. S'ils ne sont pas indispensables à l'utilisation d'une tablette Android, ils peuvent toutefois vous aider dans certaines circonstances.

Les écouteurs les plus répandus sont de type *auriculaire*. Ils s'enfoncent délicatement dans votre oreille, ce qui vous permet de les utiliser en toute discrétion.

Le câble de ce type d'écouteurs est généralement équipé d'un bouton qui permet de contrôler le volume ou de couper le son.

Parfois, ce bouton présente un petit trou qui sert de microphone. Vous pouvez ainsi parler à votre tablette tout en ayant les mains libres.

- N'importe quel type de casque peut être utilisé sur votre tablette.
- Les écouteurs peuvent être respectivement libellés R et L. L'écouteur R (pour *right*) est destiné à l'oreille droite et l'écouteur L (pour *left*), à l'oreille gauche.
- Pour plus d'informations sur l'utilisation d'une tablette Android comme lecteur de musique portable, consultez le Chapitre 12.
- N'OUBLIEZ PAS : Insérez correctement la prise des écouteurs dans le connecteur de votre tablette. En cas de mauvaise insertion, vous n'entendrez tout simplement rien.
- Vous pouvez également utiliser des écouteurs Bluetooth. Voyez le Chapitre 16.
- TRUC : Rangez vos écouteurs quand vous ne les utilisez pas. Pour ne pas emmêler le câble, tenez les écouteurs dans une main, et enroulez le câble autour de l'autre main. Ensuite, placez les écouteurs dans votre poche ou sur votre bureau.

Ajouter des accessoires

Vous trouverez sur Internet et dans les boutiques spécialisées de nombreux accessoires destinés aux tablettes Android. Les sections suivantes présentent les accessoires les plus communément utilisés par les possesseurs de tablettes.

Pochettes et étuis

Je vous recommande d'acheter ce genre d'accessoire afin de protéger votre tablette des chocs et des saletés.

Vérifiez que le modèle que vous convoitez est bien compatible avec votre appareil. Ce n'est pas parce qu'un étui est indiqué comme ayant la même taille que votre tablette que les deux vont faire bon ménage.

Certaines pochettes permettent d'installer la tablette en position presque verticale, ce qui est bien pratique. D'autres intègrent en plus un clavier USB, Wi-Fi ou Bluetooth, voire une souris. Si votre budget vous le permet, ce n'est pas une mauvaise idée.

Protection d'écran

Les traces de doigt s'accumulent vite sur l'écran tactile. Lui offrir un film de protection transparent est donc une excellente initiative.

Pour installer ce film, procédez doucement et progressivement à son application, en veillant bien à chasser les bulles d'air au fur et à mesure de l'opération.

Pour nettoyer un écran, utilisez exclusivement un chiffon doux, genre microfibres, et donc aucun produit chimique. Vous n'allez pas endommager l'appareil en général, mais vous risqueriez de rendre l'écran nettement moins, comment dire... tactile.

Station d'accueil

Il s'agit d'une base solide et stable sur laquelle vous pouvez installer votre tablette. Les stations d'accueil les plus sophistiquées sont équipées d'une sortie HDMI, de connecteurs USB, et parfois même d'un écran et d'un clavier.

Bien entendu, le paragraphe ci-dessus n'a de sens et d'intérêt que si le constructeur de votre tablette propose ce type d'accessoire.

Chargeur de voiture

Si vous envisagez une utilisation de votre tablette en voiture, installez-la sur un chargeur adapté (vous aurez besoin de votre câble et d'une prise USB qui vient se brancher sur une prise 12 volts du véhicule). Ainsi, votre tablette sera accessible et vous permettra d'écouter de la musique, de l'utiliser comme un GPS, ou encore à vos enfants de regarder des vidéos ou de jouer.

Chargeur à induction

Voici une technologie qui semble tout droit sortie de *Star Trek*. Elle permet de recharger votre tablette sans le raccorder à un chargeur. Attention, car tous les constructeurs ne proposent pas ce genre d'option !

Câble HDMI

Ce câble HDMI est nécessaire pour profiter du connecteur idoine de votre tablette Android (si elle en est pourvue bien sûr). Ainsi, elle pourra diffuser des images et des sons sur un écran informatique ou de télévision. Imaginez toute votre famille pouvant profiter des photographies ou des séquences vidéo sur grand écran !

Certains appareils, bien qu'étant dépourvus de connecteur HDMI, peuvent tout de même être reliés à un téléviseur *via* un câble spécial dit MHL. Lisez le guide éventuellement fourni avec votre tablette pour savoir si elle est compatible MHL (avec alimentation sur le secteur) ou MHL 2.0 (sans alimentation). Pour plus d'informations à ce sujet, voyez le Chapitre 16.

Un havre de paix pour votre tablette

Bien souvent, les tablettes sont laissées au hasard d'une table, d'un bureau, et d'autres endroits peu sécurisés. Pourquoi ? Parce que nous voulons utiliser ces appareils le plus rapidement possible. Or, il est important d'en prendre soin pour en assurer la pérennité.

Ranger la tablette

Je vous conseille de trouver une place sécurisée pour votre tablette comme votre bureau, un buffet, ou une table de nuit. Si vous la rangez systématiquement au même endroit, vous ne paniquerez pas à l'idée de l'avoir perdue. La constance est la clé de la quiétude d'esprit et de la sécurité.

TRUC

Un bon endroit, c'est tout simplement à côté de votre ordinateur.

- Si possible, une station d'accueil permet de ranger systématiquement votre tablette au même endroit.
- Ne rangez jamais une tablette sur une chaise. On ne sait jamais ce qui peut se passer si quelqu'un décide tout d'un coup de monter dessus, par exemple pour changer une ampoule Attention aussi aux tables de salon. La tablette risquerait de disparaître sous des magazines et d'être écrasée par une personne peu soigneuse qui posera ses pieds dessus sans s'en apercevoir.
- N'exposez jamais votre tablette à l'action directe des rayons du soleil.

Trimbaler partout son Android

Si vous êtes comme moi, vous transportez probablement partout votre tablette, que ce soit au bureau, dans les transports en commun, dans votre voiture et même en avion. Vous risquez donc de tomber en état de manque.

Évidemment, vous n'allez pas vous déplacer sans ranger votre tablette dans une pochette ou un étui de bonne fabrication. Cela lui épargnera d'être cabossée, rayée ou même de s'allumer de manière inopinée au fond de votre sac, bagage ou valise.

Chapitre 2

Réglages et configuration

Dans ce chapitre

- Configurer la tablette Android
- Ajouter un compte Google
- Allumer la tablette
- Déverrouiller l'écran
- Verrouiller l'écran
- Éteindre la tablette

Aussi sophistiquée soit-elle, une tablette Android ne répond pas forcément à vos attentes dès que vous la sortez de son emballage. Par conséquent, configurez-la pour qu'elle corresponde au mieux à vos besoins. Comme vous débutez avec une tablette, du moins je le suppose, j'ai rédigé un chapitre qui va vous aider à régler et à configurer votre nouveau joujou high-tech.

Bonjour, Mme Tablette !

Pour utiliser une tablette quelle qu'elle soit, et même s'il s'agit d'un Android, c'est-à-dire un appareil intelligent par excellence, vous devez l'allumer en appuyant sur un bouton.

La première fois que vous allumez une tablette Android (uniquement la toute première fois, rassurez-vous), elle vous demande d'effectuer un processus de configuration complet. Cette étape est nécessaire, bien que le type qui vous a vendu l'appareil ait pu gentiment le faire devant vous lors de votre achat. De toute manière, je vous demande de lire cette section juste pour vous assurer que tout est en bon ordre de marche.

Évidemment, la tablette ne fonctionnera pas si sa batterie est déchargée. Voyez à ce sujet le Chapitre 1.

Activer la tablette Android

Les rares tablettes qui sont capables de se connecter à un réseau téléphonique nécessitent une activation avant de pouvoir utiliser ce type de réseau. Fondamentalement, le processus est le même que pour un smartphone (après tout, la technologie de base est la même). Le but du jeu, dans ce cas, c'est d'associer votre tablette à votre compte chez tel ou tel opérateur de manière à payer tous les mois un abonnement.

Sinon, la procédure de mise en service est plutôt simple. Elle varie sur certains points selon le constructeur et le modèle, mais la démarche reste globalement identique. Assurez-vous que votre réseau Wi-Fi est bien accessible et que vous avez tous les codes nécessaires sous la main. Suivez alors ces étapes :

1. **Appuyez sur le bouton Marche/Verrouillage et laissez-le enfoncé quelques secondes.**

   Ces quelques secondes peuvent être plus ou moins longues selon les tablettes. Lorsque le logo du constructeur ou une animation apparaît sur l'écran tactile, vous pouvez relâcher le bouton.

2. **Si nécessaire, déverrouillez la tablette.**

   Pour cela, balayez l'écran tactile d'un doigt. Et si la procédure choisie par le constructeur est différente, des explications devraient vous aider à vous familiariser avec ce genre d'opération.

3. **Sélectionnez votre langue maternelle.**

   Français, c'est bien, vous ne trouvez pas ?

4. **Si nécessaire, touchez le bouton Activer (ou quelque chose du même genre), puis suivez les directives fournies par votre opérateur. Lorsque vous voyez un message qui vous indique que l'appareil est activé, touchez le bouton Suivant pour rejoindre le reste de la troupe (normalement, votre tablette devrait d'abord redémarrer une fois).**

   En fait, cette étape ne devrait vous concerner que si votre tablette fait également office de smartphone. Elle sert à vérifier que vous avez bien un compte actif. En cas de difficulté, contactez l'assistance téléphonique de l'opérateur. Comme il se doit, vous devrez généralement faire preuve d'une belle dose de patience.

Si votre tablette communique uniquement par Wi-Fi, contentez-vous de vérifier que celui-ci est facilement accessible.

Les prochaines étapes sont essentielles pour votre avenir avec Android. Elles consistent à lier la tablette avec votre Wi-Fi et avec votre compte Google (l'autre n'allant pas sans l'un). Continuez la lecture…

Créer un compte Google

Pour créer un compte Google (et vous *devez* avoir un compte Google !), il vous suffit de démarrer un ordinateur puis de vous conformer aux étapes suivantes :

1. **Ouvrez le programme de navigation Web installé sur votre ordinateur.**
2. **Rendez-vous sur la page d'accueil Google à l'adresse** `accounts.google.com` **(ou** `www.google.fr`**).**
3. **Dans la page qui apparaît, cliquez sur le bouton Connexion, puis sur le lien Créer un compte.**

   Vous accédez à la première étape de création d'un compte Google.
4. **Remplissez le formulaire d'ouverture du compte en fournissant les informations personnelles demandées. À la fin de chaque étape, cliquez sur le bouton Étape suivante (ou son équivalent).**

Une fois votre compte créé et configuré, je vous recommande de vous en déconnecter et de vous y reconnecter pour vérifier qu'il fonctionne correctement. Je vous conseille aussi de créer un signet pour accéder instantanément à la page d'accueil de votre compte Google. Pour synchroniser votre nouveau compte Google avec votre tablette Android, lisez la prochaine section.

- Un compte Google est gratuit. En effet, Google gagne de l'argent avec des publicités qui sollicitent régulièrement votre attention.
- Un compte Google donne accès à de nombreux services gratuits et à des programmes en ligne. Parmi eux, notons la messagerie électronique Gmail, la fonction d'agenda qui permet de planifier

vos rendez-vous, et un compte YouTube pour diffuser ou visualiser des vidéos.

- L'utilisation de divers programmes estampillés Google avec votre tablette est traitée tout au long de ce livre.

Maintenant que vous avez mis un pied dans la maison Google, il est temps d'en discuter avec votre tablette. Continuez la lecture…

Wi-Fi et compte Google

Quantité d'informations enregistrées dans votre tablette Android sont synchronisées avec votre compte Google *via* Internet. Il s'agit en particulier de vos contacts, de vos messages Gmail, de votre agenda, et plein d'autres choses encore. Mais rien ne peut se passer tant que vous n'êtes pas connecté à un réseau Wi-Fi et que vous n'avez pas indiqué à votre tablette tout ce qu'elle doit savoir sur votre compte Google. Obéissez, et vous serez récompensé !

N'OUBLIEZ PAS

Selon la marque et le modèle de votre tablette, la procédure peut plus ou moins varier. Par exemple, vous verrez peut-être un bouton qui indique Suivant, ou bien Continuer, au lieu d'une flèche ou d'un triangle. L'important, c'est de toucher le *bon* bouton. Mais ces étapes cruciales sont fondamentalement les mêmes.

1. **Si nécessaire, allumez la tablette et déverrouillez l'écran.**

   Le cas échéant, reprenez la procédure décrite dans la section précédente.

2. **Une fois la langue choisie, touchez le bouton fléché ou triangulaire pour confirmer et passer à la suite.**

   La prochaine étape va consister à configurer votre connexion Wi-Fi.

3. **Choisissez un réseau Wi-Fi.**

   En supposant qu'une connexion Wi-Fi adaptée est bien proposée, sélectionnez-la sur l'écran en tapant sur la ligne correspondante. Si vous voyez plusieurs lignes apparaître, choisissez votre « box », ou à défaut celle que vous utilisez le plus souvent.

   Personnellement, je me suis contenté de taper sur la ligne qui affichait le nom de ma *box*.

   TRUC

   Si vous ne voyez pas le nom de votre réseau Wi-Fi (ou du réseau auquel vous voudriez vous connecter), touchez le bouton Ajouter un autre réseau (ou son équivalent). Voyez aussi le

Chapitre 15 pour en apprendre davantage sur la connexion aux réseaux Wi-Fi. Sachez que vous pourrez toujours en ajouter de nouveaux par la suite. Vous n'êtes donc pas forcé de vous focaliser sur cette étape.

Si le nom de votre propre *box* n'apparaît pas, et de préférence en tête de liste, c'est vraisemblablement que celle-ci a un problème. Vous devriez peut-être la relancer pour rétablir le signal.

4. **Tapez le mot de passe ou le code d'accès, à l'aide du clavier qui s'affiche sur l'écran.**

   Le Chapitre 4 explique comment utiliser ce clavier.

   À ce stade, et comme personne ne regarde par-dessus votre épaule, vous avez parfaitement le droit d'activer la case Afficher le mot de passe. Ce genre de code est généralement très compliqué, et rien n'est plus énervant que de le saisir à l'aveugle, avec évidemment une erreur qui oblige à recommencer la procédure.

5. **Touchez le bouton Se connecter (ou Suivant).**

   Miracle ! La tablette devrait gentiment se connecter à votre réseau sans fil.

   Si vous avez sous la main un autre appareil Android (votre smartphone sans doute) déjà totalement configuré et doté de la technologie NFC (voir à ce sujet le Chapitre 16), vous pouvez effectuer rapidement un transfert de votre ou vos comptes, liste d'applications déjà installées et données personnelles. Mais, puisque vous découvrez la mise en service d'une nouvelle tablette, contentez-vous de pousser un cri d'émerveillement et de toucher l'option Non, merci.

   La prochaine étape va consister à configurer votre compte Google de manière à l'associer à votre tablette.

6. **Si nécessaire, obéissez aux directives qui sont affichées sur l'écran pour accéder à votre compte Google. Remplissez les champs à renseigner, autrement dit le nom de votre compte et le mot de passe que vous lui avez affectés (voir la Figure 2.1).**

   Cette étape peut fort bien ne pas être nécessaire si vous disposez déjà d'un compte Google et que vous l'utilisiez par exemple sur votre téléphone portable. Dans ce cas, il est fort possible que Google vous reconnaisse presque instantanément (« Mais comment font-ils pour me connaître aussi bien ? ») et identifie automatiquement votre compte. Il vous suffira alors de taper votre mot de passe Gmail puis de toucher le bouton Suivant pour accéder à votre compte Google.

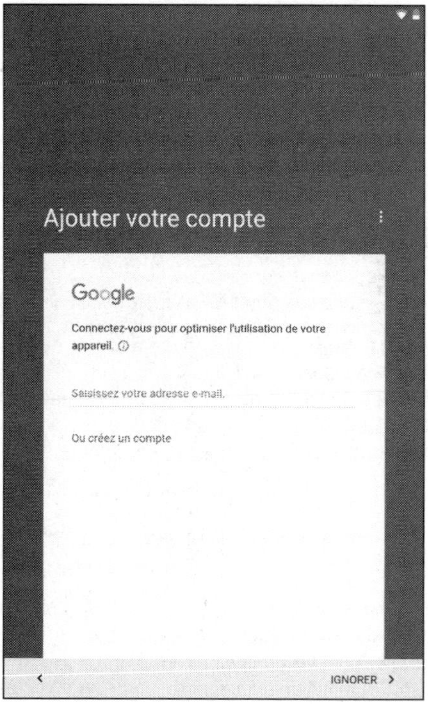

Figure 2.1 : Configurer le compte Google lors de la mise en service de la tablette.

7. **Une fois vos informations vérifiées, Google peut, comme il vous connaît bien, vous proposer de restaurer vos applications et leurs données, ainsi que quantité d'autres paramètres à partir d'un autre appareil Android sur lequel le compte que vous venez de spécifier est déjà enregistré. Vous pouvez alors vous contenter de toucher le bouton Suivant. Sinon, vous pouvez toucher la ligne qui affiche le nom de l'appareil connu par Google et choisir une autre option. Sinon, Google vous proposera tout simplement de configurer votre tablette en tant que nouvel appareil. C'est la voie que nous allons continuer à emprunter ici.**

8. **Dans l'écran Services Google, assurez-vous que les deux premières options sont cochées, puis touchez le bouton Suivant pour continuer (voir la Figure 2.2).**

   Les informations associées à votre compte Google sont ensuite synchronisées avec la tablette, y compris vos contacts, votre ou

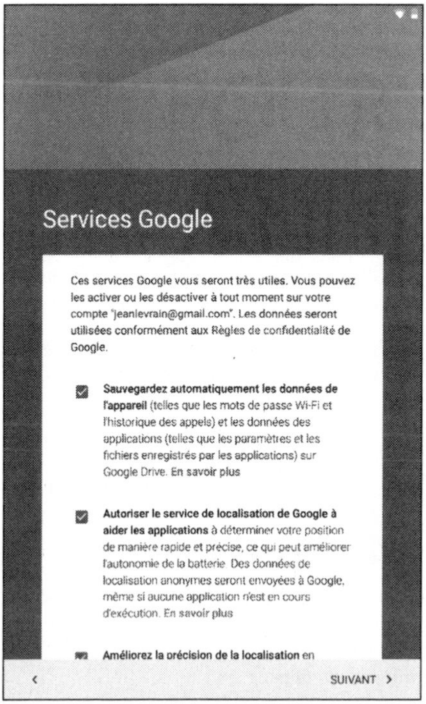

Figure 2.2 : Activer les services Google.

vos agendas, vos données YouTube, les favoris enregistrés dans votre navigateur Chrome, et un tas d'autres choses encore.

D'autre part, les services de localisation aident votre tablette Android à savoir où vous vous trouvez sur la planète Terre (désolé, amis martiens, le déploiement d'Android vers votre planète n'est pas encore achevé).

Ces services sont utilisés pour la navigation, pour trouver des lieux réputés être intéressants, savoir où se trouvent vos amis, calculer des itinéraires et ainsi de suite. Je vous recommande vivement d'activer ces services (à moins que vous ne vouliez rien savoir du monde, auquel cas une tablette babylonienne serait mieux adaptée à votre mode de vie). En revanche, aider Google à mieux vous espionner en laissant cochées les autres options n'est peut-être pas totalement indispensable…

11. **L'étape suivante vous propose d'ajouter une autre adresse e-mail que celle que vous venez de configurer, de type Yahoo !, Outlook.com ou Exchange (adresse professionnelle).**

Vous pouvez ignorer cette étape pour le moment, afin d'indiquer plus tard ces informations (c'est l'objet de la section suivante). Touchez pour cela l'option Pas maintenant, puis Suivant.

Voilà. Votre configuration est terminée.

12. **Il ne vous reste plus qu'à toucher le bouton OK pour commencer à utiliser votre tablette.**

La bonne nouvelle, c'est que vous avez déjà fait l'essentiel du travail. Et il y a une nouvelle encore meilleure : cette configuration n'a besoin d'être effectuée qu'une seule fois, lors du premier démarrage de votre tablette. Enfin libre !

- L'une des premières choses que vous allez remarquer, c'est la synchronisation quasi instantanée entre votre tablette et votre messagerie Gmail. Le Chapitre 6 vous dit tout à ce sujet.
- Voyez l'encadré « Mais c'est qui, ce M. Android ? » pour plus d'informations sur ce système d'exploitation.

Ajouter d'autres comptes

Vous avez maintenant un compte Google, mais vous n'êtes absolument pas tenu à une telle limite. Vous pouvez parfaitement en ajouter d'autres, de même que votre messagerie Internet habituelle, et ainsi de suite. Voici comment procéder :

1. **Quand l'écran d'accueil de la tablette s'affiche, touchez le bouton Apps.**

   Si cela ne vous parle pas, voyez le Chapitre 3 pour plus d'informations sur ce bouton ainsi que sur l'écran d'accueil.

2. **Dans l'écran Apps (c'est un diminutif pour *applications*, les programmes si vous préférez), touchez l'icône intitulée Paramètres. Cette application sert à configurer des hordes d'options sur la tablette.**

   L'icône représente une sorte de roue dentée.

3. **Faites défiler l'écran de l'application en effleurant l'écran tactile de bas en haut jusqu'à ce que vous repériez la rubrique Comptes. En bas de cette rubrique, touchez la ligne qui indique Ajouter un compte.**

   Vous allez voir une liste des types de comptes que vous pouvez ajouter sur votre tablette. Cette liste peut être plus ou moins longue selon les choix du constructeur. Mais ne désespérez pas si vous ne voyez rien qui semble vous concerner. Il existe diverses manières d'ajouter des comptes sur votre tablette. Nous y reviendrons le moment venu.

4. **Choisissez le compte à ajouter (par exemple Google, ou encore POP3 pour une messagerie Internet classique).**

5. **Remplissez les informations qui vous sont demandées, notamment votre adresse de messagerie et votre mot de passe.**

   Si vous ne faites pas d'erreur, et si vous n'utilisez pas un type de compte trop exotique, tout devrait bien se dérouler.

Pour continuer à ajouter des comptes supplémentaires, reprenez les étapes précédentes.

- Pour accéder aux informations associées à un compte individuel, ouvrez à nouveau l'application Paramètres, puis touchez la ligne du compte voulu dans la rubrique Comptes. Si ce compte est associé à une application spécifique, il est peut-être aussi possible de changer directement les informations du compte dans ladite application.
- Si vous voulez créer un compte supplémentaire, il est préférable de le faire directement sur votre ordinateur. Devant un grand écran et avec un vrai clavier, c'est tout de même plus facile !
- Le Chapitre 6 vous explique plus précisément comment ajouter un compte de messagerie Internet. Pour les fans de réseaux sociaux, le Chapitre 8 vous explique ce qu'il y a à savoir sur Facebook et Twitter.

En marche, tablette !

Rien ne devrait être plus simple qu'allumer un appareil électrique. Bien sûr, il y a déjà très longtemps que des types très intelligents ont inventé le bouton à bascule : j'appuie une fois, j'allume ; j'appuie une fois, j'éteins. Trop fort !

Oui, mais voilà : bien sûr, les appareils électroniques modernes ont aussi ce genre de bouton. Sauf qu'il ne s'agit plus d'un simple commutateur « On/Off ». Il est capable de faire d'autres choses, ce qui réclame donc quelques explications supplémentaires.

Allumer la tablette Android

Pour allumer votre tablette, c'est très simple : vous appuyez sur le bouton Marche/Verrouillage et vous le maintenez enfoncé. Au bout de quelques secondes, vous allez voir un mot ou une animation apparaître sur l'écran tactile. Cela signifie que la tablette vient de se mettre en route et que vous pouvez relâcher le bouton.

La prochaine étape va normalement consister à déverrouiller l'appareil. Par défaut, il s'agit généralement de toucher le symbole qui représente un cadenas, et de le faire glisser sur l'écran (voir la Figure 2.3).

Figure 2.3 : Déverrouiller l'écran de verrouillage.

- Parfois, l'écran de verrouillage est aussi capable de lancer directement une certaine application, par exemple l'appareil photo. Il faut alors faire glisser l'icône de l'application en question jusqu'à ouverture de cette dernière.
- Si, par défaut, la principale information affichée sur l'écran de verrouillage vous donne l'heure et la date, ce n'est pas forcément la seule. Un message (appelé *notification*) peut s'afficher sous cette dernière, pour indiquer par exemple la disponibilité de mises à jour de certaines applications.
- Si vous effleurez l'écran en partant du haut, vous allez voir s'afficher la *barre* (ou zone) *des notifications*. Pas de panique ! Vous en découvrirez les secrets le moment venu.
- Vous n'aurez probablement pas envie d'allumer et d'éteindre systématiquement votre tablette chaque fois que vous en aurez

besoin. Vous vous contenterez sans doute de la déverrouiller. Voyez la section qui suit.

Déverrouiller la tablette

Vous allez probablement laisser votre tablette allumée en permanence, y compris pendant que vous la rechargez. Elle a été conçue pour cela. Bien entendu, la batterie se décharge au fil du temps (disons, des heures). C'est pourquoi elle s'endort en se verrouillant elle-même automatiquement et en éteignant l'écran tactile pour économiser l'énergie si vous ne lui prêtez pas attention pendant un certain temps.

Pour déverrouiller la tablette, appuyez brièvement sur le bouton Marche/Verrouillage (l'appui long, c'est pour l'allumer).

L'écran de verrouillage va apparaître. En fait, il y a plusieurs variantes possibles de cet écran, comme nous allons le voir un peu plus loin (la Figure 2.3 illustre une configuration tout à fait standard).

- La tablette Android continue à faire son travail même quand elle est en veille. Vous continuez à recevoir vos messages, les statuts Facebook ou les posts Twitter continuent à arriver, et ainsi de suite. Et la tablette continue également à jouer la musique en cours. Génial, non ?
- Ce qu'il y a de vraiment bien avec les tablettes Android, c'est qu'elles ne ronflent pas en dormant.
- Voyez aussi un peu plus loin la section « Verrouiller la tablette ».

Travailler avec les écrans de verrouillage

L'écran de verrouillage de votre tablette, ce n'est pas un simple cadenas que l'on ouvrirait d'un coup sec. En fait, il peut y en avoir plusieurs, chacun présentant un niveau de sécurité différent.

NOTE TECHNIQUE

Il est aussi possible d'associer plusieurs utilisateurs à la tablette, ce qui ajoute une option supplémentaire à l'écran de verrouillage.

La Figure 2.4 illustre les trois types d'écrans de verrouillage sécurisés que vous pouvez rencontrer sur une tablette Android. Bien entendu, chaque constructeur peut avoir sa propre logique, mais les principales fonctions de sécurité sont présentes partout.

Le schéma de déverrouillage, ou modèle, nécessite que vous traciez d'un doigt un certain dessin pouvant couvrir toute ou partie d'une zone rectangulaire formée de neuf points (les lignes ne doivent pas

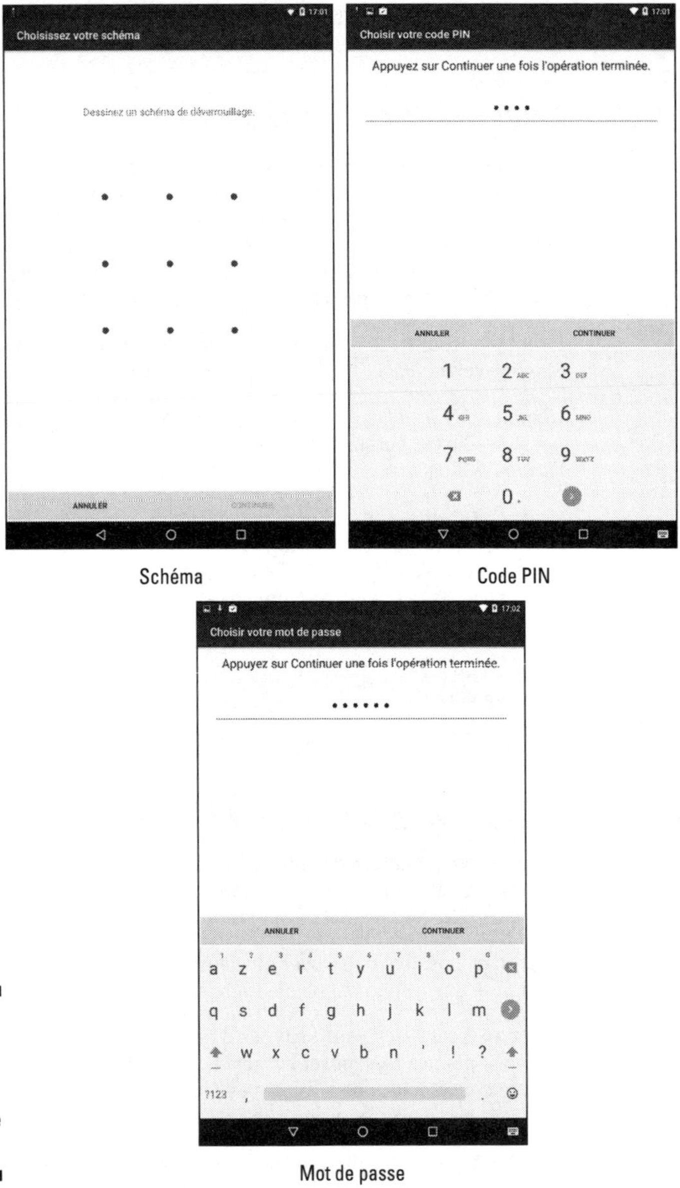

Figure 2.4 : Trois modes de déverrouillage d'une tablette Android.

se croiser). Si vous réussissez, la tablette accepte immédiatement ce signe de bienvenue.

Avec un code PIN, vous devez entrer un nombre secret pour déverrouiller la tablette. Entrez ce nombre puis tapez sur le bouton OK. En cas d'erreur, tapez sur la touche d'effacement (montrée en marge) pour supprimer le dernier chiffre et recommencer.

Enfin, la dernière possibilité nécessite que vous tapiez un mot de passe alphanumérique pour déverrouiller la tablette. Pour cela, touchez le champ de texte qui apparaît au centre de l'écran de manière à faire apparaître le clavier virtuel. Tapez le mot de passe, puis touchez le bouton Terminer afin de valider votre saisie.

Mais c'est qui, ce M. Android ?

Exactement comme un ordinateur, votre tablette a un *système d'exploitation*. Il s'agit du programme principal qui a en charge la gestion de la tablette et de toutes les applications qui y sont enregistrées. Mais, à la différence de ce qui se passe sur votre ordinateur, ce système, appelé *Android*, est *mobile*. En d'autres termes, il est conçu pour être utilisé avec des tablettes et des téléphones portables, mais aussi avec d'autres objets dits *connectés* (vous êtes content de votre montre intelligente ? Et elle vous donne même l'heure ?). Du fait de cette double nature, votre tablette peut apparaître aux yeux d'Android comme un simple périphérique du système, au même titre, par exemple, que votre smartphone ou votre téléviseur connecté.

Le système d'exploitation Android est aujourd'hui très largement employé sur les téléphones « intelligents » comme sur les tablettes (avec environ trois quarts de parts de marché devant le grand concurrent dont le nom m'échappe…). Votre tablette a ainsi accès à tous les logiciels possibles et imaginables conçus pour Android (les fameuses applications, ou *apps*). Vous apprendrez à télécharger et installer ces apps dans le Chapitre 14.

Android est fondé sur un autre système d'exploitation, Linux. Ce dernier existe également pour les ordinateurs de type PC, mais il est moins populaire que Windows, car il est plus difficile à configurer, bien qu'il soit plus stable et moins *bogué* que celui-ci. Google détient, gère et développe Android. C'est notamment pour cela que vos informations Google se synchronisent facilement avec votre tablette.

La mascotte Android, illustrée ici, apparaît à peu près partout, aussi bien dans les applications que sur du matériel estampillé Google. Comme elle n'a pas de nom officiel, on l'appelle généralement du doux nom d'Andy.

N'OUBLIEZ PAS

Incontestablement, la sécurité la plus efficace, c'est ce bon vieux mot de passe. À condition bien sûr de ne pas utiliser le même toujours et partout, de ne pas l'écrire sur un morceau de papier que vous laisserez traîner à côté de votre ordinateur, de ne pas vous contenter du nom de votre petit dernier ou de votre chien, et, plus important encore, de ne pas l'oublier !

- Ce que vous voyez sur votre propre tablette dépend de la manière dont vous avez configuré (ou non) ses options de sécurité. Le Chapitre 18 vous en dit plus sur cet épineux sujet.
- Le motif de déverrouillage peut commencer sur n'importe quel point, pas forcément en bas et à gauche. Le tout, c'est de reproduire correctement le modèle prédéfini.
- Le mot de passe doit contenir un nombre suffisant de caractères, dont au moins un chiffre. Il peut aussi inclure des caractères spéciaux, comme des astérisques ou des tirets.
- Pour plus d'informations sur l'utilisation du clavier virtuel, voyez le Chapitre 4.

Au revoir, Mme Tablette !

Vous pouvez dire « au revoir » à votre tablette Android de plusieurs manières. Vous pourriez par exemple louer un rouleau compresseur. Mais les façons les plus courantes consistent à la mettre en veille, ou bien à l'éteindre purement et simplement.

Mettre la tablette en veille

Pour basculer votre tablette Android en mode Veille, appuyez sur le bouton Marche/Verrouillage et relâchez-le. Quoi que vous fassiez, l'écran tactile se retrouve désactivé.

- Même en veille, votre tablette est toujours opérationnelle. Ce mode lui permet simplement d'économiser la batterie.
- Votre tablette Android passera le plus clair de son temps en mode veille. Et c'est tant mieux pour la santé de sa batterie.
- N'oubliez pas qu'une mise en veille est très différente de l'extinction pure et simple. Repos réparateur d'un côté, petite mort (réversible, heureusement) de l'autre…

- Toutes vos alarmes sont actives malgré le mode Veille, et vous pouvez continuer à écouter de la musique. Le réglage des alarmes est étudié au Chapitre 13.
- Le déverrouillage est tout aussi simple. Voyez plus haut.

Les options du mode Veille

Il n'est pas réellement utile de basculer manuellement votre tablette en veille, car elle est programmée pour le faire automatiquement après un certain temps d'inactivité.

Toutefois, vous devez configurer ce temps d'inactivité :

1. **Ouvrez l'application Paramètres comme expliqué plus haut.**
2. **Choisissez l'option Affichage.**
3. **Choisissez Veille (ou Mise en veille, ou quelque chose de ce style).**
4. **Dans la liste qui apparaît, sélectionnez une durée d'inactivité.**

   Chaque modèle a sa propre idée sur le délai idéal pour la mise en veille.
5. **Appuyez sur le bouton sensible Accueil pour revenir à l'écran d'accueil.**

Si vous ne touchez pas l'écran et que vous n'utilisiez pas la tablette, un chronomètre se déclenche à votre insu. Environ cinq ou dix secondes avant le terme de la période d'inactivité (voir l'étape 4), la luminosité de l'écran tactile diminue. Ensuite, la tablette bascule automatiquement en mode Veille. Si vous touchez l'écran avant ce terme, le chronomètre de mise en veille est réinitialisé.

Éteindre la tablette

Pour éteindre votre tablette, maintenez le bouton Marche/Arrêt enfoncé. Dans le menu qui apparaît sur l'écran, choisissez Éteindre. Une petite animation peut se dérouler lors de l'extinction de la tablette. L'écran tactile peut éventuellement devenir noir.

Si vous venez de changer brutalement d'avis, touchez simplement l'écran tactile à l'extérieur du menu ou encore le bouton de retour arrière.

- En plus de l'option Éteindre, votre tablette peut également vous proposer d'activer le mode Avion (qui désactive les communications) ou encore un mode Silencieux (dans lequel le son est coupé) ou encore de redémarrer.
- Quand la tablette est éteinte, elle est *vraiment* éteinte. Elle ne vous rappelle pas vos rendez-vous, ne charge pas vos messages, ne joue pas de la musique, et ainsi de suite. Mais ne vous sentez pas gêné. Après tout, c'est qui le maître ?
- N'oubliez pas de ranger soigneusement votre tablette une fois éteinte. Voyez à ce sujet le Chapitre 1.

Chapitre 3

L'Android Tour

Dans ce chapitre

- Utiliser l'écran tactile
- Portait ou paysage ?
- Régler le volume
- L'écran d'accueil, ses icônes et ses boutons
- Vérifier les notifications
- Exécuter des applications et travailler avec des widgets
- Voir les applications récemment utilisées
- Pas un, mais des écrans d'accueil

Votre tablette Android tire son nom de son système d'exploitation Android. À l'instar d'un PC ou d'un Macintosh, le système d'exploitation Android est un programme informatique. Il est conçu pour contrôler la tablette et vous permettre de communiquer avec elle. Ces interactions nécessitent l'exécution d'un certain nombre d'instructions qui apparaissent sur un écran. Vous voyez qu'il n'y a pas beaucoup de différences entre un ordinateur et une tablette. Ce chapitre vous aide à mieux comprendre et utiliser ce système d'exploitation.

N'OUBLIEZ PAS

Dans ce chapitre, comme d'ailleurs dans tout ce livre, les procédures de base comme les copies d'écrans sont faites avec une tablette Google Nexus. Comme Google, c'est Android, et qu'Android, c'est Google, la logique est respectée. Bien entendu, votre propre appareil peut avoir ses particularités bien à lui. Chaque constructeur aime en effet apporter sa touche personnelle à ses modèles. Partant de la même version d'Android, chacun ajoute une surcouche logicielle qui le différencie des autres. Mais, au final, les règles du jeu restent fondamentalement les mêmes, ce qui évite d'être trop dépaysé quand on passe d'une tablette Android à une autre.

Les opérations de base

Cette section décrit les opérations et les procédures élémentaires permettant d'utiliser une tablette Android standard.

Manipuler l'écran tactile

L'écran tactile réagit à un ou deux doigts, parfois même trois. Mais c'est là un exercice assez vertigineux.

Utilisez les doigts de votre choix et, si vous êtes aventureux, pourquoi ne pas essayer le bout de votre nez ? Voici comment utiliser un écran tactile :

- **Toucher :** Comme le nom de cette action l'indique, vous touchez l'écran du bout des doigts. Il s'agit en général de toucher l'icône d'un programme ou un élément de contrôle comme un curseur que vous glissez pour modifier un réglage (voir la Figure 3.1). Les synonymes de « toucher » sont *appuyer* et *cliquer*.
- **Double-toucher :** Cette action consiste à toucher, ou taper, deux fois de suite au même endroit de l'écran (voir la Figure 3.2). Cette forme de *double clic* est par exemple utilisée pour effectuer un zoom avant et arrière sur une image ou une carte.
- **Appui long :** Maintenez votre doigt appuyé sur une partie de l'écran (voir la Figure 3.3). Certaines opérations, comme le

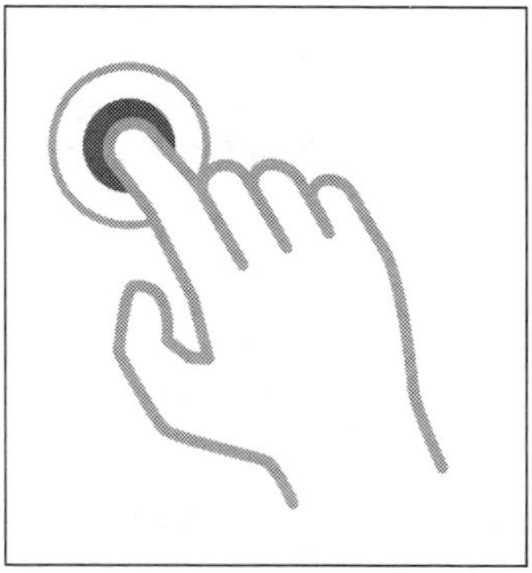

Figure 3.1 : Toucher.

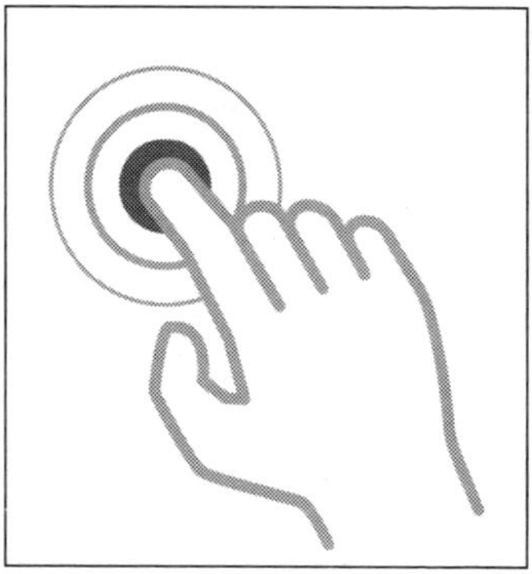

Figure 3.2 : Double-toucher.

déplacement d'une icône sur l'écran d'accueil, commencent par un appui prolongé.

- **Glisser :** Vous appuyez votre doigt à un endroit de l'écran, puis vous le glissez vers un autre sans relâcher la pression (voir la Figure 3.4). Le glissement peut être lent ou rapide. Si vous n'aimez pas glisser, effleurer, c'est aussi bien.

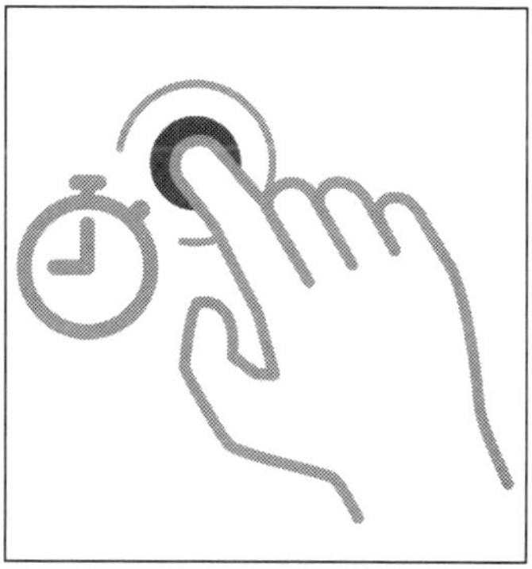

Figure 3.3 : Appui long.

- **Pincer :** Le pincement suppose que vos deux doigts sont éloignés l'un de l'autre et que vous les rapprochiez pour exécuter une action comme un zoom arrière sur une image ou une carte (voir la Figure 3.5).

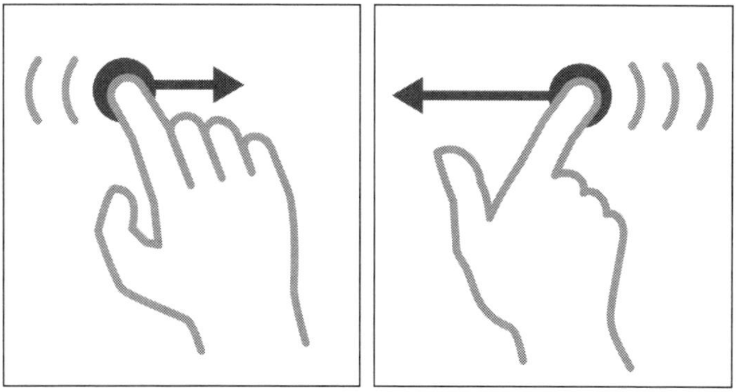

Figure 3.4 : Glisser (ou effleurer) vers la gauche ou la droite.

- **Écarter :** C'est l'action opposée au pincement. Cette fois, les deux doigts sont côte à côte, et vous les éloignez pour exécuter, par exemple, un zoom avant (voir la Figure 3.6).
- **Pivoter :** Il s'agit d'une action de rotation des deux doigts autour d'un point central de l'écran tactile (voir la Figure 3.7). Des objets à l'écran peuvent ainsi pivoter.

N'OUBLIEZ PAS

Vous ne pouvez pas exécuter d'actions tactiles si vous portez des gants, sauf s'ils ont été spécialement conçus pour manipuler des écrans électroniques (comme ceux de Batman), ou si l'écran de votre

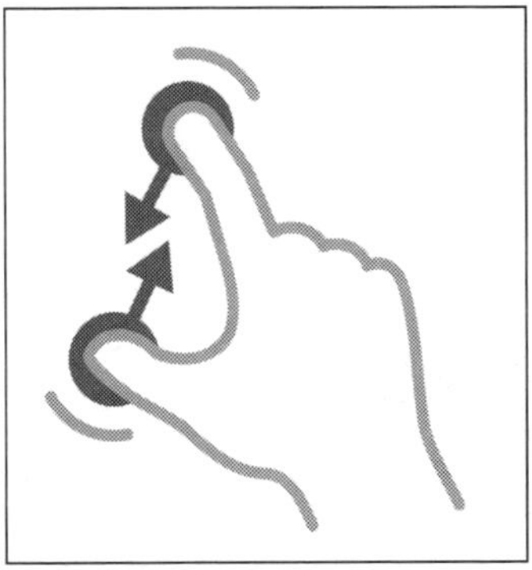

Figure 3.5 : Pincer.

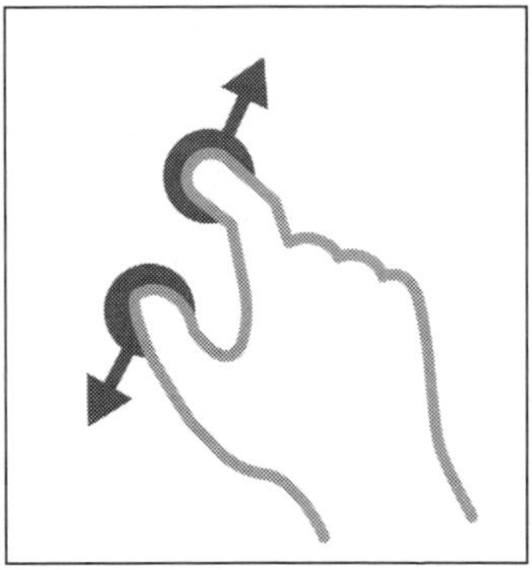

Figure 3.6 : Écarter.

tablette est spécifiquement conçu pour cela.

Inévitablement, les doigts laissent des traces. Un nettoyage s'impose alors.

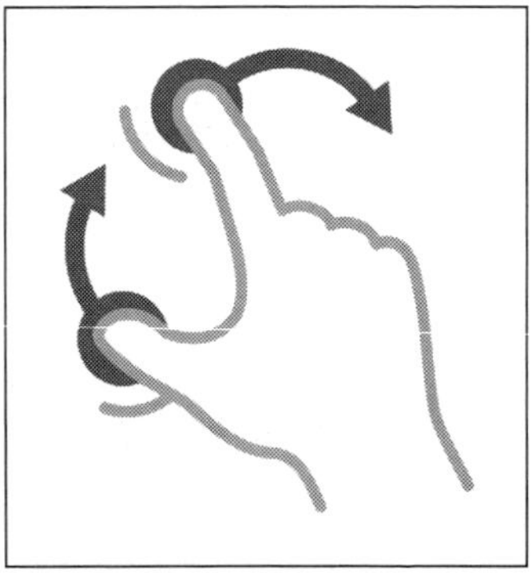

Figure 3.7 : Pivoter.

Changer l'orientation

Les tablettes Android disposent d'un *accéléromètre* utilisé par diverses applications pour déterminer l'orientation de votre tablette.

La méthode la plus simple pour tester cette fonctionnalité consiste à afficher une page Web, puis de vous conformer aux étapes suivantes :

1. **Sur l'écran d'accueil, touchez l'application dédiée au Web.**

   Sur bon nombre de tablettes, le navigateur Web par défaut est Chrome, l'enfant chéri de Google. Sur d'autres, il peut s'appeler Navigateur ou tout simplement Internet. En règle générale, cette icône se trouve par défaut en bas de l'écran d'accueil, dans la barre des favoris. Sinon, vous devriez la retrouver en touchant le bouton Applis.

2. **Inclinez la tablette sur la gauche (ou sur la droite, c'est comme vous voulez).**

   Comme le montre la Figure 3.8, la page Web change d'orientation, passant d'une disposition verticale à une disposition horizontale.

3. **Redressez la tablette.**

Orientation portrait (verticale)

Orientation paysage (horizontale)

Figure 3.8 : Orientations verticale et horizontale d'une tablette.

La page Web s'affiche de nouveau verticalement.

- Pour plus d'informations sur l'utilisation de votre tablette en tant que navigateur Web, reportez-vous au Chapitre 7.
- Nous verrons un peu plus loin comment empêcher l'image de tourner en bloquant la rotation.
- La plupart des applications basculent leur affichage du mode portrait au mode paysage lorsque vous inclinez la tablette. De rares programmes, en revanche, restent en orientation portrait. Enfin, la plupart des jeux ne s'affichent qu'en mode portrait *ou* paysage.
- Certains jeux utilisent à merveille l'efficacité de l'accéléromètre de la tablette. Labyrinth en est un bon exemple. D'autres vous demandent de secouer ou d'agiter l'appareil pour effectuer certaines actions. Dans un jeu de conduite sportive comme Need For Speed, vous vous servez même de la tablette comme s'il s'agissait du volant d'une automobile. Vous trouverez ces jeux, et des tas d'autres encore, sur Play Store. Pour plus d'informations, consultez le Chapitre 14.

Régler le volume

Le volume contrôle la puissance de sortie de tous les sons émis par la tablette. Trouver le bon équilibre a donc son importance, en particulier lorsque vous écoutez de la musique ou regardez une vidéo. Pensez à ceux qui vous entourent ou portez un casque !

Le bouton de contrôle du volume est situé sur le côté de votre tablette. Appuyez sur sa partie supérieure pour monter le son, et sur sa partie inférieure pour le baisser. Faites glisser d'un doigt la barre de réglage qui apparaît pour régler le niveau à votre convenance (voir la Figure 3.9).

Le bouton fléché, à droite du bandeau de réglage du son, donne accès à quelques réglages supplémentaires permettant de choisir individuellement le volume des notifications, des contenus multimédias et des alarmes.

- Si vous réduisez le son au minimum et que vous diminuiez encore le volume, vous activez le mode silencieux. Plus aucun son ne sortira alors de votre tablette. Une icône représentant un sens interdit s'affiche alors à droite de la barre des notifications, en haut de l'écran.

- Sur certaines tablettes, vous pouvez également activer le mode silencieux en faisant un appui long sur le bouton Marche/Verrouillage, puis en touchant cette option dans le menu qui apparaît.
- Le bouton de volume est fonctionnel même lorsque la tablette est en veille. Pas besoin de la réveiller, donc, pour monter ou descendre le son de votre morceau de musique favori !
- Certaines tablettes possèdent en supplément un mode vibreur, comme un vrai smartphone.

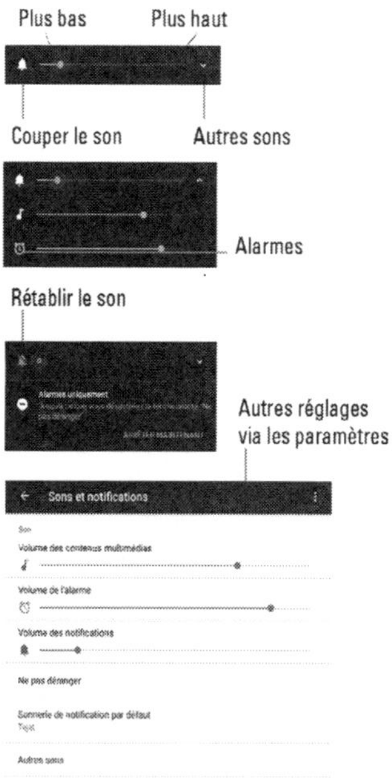

Figure 3.9 : Régler le volume sonore.

Écran, mon bel écran d'accueil

Une fois votre tablette déverrouillée, ce que vous voyez apparaître s'appelle fort joliment l'*écran d'accueil*. Et c'est lui aussi qui revient devant vos yeux éblouis lorsque vous quittez une application.

Le tour de l'écran d'accueil

La Figure 3.10 illustre un écran d'accueil relativement typique. *Relativement* signifie qu'il comporte tous les éléments de base de n'importe quel écran d'accueil, mais qu'il a visiblement déjà été personnalisé.

N'OUBLIEZ PAS

La personnalisation de l'écran d'accueil est traitée dans le Chapitre 18.

Plusieurs choses importantes et intéressantes apparaissent sur ce fameux écran d'accueil. Certes, chaque constructeur lui apporte sa touche personnelle, mais Android sait imposer ses règles. Petite revue de détail :

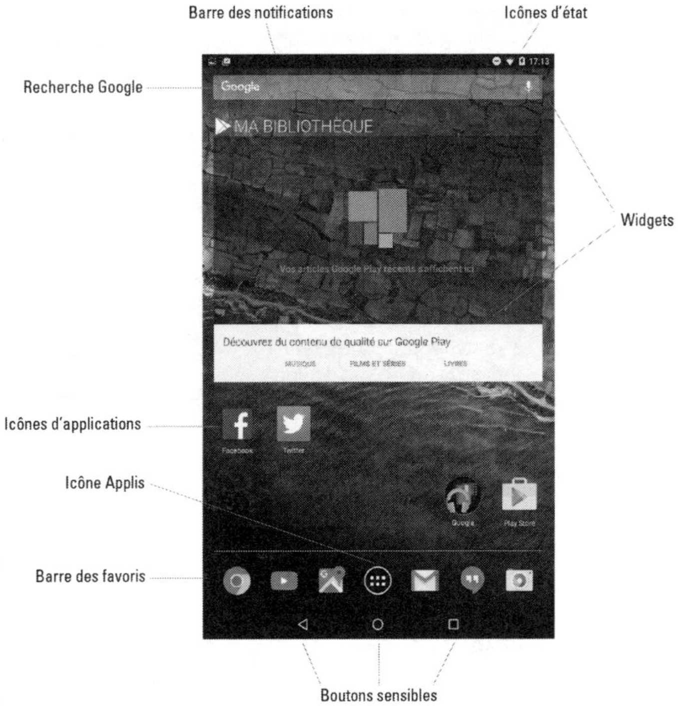

Figure 3.10 : Android et son écran d'accueil.

- **Icône Applis :** C'est le miel d'Android, là où vous pouvez accéder à toutes les applications installées sur votre tablette, qu'elles soient là dès l'origine ou que vous les ayez téléchargées sur Play Store (voyez à ce sujet le Chapitre 14).
- **Application :** C'est l'équivalent d'un programme sur un ordinateur classique. Et, comme sur celui-ci, chaque application est représentée par une icône, ou *raccourci*, qui vous permet de la lancer rien qu'en la touchant.
- **Widgets :** Un widget, c'est une application comme une autre, si ce n'est qu'elle occupe souvent plus de place que les autres icônes. Le Chapitre 18 vous en dit plus à leur sujet.
- **Barre des notifications :** Elle se trouve en haut de l'écran. Sur sa gauche, vous voyez apparaître de petits dessins qui représentent lesdites notifications. Il peut s'agir d'un message, d'une information de dernière minute, de la météo, du signal envoyé par une application qui aurait besoin d'être mise à jour, et ainsi de suite.

- **Icônes d'état :** Situées sur la droite de la barre des notifications, elles vous renseignent sur nombre de paramètres, comme la bonne réception du Wi-Fi, l'état de charge de la batterie, l'activation du Bluetooth, et ainsi de suite.
- **Recherche Google :** Touchez ce widget pour lancer une recherche sur votre tablette ou sur le Web tout entier.
- **Barre des favoris :** Les icônes qui se trouvent tout en bas de l'écran sont des raccourcis comme les autres. Simplement, vous les avez à votre service quelle que soit la page de l'écran d'accueil que vous affichez. Cette barre est personnalisable exactement comme le reste de l'écran (voyez à ce sujet le Chapitre 18).

L'écran d'accueil, sous ses différentes formes, est votre compagnon préféré tout au long de ce livre. Apprendre à le mettre à votre service est donc essentiel pour votre vie quotidienne avec votre tablette.

- L'écran d'accueil est totalement personnalisable. Vous pouvez ajouter, retirer ou déplacer chaque icône à votre convenance. Cela vaut également pour l'image affichée sur le fond de l'écran. Reportez-vous au Chapitre 18 pour plus d'informations à ce sujet.
- Toucher une partie du fond de l'écran qui n'affiche ni icône ni widget ne fait rien de particulier. Simplement, un appui long (voir Figure 3-3) vous permet de choisir un nouveau papier peint. Voyez le Chapitre 18 pour en savoir plus à ce sujet.

Utiliser les boutons sensibles

En bas de l'écran tactile de votre tablette Android, vous trouverez deux à quatre boutons identifiés par des icônes. Il s'agit de *boutons sensibles* qui exécutent des fonctions spécifiques, quelle que soit l'utilisation que vous faites de votre tablette. Les boutons les plus répandus sont Accueil, Menu, Retour, Tâches et éventuellement Rechercher.

Sur certaines tablettes, les icônes des boutons sensibles ne s'éclairent que si vous les touchez.

Accueil

Appuyez sur le bouton sensible Accueil pour accéder à l'écran d'accueil de votre tablette. Il correspond à peu près à la commande Quitter d'un programme informatique. Par conséquent, il vous renvoie à la page courante de l'écran d'accueil, quelle que soit l'application en cours d'exécution.

Si vous consultiez simplement une page de l'écran d'accueil, le fait d'appuyer sur ce bouton vous renvoie à l'écran d'accueil principal.

Lorsque vous maintenez enfoncé le bouton Accueil, diverses actions peuvent se produire selon le constructeur : activer une fonction spéciale, afficher la liste des applications récemment utilisées, ouvrir Google Now ou rien de particulier

Parfois, vous pouvez appuyer deux fois sur le bouton sensible Accueil pour accéder rapidement aux applications et aux fonctions les plus utilisées de votre tablette. Bref, autant essayer pour voir ce qui se passe.

Retour

Le bouton Retour permet d'exécuter différentes actions selon l'application en cours d'utilisation. Ainsi, il permet de revenir à la page précédente, de fermer un menu, de fermer une fenêtre, de masquer le clavier virtuel, *etc*. Je suis certain que le bouton Retour est celui que vous utiliserez le plus souvent.

Tâches

Ce bouton donne accès à toutes les applications que vous avez lancées depuis la dernière mise en marche de votre tablette.

Touchez tout simplement la vignette d'une application déjà utilisée pour la renvoyer au premier plan. Si nécessaire, faites défiler les vignettes des applications pour accéder à celle qui vous intéresse (voir la Figure 3.11).

Pour « endormir » une application dont vous n'avez plus besoin pour l'instant, faites glisser sa vignette d'aperçu vers la gauche ou vers la droite.

Menu

Lorsque vous appuyez sur le bouton sensible Menu (s'il existe), un menu local apparaît dans la partie inférieure de l'écran tactile. Vous pouvez alors y exécuter des commandes du programme en cours d'utilisation. En appuyant de nouveau sur ce bouton, vous masquez le menu en question. Si rien ne se passe lorsque vous appuyez sur le bouton Menu, cela signifie que, dans le contexte actuel d'utilisation de votre tablette, aucun menu local n'est disponible.

Figure 3.11 : Utiliser la barre des tâches.

Chaque constructeur de tablettes Android utilise son propre symbole pour identifier le bouton sensible Menu. De plus, toutes les tablettes ne possèdent pas ce bouton. Dans ce cas, vous devrez vous contenter du menu proposé par chaque application (il est généralement matérialisé par une rangée de trois traits superposés).

Rechercher

S'il existe, le bouton Rechercher est symbolisé par une loupe. Il exécute alors la puissante commande Rechercher de votre tablette Android. Après tout, vous avez entre les mains un appareil estampillé Google !

Une pression sur le bouton Rechercher invoque une recherche sur le Web ou sur le contenu de votre tablette. En revanche, lorsque vous appuyez sur ce bouton pendant l'utilisation d'une application spécifique, la recherche s'effectue dans cette application.

Les icônes standard d'une tablette Android

En plus des boutons sensibles, vous découvrirez un certain nombre de symboles que l'on retrouve sous une forme graphique ou sous une autre dans l'immense majorité des tablettes et des applications Android.

Le bouton Ajouter crée un nouvel élément ou ajoute une nouvelle entrée à une liste.

Le bouton Annuler stoppe une action ou vous fait sortir d'une opération en cours.

Le bouton Coche permet d'activer et de désactiver des options. Quand la coche est visible, l'option est activée. Touchez de nouveau ce bouton pour la décocher, donc pour la désactiver.

Le bouton Dictée apparaît chaque fois que vous pouvez entrer des données ou exécuter des commandes vocalement. Consultez le Chapitre 4 à ce sujet.

L'icône Étoile identifie vos favoris, comme des pages Web (signets), ou vos contacts préférés.

L'icône Atteindre est utilisée pour terminer une action comme visiter un site Web ou lancer une recherche.

L'icône Retour vous ramène à l'écran précédent dans une application, ou encore à la page précédente d'un site Web.

L'icône Paramètres apparaît lorsque vous pouvez régler les options d'une application.

Le bouton Partager est utilisé par plusieurs applications pour échanger des informations comme des photos et des vidéos sur Internet.

Le bouton Sync apparaît aussi parfois afin de demander à votre tablette de se connecter à Internet pour effectuer une certaine mise à jour.

Une dernière, et pas la moins importante, puisqu'il s'agit de la fameuse corbeille qui envoie dans les limbes l'élément qui est actif ou sélectionné.

Opérations exécutables depuis l'écran d'accueil

Je vous propose d'apprendre à réaliser trois opérations élémentaires depuis votre écran d'accueil : consulter les notifications, lancer un programme, et utiliser des widgets.

Consulter des notifications

Les *notifications* sont identifiées par des icônes qui s'affichent dans la partie supérieure gauche de l'écran d'accueil. Vous pouvez en consulter le contenu de la manière suivante :

1. **Touchez le haut de l'écran tactile, et faites glisser vers le bas.**

   Les notifications apparaissent alors sous la forme d'une liste plus ou moins détaillée, comme l'illustre la Figure 3.12.

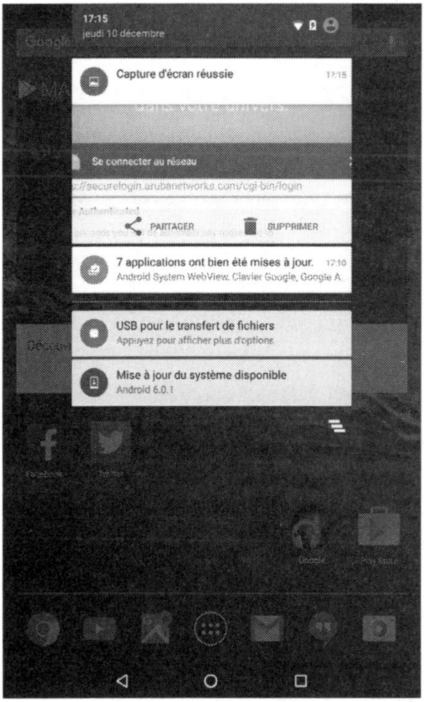

Figure 3.12 : Liste des notifications sur une tablette Android.

2. **Touchez une notification pour la consulter.**

Lorsque vous touchez une notification, vous l'ouvrez dans l'application qui a permis de générer l'alerte. Par exemple, en touchant la notification Gmail, vous affichez un message dans la boîte de réception.

Si vous ne touchez aucune notification, vous pouvez en fermer la liste en faisant glisser le panneau de contrôle vers le haut de l'écran, ou en appuyant sur le bouton sensible Retour.

- L'icône d'une notification ne disparaît pas si vous vous contentez de refermer le panneau de contrôle. Par conséquent, les icônes peuvent continuer à s'accumuler !
- Pour supprimer une notification, il vous suffit de faire glisser le bandeau correspondant vers la droite ou vers la gauche.
- Dans certains cas, un bouton Effacer peut être associé à plusieurs notifications. Touchez-le pour éliminer celles-ci.
- La suppression de certaines notifications ne les empêche pas forcément de réapparaître ultérieurement. Cela peut concerner par exemple la mise à jour d'applications, ou encore les alertes de votre calendrier.
- L'étendue des notifications est vaste. Une notification peut vous permettre de répondre directement à un message, ou bien encore d'accéder à une platine d'écoute musicale, le tout sans avoir à rechercher l'application correspondante. Certaines applications vous proposent également de vous abonner à leur système de notification (généralement appelé *push*). C'est notamment le cas de nombreux sites d'information.
- Certains services, en particulier des réseaux sociaux, n'affichent de notifications que si vous y êtes connecté. Pour plus d'informations sur les réseaux sociaux, consultez le Chapitre 8.
- Les icônes des notifications apparaissent même lorsque votre tablette est verrouillée. Vous pouvez les consulter (et les effacer) directement sans être obligé d'ouvrir l'écran d'accueil.

Exécuter une application

Pour démarrer une application depuis l'écran d'accueil, touchez simplement son icône.

- Toutes les applications ne sont pas visibles sur l'écran d'accueil. En revanche, vous les trouverez toutes dans le menu Applis (voyez plus loin dans ce chapitre).
- Chaque fois que vous fermez ou que vous quittez une application, vous revenez à l'écran d'accueil.
- L'abréviation *appli* est souvent utilisée pour identifier une *application*.

Exécuter une application depuis l'écran Applis

Pour accéder à vos pages d'applications, touchez l'icône Applis de l'écran d'accueil. Cette icône peut être différente d'une tablette à l'autre. L'illustration en marge illustre la version Google standard.

Dès que vous touchez l'icône Applis, vous accédez à l'écran des applications. Vous pouvez naviguer parmi les icônes en effleurant l'écran vers la droite et vers la gauche.

- Le nombre de pages dévolues aux icônes des applications augmente ou diminue automatiquement en fonction de ce que vous installez, ou au contraire désinstallez.
- Certaines tablettes permettent de réorganiser *via* un menu les pages des icônes d'applications (par exemple par ordre alphabétique). Certaines autorisent aussi le regroupement de ces icônes dans des dossiers.
- Un appui long sur une icône d'application permet d'en installer un raccourci sur l'écran d'accueil. Voyez à ce sujet le Chapitre 18.
- Le téléchargement d'applications sur Play Store est traité au Chapitre 14.

- Les termes *programme*, *application*, *appli* et *app* identifient les mêmes éléments.

Utiliser un widget

Un *widget* est un petit programme dont l'icône « flotte » sur l'écran d'accueil, comme le montre la Figure 3.10. Pour utiliser un widget, touchez-le ! Sa réaction dépendra de sa fonction.

Par exemple, lorsque vous touchez le widget de recherche Google, le clavier virtuel apparaît pour que vous puissiez effectuer une recherche sur Internet ou dans votre tablette. En revanche, si vous sollicitez le widget d'un site de météo, vous obtiendrez des informations sur le ciel du jour. De même, l'afficheur de l'application Photos donne accès à vos images, et ainsi de suite.

Pour plus d'informations sur les widgets, consultez le Chapitre 18.

Retrouver les applications récemment utilisées

Comme tout le monde, vous utilisez régulièrement les mêmes applications, que ce soit sur votre ordinateur, votre tablette ou encore votre smartphone. Une fois que vous les avez lancées, elles restent disponibles et à une portée de doigt (du moins, bien entendu, tant que vous n'éteignez pas votre tablette).

Comment y accéder ? Tout simplement en touchant le bouton Tâches. . Il vous suffit alors de faire glisser verticalement ou horizontalement la liste des aperçus pour localiser l'application que vous voulez ramener à la vie, puis de toucher la vignette de celle-ci (voir la Figure 3.4).

Il est judicieux de créer des raccourcis pour les programmes que vous utilisez régulièrement. Ils seront ainsi très rapidement accessibles depuis l'écran d'accueil. Pour plus d'informations sur les raccourcis et leur création, consultez le Chapitre 18.

Afficher tous les panneaux de l'écran d'accueil

Voici un petit secret : l'écran d'accueil est bien plus large que ce qu'en montre votre tablette. En effet, il s'étend dans un espace virtuel situé à gauche et à droite de l'appareil. *De facto*, il est peut-être trois, quatre, ou bien sept fois plus grand que vous ne le pensez. En réalité, la dimension de l'écran d'accueil, c'est-à-dire le nombre de panneaux qu'il est capable de gérer, est limitée par le constructeur de votre tablette.

L'écran d'accueil est donc composé de panneaux dont un seul est visible à la fois. Cela donne l'opportunité à l'utilisateur de déplacer des icônes d'applications et des widgets. Pour passer d'un panneau à l'autre, il suffit de glisser votre doigt sur l'écran tactile vers la gauche ou vers la droite. Chaque glissement fait apparaître un nouveau panneau.

- Dans la partie inférieure de l'écran, juste au-dessus de la barre des favoris, vous voyez peut-être des petits points ou traits qui vous indiquent le nombre de panneaux actuellement définis. L'écran actif est alors signalé par un point ou tiret plus gros, plus épais ou plus lumineux. Vous pouvez accéder directement à un certain écran en touchant l'indicateur correspondant (d'accord, un glissement vers la gauche ou vers la droite est plus simple et finalement plus rapide).
- Certains constructeurs limitent le nombre d'écrans à cinq ou à sept. D'autres semblent n'imposer aucune restriction.

- L'écran d'accueil par défaut ne vous convient pas ? Vous voulez ajouter ou supprimer des panneaux ? Certaines tablettes le permettent, et d'autres pas. Voyez aussi à ce sujet le Chapitre 18.
- Vous trouvez que l'image affichée par défaut sur le fond de l'écran est trop laide ? Pas de souci : vous pouvez en changer à volonté. Là encore, le Chapitre 18 vous explique comment faire.

Chapitre 4

Taper et éditer du texte

Dans ce chapitre :

- Taper du texte sur le clavier virtuel
- Accéder aux caractères spéciaux
- Se faire aider pour corriger un texte ou trouver un mot
- Éditer du texte
- Sélectionner, copier, couper et coller du texte
- Écrire en glissant
- Dicter du texte
- Contrôler la tablette avec la voix

Le sujet, c'est ici la communication. Plus précisément, la communication homme-machine. Comment vous, un être humain, pouvez-vous communiquer avec votre tablette, qui est essentiellement un concentré d'électronique pratiquement plat camouflé derrière une paroi en verre spécial ? Contrairement à ce que vous pouvez faire avec d'autres représentants de votre espèce, votre tablette ne comprendra rien si vous collez un Post-it sur sa coque, ou si vous tapez sur le dos de celle-ci. Rien à faire. Il faut donc faire preuve de plus de subtilité.

Communiquer avec votre tablette Android passe donc d'abord par le fait de la toucher, ou plus exactement de toucher son écran tactile. Il est également nécessaire d'en passer par la saisie de texte, quoique je doute qu'un auteur ne se risque jamais à écrire un livre avec une telle machine. Et puis, n'oublions pas que celle-ci est dotée de microphones. Vous pouvez donc également essayer de lui parler. Bizarrement (ou non), elle se débrouille plutôt bien pour comprendre ce que vous lui dictez. Nous allons également nous pencher dans ce chapitre sur cette énième merveille du monde.

De la machine à écrire au clavier virtuel

Autrefois, les claviers des machines à écrire mécaniques nous réclamaient un tas d'efforts pour fonctionner : clac-clac-zip. Et puis il y a eu les machines à écrire électriques, qui ont énormément facilité le travail. Bien entendu, les claviers des ordinateurs sont ce qu'il y a de mieux dans le genre. Et les tablettes ? Elles utilisent un concept à leur échelle : le clavier virtuel. En fait, il s'agit simplement d'une sorte de dessin dans lequel les touches sont représentées par des rectangles sensibles à la pression sur l'écran tactile. Si vous ne commencez pas déjà à pâlir et à vous sentir nerveux, apprenez qu'écrire avec une tablette est quelque chose que vous devriez maîtriser assez facilement, à condition bien sûr de ne pas demander des miracles de rapidité.

Utiliser le clavier virtuel

Dès que vous avez besoin d'entrer du texte sur votre tablette, vous voyez un clavier virtuel apparaître en bas de l'écran. Ce genre de situation se produit dans diverses circonstances. Par exemple, vous cherchez le nom d'un contact, vous écrivez un message, ou bien vous voulez saisir une adresse dans le navigateur Web.

L'aspect du clavier peut varier selon le type de texte à saisir, mais il y a bien sûr des constantes. La Figure 4.1 illustre ce à quoi ressemble le clavier virtuel de base. Vous remarquerez qu'il est plutôt semblable à un clavier d'ordinateur, mais avec certaines particularités, plusieurs touches pouvant changer de fonction selon ce que vous faites.

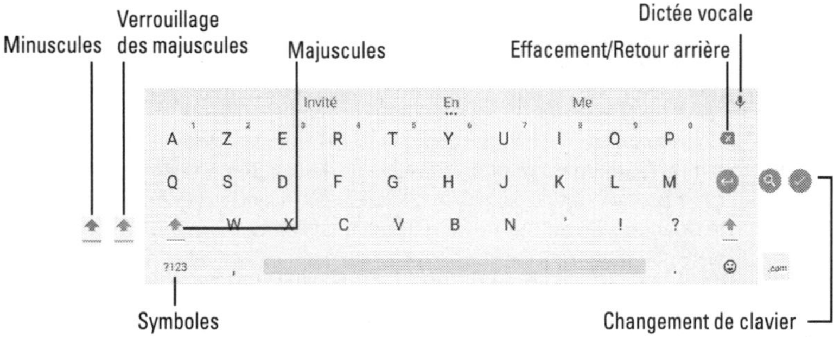

Figure 4.1 : Le clavier virtuel.

Sur la Figure 4.1, vous constatez que le clavier est en mode alphabétique. Vous y retrouvez les lettres de A à Z. Ouf ! Les touches de majuscules permettent de produire des lettres CAPITALES et d'accéder également à des symboles qui peuvent apparaître en haut de certaines touches, exactement comme sur un clavier d'ordinateur. Vous disposez également d'une touche de retour arrière, qui efface les caractères précédents.

La classique touche Entrée (la flèche coudée) peut en fait changer d'aspect selon ce que vous tapez. La Figure 4.1 vous en montre différentes variantes. Voyons cela plus en détail :

- **Entrée/Retour :** Exactement comme sur le clavier d'un ordinateur, la touche termine un paragraphe de texte et passe au suivant. Bien entendu, ce mode sert surtout pour la saisie des messages, ou de tout autre texte devant prendre plusieurs lignes.
- **Aller à :** Demande à l'application d'effectuer une recherche, d'accepter une saisie ou d'effectuer une autre action.
- **Rechercher :** La loupe apparaît lorsque vous recherchez quelque chose dans la tablette. Tapez votre critère, puis touchez le bouton pour lancer la recherche.
- **Suivant :** Vous devez saisir une série de renseignements dans une page qui comporte plusieurs champs. En touchant ce bouton (le chevron), vous passez au champ suivant, par exemple pour entrer une adresse de messagerie ou un mot de passe.

  Dans ce cas, un appui long sur la touche Entrée fait apparaître une nouvelle touche qui permet de revenir au champ précédent.
- **OK/Terminer :** Vous avez toujours plusieurs champs à renseigner, mais vous vous trouvez cette fois dans le dernier. Vous voulez donc tout valider. Selon le cas, le clavier virtuel va disparaître ou non.

La grande touche, en bas et au centre du clavier, c'est la barre d'espace. Les touches qui l'environnent sont elles aussi susceptibles de changer au gré des circonstances. Vous pouvez par exemple y voir un symbole de « smiley », ou bien `.com` si vous tapez une adresse de messagerie ou de page Web, ou bien encore un point.

Un appui long sur la touche qui se trouve juste à gauche de la barre d'espace permet d'accéder aux paramètres du clavier.

Le symbole de micro sert à dicter du texte, sujet sur lequel nous reviendrons plus tard dans ce chapitre.

Voyez également la section suivante pour apprendre à trouver le pavé numérique ou les symboles spéciaux.

- Si un *vrai* clavier, avec ses *vraies* touches, vous manque, apprenez que la solution existe. Voyez plus loin l'encadré « Mon royaume pour un vrai clavier ! ».
- Pour effacer le clavier de l'écran, touchez le bouton sensible Retour, en bas de l'écran. Celui-ci prend une autre apparence quand un clavier est affiché.
- Pour faire réapparaître le clavier, il vous suffit de toucher un champ de texte quelconque, ou tout autre élément acceptant la saisie de texte.
- Pour verrouiller les majuscules, faites un appui long sur une des deux touches Maj (comme on dit sur les ordinateurs) jusqu'à ce qu'une petite barre de couleur vive apparaisse sur la touche de majuscule. Le verrouillage est alors actif.
- Le symbole de microphone n'apparaît que si une dictée vocale est possible.
- De plus, ce symbole peut ne s'afficher que si vous avez au préalable activé la saisie vocale. Voyez plus loin la section « Activer la saisie vocale sur le clavier ».
- Certaines touches jouent un rôle particulier. En appuyant dessus, vous affichez une série de caractères ou d'options supplémentaires. Maintenez la touche (virtuellement) enfoncée pendant quelques instants pour voir s'afficher une palette proposant une nouvelle liste de choix. Sans relâcher la pression, faites glisser votre doigt jusqu'au caractère voulu (par exemple, un caractère accentué). Nous allons y revenir un peu plus loin.
- Un appui long sur la touche située juste à gauche de la barre d'espace permet d'accéder aux paramètres.
- Si vous tournez la tablette verticalement ou horizontalement, le clavier se réoriente tout seul (sauf bien entendu si la rotation automatique est désactivée). Choisissez le sens dans lequel vous êtes le plus à l'aise.

Accéder aux symboles

Vous n'êtes pas limité aux caractères alphabétiques du clavier de base. Celui-ci propose en effet un pavé numérique, accessible par le bouton qui indique `?123`, ainsi qu'à toute une série de symboles, qui s'affichent quand vous tapez sur la touche marquée ~[< ou quelque chose d'aussi ésotérique (voir la Figure 4.2).

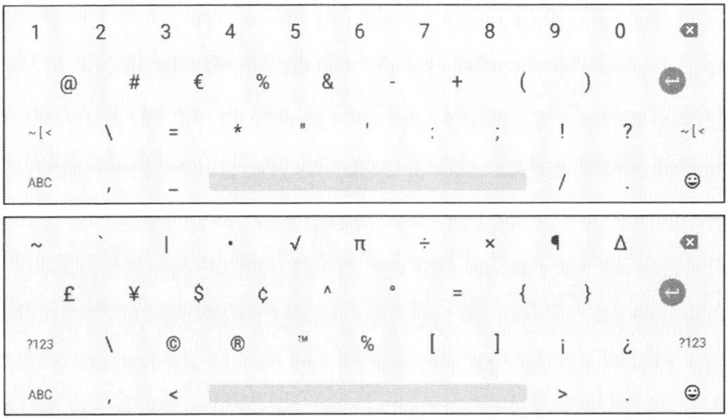

Figure 4.2 : Chiffres et symboles sont bien présents.

- Pour passer en mode « symboles », appuyez sur ~[<.
- Pour revenir au clavier alphabétique standard, appuyez sur la touche ABC.

TRUC

Le clavier recèle des symboles encore plus secrets, par exemple les caractères accentués. Pour les dévoiler, faites un appui long sur une touche.

Au bout de quelques instants, une palette de caractères supplémentaires va apparaître (enfin, si c'est possible). La Figure 4.3 montre par exemple ce qui se passe si vous maintenez enfoncée la touche a.

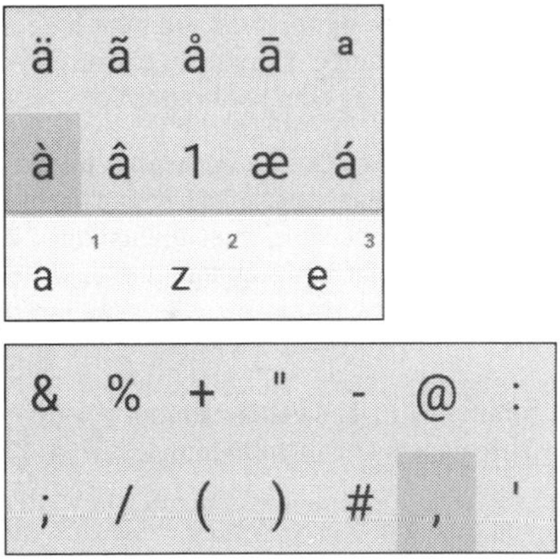

Figure 4.3 : Afficher des caractères supplémentaires.

Choisissez un caractère en faisant glisser votre doigt sur la palette. Quand vous arrivez au bon endroit, c'est-à-dire quand le caractère ou le signe voulu est mis en surbrillance, vous pouvez relâcher la pression.

Bien sûr, tous les caractères ne sont pas susceptibles d'être associés à une palette complémentaire.

Mon royaume pour un vrai clavier !

Si vous *aimez* taper sur un clavier et que celui qui est affiché sur l'écran de votre tablette soit lent et fastidieux pour vous, d'autres solutions existent. En particulier, vous pouvez envisager de faire l'acquisition d'un clavier Bluetooth. Ce genre de dispositif se connecte sans fil à votre tablette, ce qui vous permet de disposer d'un vrai clavier, comme sur votre ordinateur, avec toutes ses touches et autres bonus.

Les tablettes Android reconnaissent les appareils Bluetooth. L'installation ne devrait donc pas être bien difficile. Nous reviendrons sur le Bluetooth dans le Chapitre 15.

Sachez aussi qu'il est possible avec certaines tablettes de connecter un clavier USB (et d'autres dispositifs, comme des cartes mémoire) *via* un câble dit OTG (*On The Go*). Peut-être aussi, à l'avenir, votre belle tablette aura-t-elle droit à une station d'accueil lui ouvrant grand les portes de la connectivité.

Force de frappe !

Taper quelque chose avec le clavier virtuel, c'est tout simple : vous touchez une lettre (ou un autre signe) pour produire le caractère correspondant. C'est le même principe qu'avec un clavier d'ordinateur, sauf qu'ici tout est plat et que les clics sont purement électroniques.

Les touches sur lesquelles vous « tapez » (je ne vais quand même pas dire « touchez » pour des touches) sont mises en surbrillance. Une touche, puis la suivante, puis une troisième, et ainsi de suite. D'accord, s'habituer au clavier virtuel n'est pas bien difficile, mais j'avoue quand même préférer les vrais claviers physiques, bien plus rapides et efficaces.

- Avant tout, commencez par saisir *lentement* vos textes tant que vous ne serez pas suffisamment familiarisé avec le clavier virtuel.

- Si vous faites une erreur, appuyez sur la touche d'effacement (ou de retour arrière) pour la corriger. Maintenez enfoncée cette touche pour aller plus vite si vous avez pas mal de texte à supprimer.
- Un curseur clignotant montre la position du prochain caractère. C'est exactement le même principe que sur un ordinateur.
- Lorsque vous saisissez un mot de passe, le dernier caractère saisi apparaît brièvement en clair avant d'être remplacé par un point noir. Sécurité oblige !
- Pour en apprendre plus sur le travail avec les textes, voyez plus loin la section « Éditer du texte ».

Corriger automatiquement votre texte

En tant qu'heureux possesseur d'une tablette Android, sachez que vous n'avez pas à avoir honte si vous avez du mal à taper correctement vos textes ou à trouver l'orthographe exacte d'un mot. En effet, le clavier Android possède deux fonctionnalités que vous allez trouver particulièrement utiles et agréables : la correction automatique et la prédiction de mots.

Pour voir tout cela en action, commencez tout simplement par entrer quelque chose. Au fur et à mesure que vous touchez les lettres, des mots apparaissent au-dessus du clavier. Autrement dit, le système essaie de prévoir ce que vous voulez saisir. Vous pouvez alors intervenir de plusieurs manières :

- Si les suggestions ne vous conviennent pas, continuez tout simplement votre saisie. Vous allez voir de nouvelles prédictions apparaître.
- Si vous touchez un des mots suggérés, il vient immédiatement prendre sa place dans le texte. Il est même parfois possible d'obtenir une phrase entière en quelques touchers de clavier judicieusement choisis !
- Bien souvent, un des mots proposés est mis en surbrillance. C'est celui qu'Android croit le plus proche de votre intention. Touchez alors la barre d'espace pour l'insérer dans le texte.
- Dans certains cas, une prédiction peut être accompagnée de trois points. Un appui long sur ce mot va révéler une liste de propositions supplémentaires, comme l'illustre la Figure 4.4. Faites glisser votre doigt jusqu'au mot que vous vouliez effecti-

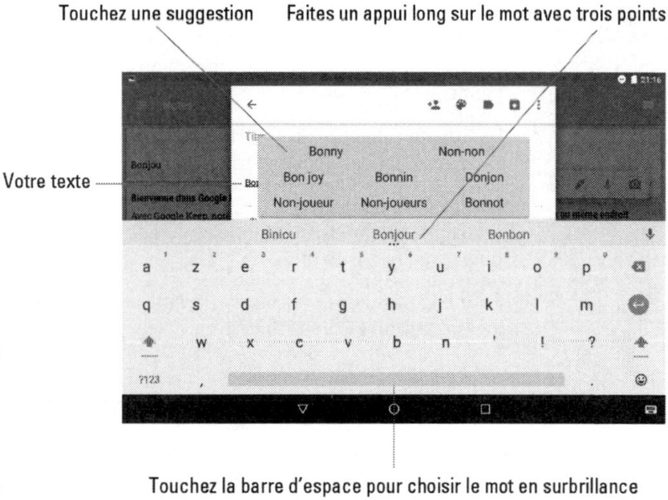

Figure 4.4 : Android vous suggère des mots.

vement entrer de manière à le mettre en surbrillance. Relâchez, c'est envoyé.

- Vous avez quand même fait une erreur ? Faites un appui long sur le mot incriminé, puis touchez le bouton Remplacer qui apparaît. Vous pouvez alors choisir le terme juste dans une liste de propositions, le supprimer, ou encore l'ajouter à un dictionnaire personnel pour qu'il soit reconnu et éventuellement suggéré plus tard (voir la Figure 4.5).

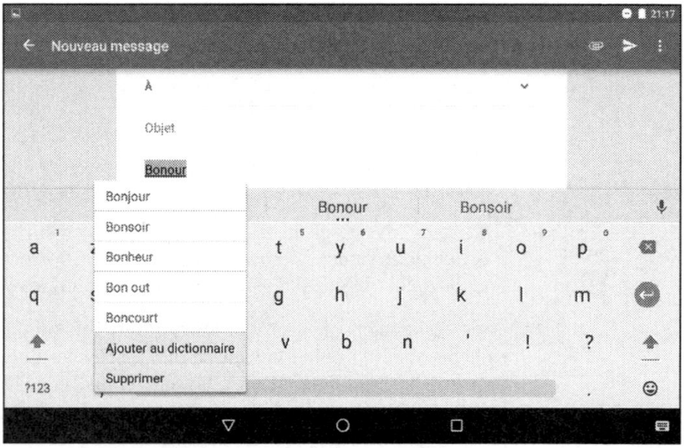

Figure 4.5 : Les erreurs de saisie, ça peut arriver à tout le monde !

Pensez à ajouter à votre dictionnaire personnel les noms propres que vous utilisez régulièrement.

Bien entendu, toutes ces options doivent être activées au préalable. Pour vous en assurer, suivez ces étapes :

1. **Appuyez sur la touche Paramètres pour activer le menu des options de saisie.**

   En pratique, faites un appui long sur la touche qui se trouve juste à gauche de la barre d'espace. Quand vous voyez s'afficher une roue dentée, relâchez la pression.

2. **Dans le menu des options de saisie, choisissez Paramètres du clavier Android (ou Google, selon le cas).**

   L'écran correspondant s'affiche.

   Remarquez dans ce menu l'option Langues. Elle vous permet notamment de changer de clavier en cours de route, par exemple si vous avez besoin de passer du français à l'anglais ou à l'allemand dans un texte. Dans la page qui s'affiche, désactivez l'option Utiliser la langue du système. Vous pouvez alors sélectionner toute autre langue à votre convenance et en changer à volonté à l'aide de la touche marquée d'une mappemonde (voir la Figure 4.6). Quand vous avez terminé, n'oubliez pas de revenir à la langue du système.

Figure 4.6 : Choisissez vos langues de saisie.

3. **Touchez la ligne Préférences, puis vérifiez que l'option Émettre un son à chaque touche est bien activée. Sinon, touchez le bouton correspondant pour le « dégriser ».**

D'accord, cela n'a rien à voir avec la correction automatique ou la prédiction des mots, mais le son qui accompagne chaque appui sur une touche est plutôt rassurant.

4. **Revenez en arrière. Choisissez maintenant Correction du texte, puis assurez-vous que l'option Correction auto est bien activée (c'est normalement le réglage par défaut).**

5. **Assurez-vous que l'option Suggestions pour mot suivant est bien activée (elle se trouve en fin de liste).**

   Si ce n'est pas le cas, touchez le bouton correspondant pour l'activer.

6. **Faites le tour des autres options pour vous familiariser avec elles, voire les ajuster à vos préférences.**

7. **Servez-vous du bouton de navigation Retour pour revenir à votre saisie.**

8. **Touchez éventuellement à nouveau le champ à compléter pour réafficher le clavier.**

Si le clavier n'est pas visible, vous pouvez tout de même accéder à ces réglages en touchant l'icône Paramètres sur l'écran d'accueil (ou dans la page des applications). Choisissez alors Langue et saisie, puis touchez la ligne Clavier Google. Reprenez alors à l'étape 3 ci-dessus.

TRUC

Jetez un coup d'œil du côté de l'option Apparence et dispositions : vous remarquez alors que vous avez la possibilité de changer l'apparence du clavier en choisissant un nouveau thème. En fait, vous disposez de deux modes d'affichage : plus moderne (thème Material clair ou foncé) et plus classique, avec de « vraies » touches (thème Holo blanc ou bleu).

Éditer du texte

Vous allez probablement devoir éditer les textes que vous saisissez sur votre tablette plus souvent que vous ne pouvez le penser (et c'est là qu'un clavier externe prend toute sa valeur…). Le mot « éditer » peut recouvrir des actions très simples, comme corriger un caractère mal saisi, ou bien encore ajouter un point ici ou là, mais aussi des tâches plus complexes, comme sélectionner du texte pour le copier, le couper et le coller. En fait, ces concepts sont exactement les mêmes qu'avec un ordinateur. Mais, sans clavier et sans souris, c'est juste un peu plus délicat à réaliser. Voyons donc tout cela de plus près.

Déplacer le curseur

Toute édition commence par la même chose : placer le curseur au bon endroit. Le *curseur*, c'est cette petite ligne verticale clignotante qui indique la position courante dans le texte. Avec un ordinateur, vous déplacez le curseur en vous servant d'une souris ou des touches fléchées. Une tablette n'a pas de dispositif de pointage. Mais vous, si : c'est votre doigt.

Pour déplacer le curseur, touchez l'endroit dans le texte où vous voulez qu'il apparaisse. Pour vous aider à être plus précis, une espèce de petit onglet ou de petite bulle apparaît sous le texte. Vous pouvez faire glisser cet onglet pour ajuster plus facilement la position du curseur.

Une fois votre curseur bien en place, vous pouvez continuer à taper, utiliser la touche de retour arrière pour effacer quelque chose, ou encore coller du texte que vous aurez copié par ailleurs. Dans ce cas, un bouton Coller apparaît au-dessus de l'onglet du curseur. Il vous suffit de le toucher pour procéder à l'opération (voyez plus loin la section « Copier, couper et coller »).

Sélectionner du texte

Sélectionner du texte sur une tablette Android se fait exactement comme dans un traitement de texte. Vous marquez la position de début, puis la position de fin. Ce qui se trouve entre les deux est mis en surbrillance sur l'écran.

Tout d'abord, vous allez faire un appui long, ou taper deux fois de suite sur votre texte. En cas de succès, un mot unique va être sélectionné, comme sur la Figure 4.7. Vous constatez également qu'une barre d'outils apparaît au-dessus du texte.

Touchez l'un des marqueurs de début ou de fin de bloc, et faites-le glisser sur l'écran tactile de manière à sélectionner une plus ou moins grande quantité de texte. Vous pouvez aussi toucher le bouton Tout sélectionner de la barre d'outils pour sélectionner la totalité du texte (voyez la Figure 4.7). Si ce bouton ne s'affiche pas, touchez les trois points verticaux à droite de la barre d'outils.

Une fois le texte voulu mis en surbrillance, vous pouvez par exemple l'effacer en touchant le bouton Supprimer du clavier virtuel, ou bien encore le remplacer par quelque chose d'autre en tapant de nouveaux caractères. Nous verrons un peu plus loin comment copier, couper et coller votre sélection.

Figure 4.7 : Sélectionner du texte.

- Pour annuler la sélection d'un morceau de texte, il vous suffit de toucher l'écran tactile en dehors du bloc mis en surbrillance.
- Si vous voyez le clavier virtuel affiché sur votre écran, cela signifie que vous pouvez éditer et sélectionner du texte…

Sélectionner du texte dans une page Web

La sélection d'une partie d'article dans une page Web s'effectue pour l'essentiel comme nous venons de le voir pour un texte quelconque. La différence, c'est que vous devez commencer par un appui long, puisque taper deux fois se traduit par un effet de zoom. Vous pouvez ensuite faire glisser les marqueurs de bloc pour étendre ou réduire la sélection, ou bien encore toucher le bouton Tout sélectionner de la barre d'outils pour mettre la totalité du texte de la page en surbrillance.

Dans le cas d'une page Web, les boutons Couper et Coller de la barre d'outils disparaissent, et un autre bouton fait son apparition à sa place : Recherche sur le Web. Cette commande fait exactement ce qu'elle annonce : lancer une recherche Google dont le critère est le texte sélectionné.

Pour annuler la sélection de texte dans la page Web, touchez la flèche placée à gauche de la barre d'outils.

Copier, couper et coller

Le plus souvent, vous sélectionnez du texte dans l'intention de le copier ou de le couper. Finalement, c'est aussi ce que vous faites sur votre ordinateur dans votre traitement de texte habituel. Une fois la sélection opérée, vous choisissez la commande voulue dans la barre d'outils. Pour copier le texte sélectionné, vous touchez le bouton Copier. Pour couper le texte sélectionné, vous touchez le bouton Couper. Imparable !

Que devient le texte copié ou coupé ? Là encore, le principe est identique à ce qui se passe avec un ordinateur : il est placé dans un *presse-papiers*. Pour insérer le contenu de celui-ci, vous placez ensuite le curseur là où vous voulez coller votre texte. Vous faites un appui long, et vous voyez alors apparaître un bouton Coller au-dessus du curseur. Vous le touchez, et l'affaire est faite.

- La commande Coller peut apparaître dans n'importe quelle application demandant une saisie de texte : un e-mail ou un message sur Twitter, ou dans tout autre champ de texte. En résumé, dès lors qu'une application demande du texte, ou bien que le clavier virtuel est affiché à l'écran, vous pouvez coller le contenu du presse-papiers.
- Si, par hasard, le bouton Coller n'apparaît pas au-dessus du curseur alors que vous savez que le presse-papiers n'est pas vide, vous pouvez toucher le bouton de même nom dans la barre d'outils de sélection de texte.

- Un texte collé remplace celui qui était actuellement sélectionné. Si vous voulez éviter cela, touchez l'écran pour annuler la sélection, positionnez correctement le curseur et recommencez l'opération.

- Il est possible que le presse-papiers de votre tablette ne puisse contenir qu'un seul élément à la fois (du texte, comme nous venons de le voir, ou encore une image, et même un fichier). Dans ce cas, il n'y a pas de méthode évidente pour contourner cette restriction. Mais vous pouvez cependant essayer de voir sur Play Store ce que propose l'application gratuite Clipper – Clipboard Manager (Play Store est dévoilé dans le Chapitre 14).

Partager du texte

La commande Partager vous permet d'envoyer le morceau de texte sélectionné à une autre application, à un contact, par exemple dans un e-mail, dans une note, ou encore de le poster sur un réseau social.

Écrire en dessinant

Si vous n'aimez pas taper sur une lettre après l'autre, il vous reste la solution de dessiner un mot en faisant glisser votre doigt. Prenons un exemple : vous voulez écrire le mot *tablette*. Vous touchez le *t*, puis, sans relâcher, vous glissez vers la seconde lettre, le *a*. vous continuez le même geste, toujours sans relâcher la pression, vers le *b*. Peu importe d'ailleurs comment vous vous déplacez. Et vous continuez ainsi jusqu'au dernier *e*. Et là, comme par miracle, ou par chance peut-être, le mot *tablette* apparaît au premier rang dans la liste des suggestions (voir la Figure 4.8). Bon d'accord, dessiner un mot tout en essayant de faire une capture d'écran est tout sauf évident…

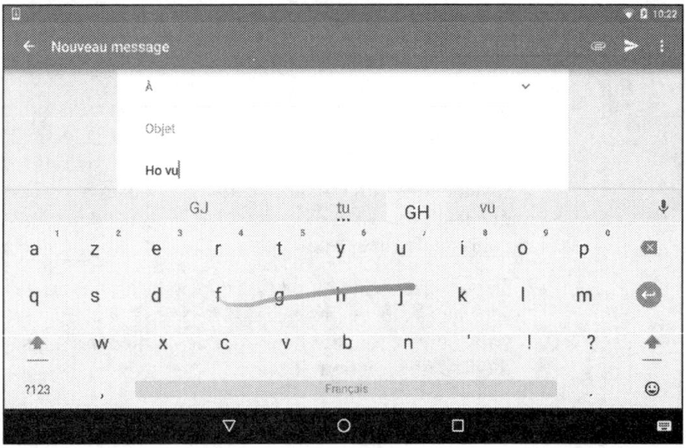

Figure 4.8 : Faites glisser le doigt sur les lettres d'un mot pour l'écrire.

Essayez. Après, vous jugerez si vous aimez ou pas, si vous trouvez que c'est plus rapide ou au contraire plus ennuyeux. Mais essayez. C'est amusant, et même bien souvent plutôt efficace. Après tout, c'est comme la saisie vocale : on s'y fait… ou pas !

Saisie vocale

Votre tablette Android a l'extraordinaire faculté de pouvoir interpréter vos phrases, énonciations et autres grognements pour les traduire sous forme de texte ou de requêtes. Cela marche presque aussi bien que dans les films de science-fiction, quoique je n'aie pas encore réussi à trouver la commande vocale qui me permettrait de prendre le contrôle du vaisseau spatial *Enterprise*.

Activer la saisie vocale

Pour vous assurer que votre tablette est bien capable de vous écouter, et mieux encore de vous comprendre, commencez par suivre ces étapes :

1. **Depuis l'écran d'accueil, touchez le bouton Applis.**
2. **Touchez l'icône Paramètres.**
3. **Choisissez l'option Langue et saisie.**
4. **Vérifiez les réglages de la rubrique Google voice typing (Saisie vocale Google). En particulier, l'option Mode sortie vocale doit évidemment être activée.**

   Normalement, c'est le cas par défaut.

5. **Touchez le bouton Accueil pour revenir à l'écran principal.**

Le bouton marqué d'un microphone devrait apparaître sur le clavier lorsque celui-ci s'affiche. Nous allons maintenant voir comment l'utiliser.

Dicter du texte à votre tablette

La saisie vocale fonctionne réellement, et même plutôt étonnamment bien, si vous touchez l'icône de microphone sur le clavier, et plus généralement partout où vous la voyez apparaître, et que vous énoncez correctement votre texte.

Une fois que vous avez touché le micro, vous allez voir apparaître une fenêtre spéciale en bas de l'écran, à la place du clavier. Un message devrait indiquer « Parlez maintenant ». Eh bien, allez-y ! Bien sûr, vous devez parler directement à la tablette.

Dès que vous commencez à parler, l'image du micro, au milieu de la fenêtre, commence à émettre des cercles de pulsation, ce qui signifie que votre tablette vous écoute en essayant de détecter le volume de votre voix.

Au fur et à mesure de la dictée, la tablette digère vos paroles, et le texte que vous avez énoncé (ou du moins une approximation aussi bonne que possible de vos paroles) s'affiche sur l'écran. C'est totalement magique ! Et parfois, il faut bien le reconnaître, plutôt comique…

- La première fois que vous essayez la saisie vocale, il se peut qu'une description soit affichée. Touchez le bouton OK pour continuer.

N'OUBLIEZ PAS

- Plus votre diction sera nette, meilleur sera le résultat. Évitez également de dicter un texte trop long sans faire de pause entre-deux. Votre tablette risquerait fort de ne pas pouvoir vous suivre.
- Si un mot choisi par Google Voice typing (c'est le vrai nom de la reconnaissance vocale) ne vous convient pas, touchez le bouton Supprimer.
- Pour remettre en marche la dictée vocale lorsque vous voyez le message Appuyer pour parler, touchez simplement le bouton orné d'un micro, en bas de l'écran.
- Pour revenir à un mode plus classique, touchez le petit symbole de clavier en bas à droite de l'écran. Dans la fenêtre qui s'affiche, sélectionnez l'option Français (ou tout autre langue de votre choix).
- Vous pouvez éditer le texte saisi vocalement exactement comme celui que vous saisissez au clavier. Voyez plus haut la section « Éditer du texte ».
- Désolé, il n'y a pour l'heure aucun moyen de passer en majuscules tout en dictant.
- Pour dicter des signes de ponctuation, il suffit (en théorie...) d'énoncer les mots « virgule), « point », « point d'interrogation », « point d'exclamation » ou « à la ligne ».
- La reconnaissance vocale peut ne pas fonctionner si vous n'avez pas de connexion Internet.
- Une des options de configuration de la saisie vocale, qui devrait être activée par défaut, sert à bloquer des mots réputés grossiers. Dans ce cas, des astérisques viennent prendre la place des lettres. M**** alors ! Mais cette censure ne fonctionne pas très bien !
- Si vous avez activé plusieurs langues dans la configuration du clavier, vous pouvez en changer en touchant le symbole de mappemonde, en bas de la zone dédiée à la saisie vocale. Voilà de quoi réviser son accent anglais, italien ou autre !

Commander la tablette à la voix

Vous criez « Ici, Médor » plusieurs fois, mais le chien n'arrive pas... En revanche, sur votre tablette, vous pouvez utiliser la recherche vocale pour trouver des choses, avec de bonnes chances d'obtenir des résultats plus que décents.

Lancez l'application Recherche vocale depuis la page Applications. Vous pouvez aussi y accéder en touchant l'icône de micro, en haut ou à gauche de l'écran d'accueil (selon l'orientation de celui-ci) ou en bas de l'écran de verrouillage.

Le message « Écoute en cours » s'affiche, afin de vous indiquer que vous devez commencer à parler : allez-y, en dictant quelque chose comme « Itinéraire pour restaurant ». Au bout de quelques instants, la tablette devrait avoir trouvé ce que vous recherchez ou vous proposer d'autres variantes (voir la Figure 4.9).

Figure 4.9 : Recherche réussie dès le premier essai !

Vous pourriez par exemple demander :

Carte des musées à Toulouse

Envoyer un e-mail à François Hollande

Écouter une chanson de Cali

C'est vrai, ce genre de requête ne donne pas toujours totalement satisfaction, même si de gros progrès sont accomplis à chaque nouvelle version d'Android. Mais la reconnaissance vocale est tout de même globalement efficace, à condition d'être dans un environnement relativement calme et de bien ar-ti-cu-ler. En tout cas, cela vaut vraiment la peine d'essayer, surtout si vous n'êtes pas trop à l'aise avec le clavier et que vous ayez toujours eu envie de vous prendre pour M. Spock !

Deuxième partie

Rester en contact

Dans cette partie...

De nos jours, il est parfaitement possible de se trouver physiquement tout seul, et pourtant d'être en relation avec plein de monde. Avec Internet, les messageries, les réseaux sociaux et toutes les autres formes de communication instantanées, l'humanité est devenue plus connectée qu'elle ne l'a jamais été au cours de toute son histoire. Que ce soit un miracle ou une malédiction, je laisse le soin aux philosophes d'en débattre.

Votre tablette Android est parfaitement capable de vous maintenir connecté(e) avec le XXIe siècle. Vous pouvez l'utiliser pour envoyer et recevoir des messages, naviguer sur le Web, vivre votre vie en ligne sur les réseaux sociaux, et communiquer aussi bien vocalement que visuellement avec votre famille ou vos amis, et même vos connaissances professionnelles, où qu'ils ou elles se trouvent. C'est l'une des nombreuses choses que votre tablette est capable de faire, et cette partie vous explique comment tout cela est possible.

Chapitre 5

Tous vos amis

Dans ce chapitre :

- Explorer le carnet d'adresses
- Trier et rechercher des contacts
- Créer de nouveaux contacts
- Localiser un contact sur une carte
- Modifier les informations d'un contact
- Identifier un contact avec une photo
- Travailler avec des favoris
- Supprimer des contacts

Votre tablette Android répertorie l'ensemble des informations de vos contacts dans un carnet d'adresses. Cette version électronique d'un outil que vous connaissez parfaitement bien sous une forme papier permet d'enregistrer les adresses électroniques et postales, ainsi qu'un certain nombre de données comme les dates d'anniversaires en plus du numéro de téléphone de vos correspondants.

N'OUBLIEZ PAS

Même si votre tablette ne vous permet pas d'appeler un numéro de téléphone, autant avoir des fichiers aussi complets que possible pour tous vos contacts. N'oubliez pas qu'en réalité ces informations sont synchronisées avec votre ou vos comptes Gmail, et donc accessibles en permanence non seulement sur votre tablette, mais aussi sur votre ordinateur ainsi que sur votre smartphone Android (si vous en possédez un).

Explorer le carnet d'adresses

Le carnet d'adresses porte le nom de Contacts. Il s'agit du nom générique des carnets d'adresses du système d'exploitation Android.

Toutefois, votre tablette peut utiliser une autre application pour gérer vos contacts. Mais quel que soit le programme utilisé, l'idée maîtresse reste la même : stocker et consulter les informations sur les personnes de votre connaissance.

Bien entendu, nous ne nous intéresserons dans ce chapitre qu'à l'application standard d'Android.

Consulter le carnet d'adresses

Pour consulter le carnet d'adresses de votre tablette, ouvrez l'application Contacts. *A priori*, son icône devrait être disponible sur votre écran d'accueil. Si ce n'est pas le cas, touchez le bouton Applis, puis l'icône Contacts.

La Figure 5.1 montre le contenu typique d'un carnet d'adresses Android. La Figure 5.2 illustre la fiche tout aussi typique d'un contact (évidemment très virtuel en l'occurrence).

Consultez toutes les informations d'un contact en touchant simplement son nom. Pour accéder rapidement à un contact, faites glisser le bord droit de votre écran tactile.

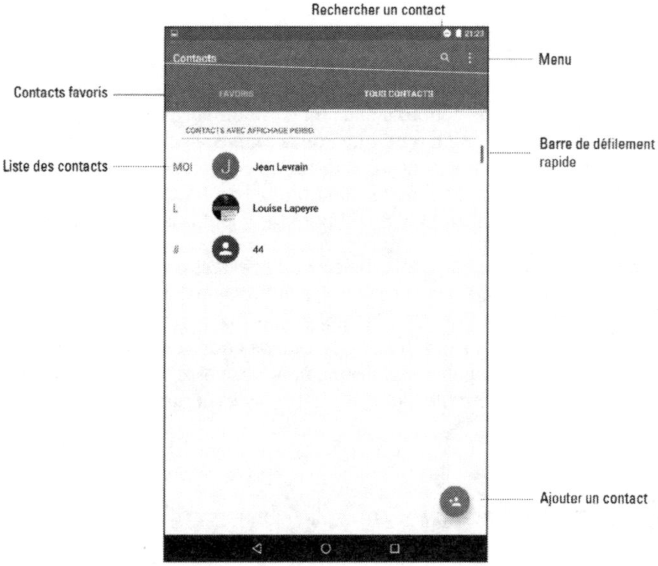

Figure 5.1 : Une liste de contacts.

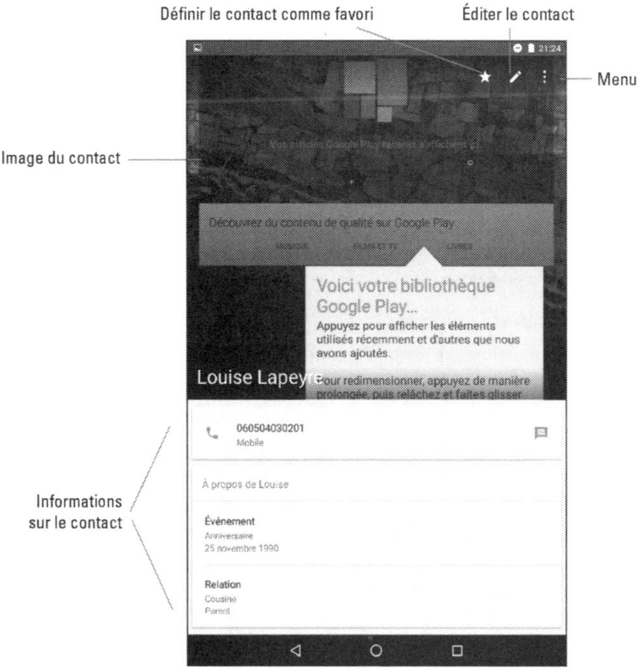

Figure 5.2 : Tout savoir sur un contact.

Afficher les informations d'un contact

Quoi que vous souhaitiez faire avec un contact, vous devez préalablement le sélectionner : touchez son nom pour accéder à sa fiche d'informations (reportez-vous à la Figure 5.2).

Voici les actions que vous pouvez accomplir avec vos contacts :

- **Envoyer un message électronique :** Touchez l'adresse électronique affichée dans la section Adresse e-mail de la fiche du contact. Consultez le Chapitre 6 pour plus d'informations sur l'utilisation des e-mails avec votre tablette.
- **Consulter le site Web du contact :** Si ce champ est présent, touchez-le pour ouvrir le site Web associé au contact dans Chrome. Voyez le Chapitre 7 à ce sujet.
- **Passer un appel téléphonique :** D'accord, votre tablette n'est *pas* un téléphone. Mais si vous avez installé une application telle que Skype, Tango, ou une extension de Hangouts, par exemple,

toucher le numéro de téléphone d'un contact peut activer ladite application. Vous pourrez alors vous servir de votre tablette pour dialoguer *via* Internet en direct et en Wi-Fi.

- **Localiser votre contact sur une carte :** Lorsque vous connaissez l'adresse du domicile ou du bureau de votre contact, touchez ce champ pour accéder à l'application Maps. Pour plus d'informations sur l'utilisation de ce programme, consultez le Chapitre 10.

Bien entendu, si vous l'avez saisie, la date d'anniversaire de votre contact sera également affichée. Chantez « *Happy birthday* » avec Google Voice...

- Une fois la consultation du carnet d'adresses ou d'une fiche de contact terminée, appuyez sur le bouton Retour de la tablette.
- Les informations sur vos contacts peuvent avoir plusieurs origines : votre compte Google, des messages reçus, et ainsi de suite. Par conséquent, lorsque la même information apparaît plusieurs fois dans la fiche de votre contact, cela tient au fait qu'elle provient de plusieurs sources. Pour éviter trop de doublons, affichez un contact répertorié plusieurs fois. Passez en mode Édition (voir plus loin). Dans le menu, sélectionnez la commande Fusionner. Il ne vous reste plus qu'à choisir le ou les contacts à associer au contact initial. En cas d'erreur, reprenez la même procédure, mais sélectionnez cette fois dans le menu la commande Dissocier.
- Vous devriez trouver un compte particulier nommé Moi (c'est le tout premier). Il s'agit de vos informations personnelles, ce que Google appelle votre profil local.

Trier son carnet d'adresses

Vos contacts sont affichés dans un ordre bien défini. Il s'agit d'un classement alphabétique croissant. Voici comment présenter autrement le contenu de votre carnet d'adresses :

1. **Démarrez l'application Contacts.**
2. **Touchez le bouton Menu, en haut et à droite de l'écran, puis la commande Paramètres.**
3. **Touchez la ligne Trier par.**
4. **Activez l'une des options Prénom ou Nom.**
5. **Touchez la ligne Format du nom.**

6. **Activez l'option Prénom en premier ou Nom en premier.**

   Cette option n'affecte pas l'ordre de tri défini précédemment.

7. **Une fois le tri défini, appuyez sur le bouton Retour de la tablette.**

La liste des contacts est alors actualisée.

Si vous utilisez une autre application de gestion des contacts, les procédures décrites ci-dessus sont sensiblement les mêmes.

Rechercher des contacts

Il est plus judicieux de lancer une recherche dans un carnet d'adresses rempli de contacts. Pour cela, touchez le bouton qui représente une loupe et commencez à saisir un critère quelconque sur le clavier virtuel.

Au fur et à mesure que vous saisissez des caractères, la fonction de recherche réduit le nombre d'entrées trouvées dans votre carnet d'adresses. Dès que vous voyez s'afficher la personne à contacter, appuyez sur son nom. Vous accédez alors à sa fiche détaillée.

- Pour effacer la recherche en cours, touchez la croix qui se trouve à droite du champ de saisie.
- Il n'existe aucune corrélation entre le nombre de contacts et le nombre de vos meilleurs amis ! Un carnet d'adresses est un peu comme un compte Facebook. Les vrais amis s'y comptent sur les cinq doigts de la main.

Se faire de nouveaux amis

L'enregistrement d'informations sur vos contacts peut se faire de plusieurs manières. La première consiste à créer une liste de contacts en recopiant, par exemple, le contenu de votre carnet physique (sur papier). Le problème est que cette tâche est fastidieuse. La deuxième, bien plus rapide, consiste à alimenter votre carnet d'adresses au fur et à mesure de l'utilisation de votre tablette. Par exemple, si quelqu'un vous envoie un message, vous entrerez alors son adresse dans le carnet, et ajouterez quelques données personnelles. Enfin, vous pouvez récupérer les contacts de votre compte Gmail. En moins de temps qu'il ne faut pour le dire, votre tablette sera remplie de nouveaux contacts.

L'avantage d'avoir un compte Gmail, c'est que vos contacts sont, par défaut, automatiquement synchronisés sur tous les systèmes dans lesquels vous pouvez avoir accès à ce compte : autre tablette ou smartphone Android, ou encore navigateur Web sur un ordinateur. De cette manière, vous ne devriez jamais perdre le contact !

Créer un contact

La création d'un contact envisage l'hypothèse maniaco-dépressive où vous choisissez d'entrer manuellement toutes les informations qui le (ou la) concernent. Par exemple, vous décidez de recopier le contenu de votre petit carnet d'adresses papier. Courage !

1. **Ouvrez l'application Contacts.**
2. **Touchez le bouton Ajouter un contact.**

   Sur la Figure 5.1, c'est le bouton bleu qui montre une silhouette marquée d'un signe plus.
3. **Choisissez le cas échéant le compte avec lequel vous voulez synchroniser votre nouveau contact.**
4. **Remplissez la fiche du contact, comme l'illustre la Figure 5.3.**

   Les champs permettant d'enregistrer plusieurs données affichent une pointe de flèche orientée vers le bas. Touchez-le

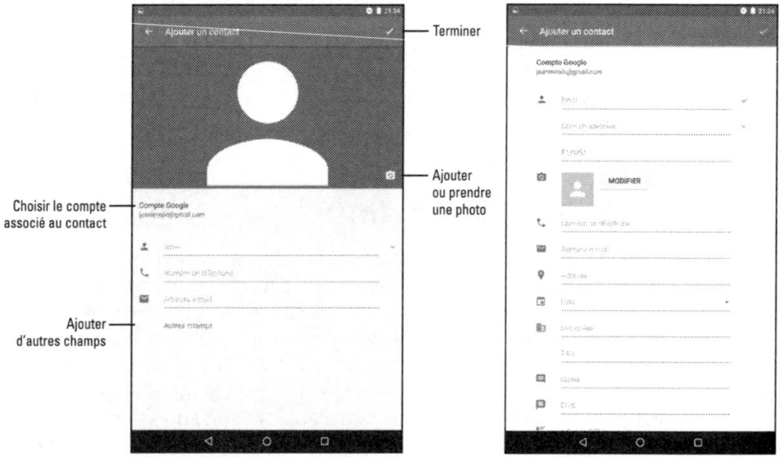

Figure 5.3 : Créer un contact.

pour ajouter un champ. Par exemple, touchez le bouton fléché de la section Nom pour préciser le prénom et le nom de famille d'une personne. Ainsi, vous pouvez enregistrer les numéros de fixe et de mobile de votre correspondant, ou encore une adresse de messagerie personnelle et une autre professionnelle.

Vous constatez la présence d'une ligne libellée Mobile ou encore Domicile suivi d'un triangle pointe en bas, à droite des champs. Appuyez dessus pour le modifier. Dans la liste qui apparaît, vous avez le choix par exemple entre Domicile, Bureau, Autre, Personnalisé, *etc.*

5. **Si les lignes de renseignement proposées par défaut ne suffisent pas, touchez la ligne Autres champs. Sélectionnez alors l'information à insérer, puis complétez-la.**

6. **Touchez la coche en haut à droite pour valider les informations saisies et ajouter votre contact au carnet d'adresses.**

Si vous avez commencé à créer un nouveau contact par erreur, touchez le bouton de menu, en haut et à droite de l'écran. Choisissez Supprimer les modifications, puis confirmez. Vous revenez alors au carnet d'adresses.

Il est possible de créer des contacts en utilisant le compte Gmail de votre ordinateur. Cette option facilite la saisie des informations, car elle s'effectue avec le clavier de votre PC ou de votre Mac sur un écran informatique de grande dimension.

Créer un contact à partir d'un e-mail

Vous recevez un message d'une personne qui n'est pas encore enregistrée dans votre carnet d'adresses, et cela vous manque déjà. Pas de panique, il est très facile de réparer cette erreur :

1. **Touchez l'image qui est affichée à gauche du nom de l'expéditeur, tout en haut du message.**

   Si le contact est déjà présent dans votre carnet d'adresses, ce même bouton affichera sa photo, son adresse de messagerie, ou encore celle de son site Web, *etc.*

2. **Dans le menu qui s'affiche, touchez le bouton OK pour confirmer l'ajout à vos contacts.**

3. **Vous pouvez alors soit localiser un contact existant pour compléter sa fiche, soit créer un tout nouveau contact.**

   L'adresse de messagerie est automatiquement renseignée.

4. **Procédez comme nous l'avons vu plus haut à la section « Créer un contact ».**

Gérer ses contacts avec Gmail

Au commencement était Gmail. Vous avez en effet au moins un compte Gmail. Et celui-ci offre un avantage considérable : vous pouvez gérer en toute tranquillité vos contacts et toutes les informations qui leur sont associées sur votre ordinateur de bureau. Le miracle d'Internet fera que ces données seront automatiquement et presque immédiatement synchronisées sur votre tablette. Voilà qui mérite qu'on s'y arrête un peu.

Créer et éditer des contacts sur un ordinateur

Suivez ces étapes :

1. **Ouvrez votre navigateur Web préféré sur votre ordinateur et connectez-vous à votre page Gmail.**

2. **En haut à gauche, cliquez sur le bouton Gmail. Dans le menu qui s'affiche, cliquez sur Contacts.**

   La liste de tous les contacts actuellement enregistrés dans le carnet d'adresses associé à Gmail apparaît.

3. **Pour ajouter une personne, cliquez sur le bouton Ajouter un contact (le gros disque rouge contenant une silhouette et un signe plus en bas à droite).**

   Une fenêtre s'affiche.

4. **Saisissez le nom du contact, puis cliquez sur le bouton Créer.**

   Une fiche de contact s'affiche.

5. **Renseignez les champs de la fiche, en cliquant sur chaque ligne indiquant « Ajouter… » pour insérer de nouvelles rubriques (voir la Figure 5.4).**

   Cliquez au besoin sur la ligne Afficher tous les champs afin d'obtenir des rubriques supplémentaires.

6. **Si vous disposez déjà d'une photo du contact, cliquez sur le lien Ajouter une photo. Si elle figure déjà dans votre dossier de photos sauvegardées par Google, sélectionnez son emplacement puis l'image elle-même. Si elle se trouve sur votre ordinateur, cliquez sur Importer. Localisez le dossier contenant la**

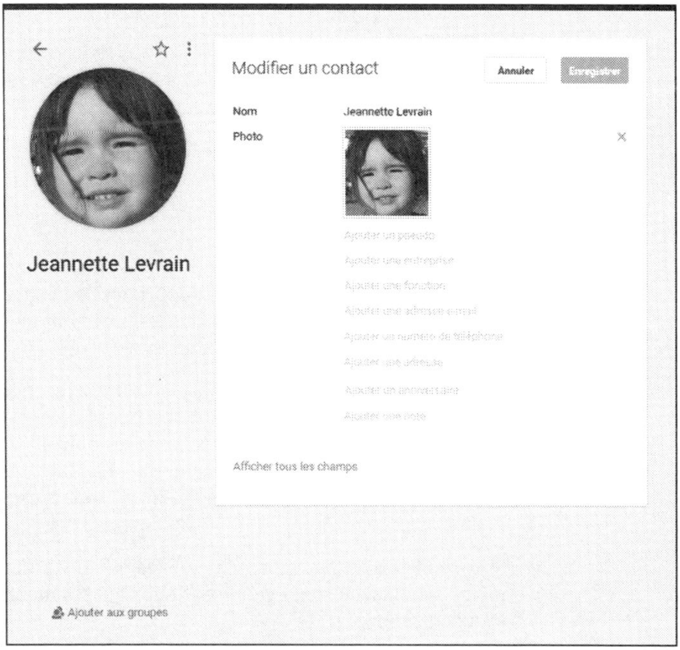

Figure 5.4 : Créer un contact dans Gmail.

photo, puis faites-la glisser sur la fenêtre d'aperçu, recadrez et confirmez en cliquant sur Sélectionner.

Vous pouvez évidemment choisir n'importe quelle image à votre convenance…

7. **Quand vous avez terminé, cliquez sur le bouton Enregistrer, puis sur le bouton Retour (la flèche en haut à gauche de la fiche).**

C'est fait. Vous pouvez ensuite à tout moment cliquer sur le nom de votre contact pour le modifier ou compléter ses informations.

TRUC

Vous disposez également de toutes les options nécessaires pour gérer par exemple des groupes, pour rechercher et fusionner des doublons, etc. Mais il est bon de retenir que tout ce qui est possible sur votre tablette se fait encore plus facilement sur un ordinateur, du moins pour vos comptes Gmail !

Voyons maintenant ce qui vient de se passer :

1. **Reprenez votre tablette et touchez l'icône de l'application Contacts sur l'écran d'accueil.**

Si vous ne la voyez pas, touchez d'abord le bouton Applis pour la retrouver.

2. **Touchez le bouton Rechercher et commencez à saisir sur le clavier virtuel le nom de votre nouveau contact.**

   Très vite, les réponses qui correspondent à ce que vous entrez s'affichent, et... incroyable, votre contact est bel et bien là, y compris avec sa photo !

Résumons-nous :

- Quand vous créez, modifiez (ou supprimez) un contact sur votre ordinateur, les informations sont instantanément transmises aux ordinateurs de Google où elles sont enregistrées.
- À partir du compte enregistré sur votre tablette, celle-ci scrute régulièrement ces mêmes ordinateurs Google. Dès qu'elle détecte un changement, elle télécharge les nouvelles informations et les enregistre dans sa mémoire. Résultat : vos comptes (comme d'ailleurs bien d'autres données) sont presque instantanément *synchronisés*.
- Si vous avez d'autres appareils mobiles qui fonctionnent selon le même schéma, ils sont évidemment eux aussi synchronisés, sauf avis contraire.
- L'énorme avantage de cette méthode, c'est que vos données existent indépendamment de l'appareil qui les utilise (ordinateur, tablette, smartphone ou phablette). Elles sont en effet stockées sur Internet, ce qui permet par exemple de les récupérer facilement en cas de problème, ou si vous réinitialisez votre appareil.
- Est-ce que les comptes Gmail sont les seuls concernés ? Non. Si vous pratiquez Facebook, Google+ ou d'autres réseaux sociaux, par exemple, vous constaterez rapidement que vos « amis » se retrouvent d'eux-mêmes dans votre carnet d'adresses.

Importer des contacts dans Gmail

Avant d'utiliser Gmail, vous aviez peut-être un autre carnet d'adresses enregistré ailleurs ? Gmail est tout à fait capable de le récupérer, du moins à certaines conditions :

1. **Dans le programme servant à gérer votre ancien carnet d'adresses, localisez la commande qui vous permet d'exporter celui-ci. Choisissez comme format d'exportation vCard ou CSV.**

Dans Outlook, par exemple, vous devez cliquer sur Fichier, puis sur Importer et exporter. Dans la fenêtre qui s'affiche, choisissez l'option Exporter des données dans un fichier. Cliquez sur Suivant, puis sur Valeurs séparées par une virgule. Cliquez à nouveau sur Suivant, puis sur Contacts. Il ne vous reste plus qu'à choisir l'emplacement et le nom du fichier de type CSV que vous allez créer puis confirmer.

TRUC

Cette même technique peut aussi servir à exporter un emploi du temps pour le récupérer dans le module Agenda de Gmail.

2. **Revenez à la page Contacts de Gmail dans votre navigateur Web. Cliquez sur le lien Plus, puis sur Importer dans la partie gauche de la fenêtre.**

TRUC

Si un message vous indique d'utiliser l'ancienne version de Google Contacts, cliquez sur Accéder à l'ancienne version de Contacts.

La fenêtre Importer des contacts s'affiche.

3. **Servez-vous du bouton Parcourir pour localiser votre fichier de contacts, puis cliquez sur Importer (voir la Figure 5.5).**

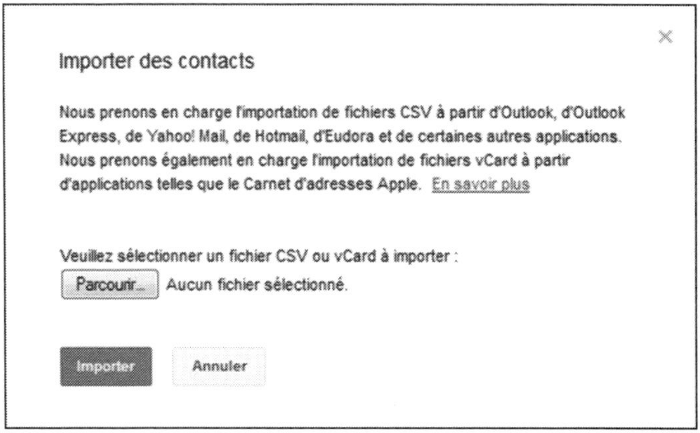

Figure 5.5 : Importer des contacts via Gmail.

C'est parti…

TRUC

Pour revenir à la nouvelle version de contacts, cliquez sur le lien Essayer la nouvelle version de Contacts.

Si vous avez plusieurs carnets d'adresses à importer dans Gmail, pensez à éliminer les références multiples en cliquant sur le lien Rechercher les doublons à gauche de la fenêtre. Vous pouvez également sélectionner manuellement un doublon en cochant les cases correspondantes. Cliquez ensuite sur le bouton Fusionner (une flèche pointée vers le haut avec deux traits qui se rejoignent en angle droit en guise de base) en haut à droite de la fenêtre. À nouveau, j'insiste sur le fait que c'est beaucoup plus facile à faire que sur votre tablette, et que la synchronisation avec celle-ci est (par défaut) automatique.

Contact direct !

Si votre tablette Android contient une puce NFC, vous pouvez échanger des contacts avec n'importe quel autre appareil également NFC.

Ouvrez l'application Contacts et sélectionnez la fiche de la personne à transférer. Placez les deux appareils dos à dos. Le message Appuyer pour partager va apparaître. Touchez l'écran tactile, et les informations du contact sont automatiquement envoyées vers l'autre dispositif.

Gérer le carnet d'adresses

Notre vie trépidante nous amène à changer régulièrement de numéro de téléphone, de ville, d'adresse, et bien d'autres choses encore. Dans ce cas, actualisez les informations de vos contacts en modifiant leur fiche.

Effectuer des modifications mineures

Pour apporter des modifications mineures, accédez à la fiche de votre contact. Touchez le bouton qui représente un crayon.

Vous affichez ainsi toutes les données du contact. Touchez le champ des informations que vous souhaitez éditer.

Une fois les modifications apportées, confirmez-les en touchant le bouton de validation (une coche), en haut et à droite de l'écran.

Certaines informations peuvent être ajoutées à votre carnet d'adresses par des applications externes, comme des réseaux sociaux, Skype, et ainsi de suite. Vous ne pouvez pas les éditer dans Contacts, mais uniquement dans leur application d'origine.

Ajouter une photo à un contact

Il est plus simple d'assigner une photo à un contact quand l'image en question est déjà stockée sur votre tablette. Vous pouvez prendre une photo et l'enregistrer comme cela est expliqué au Chapitre 11. Vous avez également la possibilité de récupérer une image sur Internet (voyez le Chapitre 7). Enfin, n'importe quelle image peut être attribuée à un contact.

Une fois l'image stockée sur votre tablette, voici comment l'associer à un contact :

1. **Accédez à la fiche du contact auquel vous souhaitez attribuer une photo.**
2. **Touchez ensuite le bouton Modifier (le crayon).**
3. **Touchez l'icône symbolisant un portrait, en haut de la fiche.**

   Bien entendu, la même procédure s'applique si vous souhaitez modifier l'image de votre contact.
4. **Dans le menu local qui s'affiche, sélectionnez Prendre une (autre) photo ou Sélectionner une (nouvelle) photo.**

   Choisissez ici la seconde option.
5. **Le gestionnaire de fichiers intégré va apparaître. Touchez le bouton orné de trois barres horizontales en haut à gauche pour afficher les dossiers accessibles. Vous pouvez en particulier opter pour Images, Photos ou encore un stockage sur votre espace Internet (tel que Drive ou Dropbox). Le principal, c'est de pouvoir retrouver rapidement le bon portrait.**
6. **Parcourez l'album ou le dossier pour localiser la photo.**

   Pour plus d'informations, reportez-vous au Chapitre 11.
7. **Touchez la photo à utiliser.**
8. **(Facultatif) Recadrez l'image si nécessaire.**

   La Figure 5.6 montre un recadrage en cours.
9. **Appuyez sur le bouton OK pour utiliser cette image comme photo du contact.**
10. **Touchez le bouton Valider (la coche) pour enregistrer les changements apportés à la fiche de votre contact.**

Vous pouvez ajouter des images aux contacts de votre compte Google en utilisant n'importe quel ordinateur. Il suffit d'afficher la liste de vos

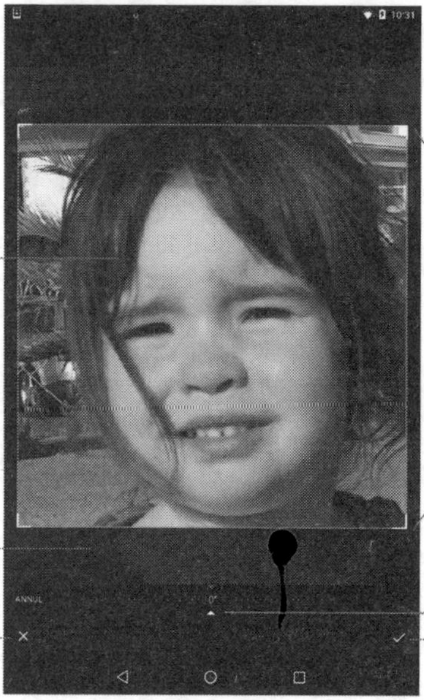

Figure 5.6 : Recadrez la photo d'un contact.

contacts Gmail. Ajoutez ensuite une image stockée sur le disque dur de votre ordinateur. L'image pourra alors être synchronisée avec le nom de ce même contact enregistré sur votre tablette Android.

- Si votre contact se trouve avec vous, pourquoi ne pas lui demander de se photographier avec votre tablette ? Il suffira lors de l'Étape 4 ci-dessus de choisir l'option Prendre une (nouvelle) photo, et c'est parti pour le *selfie* de l'année !
- Les images peuvent aussi être ajoutées par vos amis et contacts Gmail quand ils associent des photos à leur propre compte.
- Certaines photos sont inutilisables en tant que photos de contacts. Ainsi, les images synchronisées avec des albums photo en ligne ne peuvent pas être utilisées.

Créer un favori

Un *favori* est un contact avec qui vous correspondez régulièrement et auquel vous voulez pouvoir accéder rapidement, sans avoir à vous lancer dans une recherche fastidieuse. Il ne s'agit pas obligatoirement d'une personne que vous appréciez. Enfin, c'est vous qui voyez.

La liste des contacts favoris est accessible en touchant le bouton en forme d'étoile, en haut et à gauche de l'écran.

Pour ajouter un contact à la liste des favoris, accédez à sa fiche et touchez l'icône de l'étoile affichée en haut de l'écran. Lorsque l'étoile est pleine, le contact est ajouté aux favoris. Quand elle est vide, il en est retiré. C'est aussi simple que cela.

- Personne ne sait s'il fait ou non partie des favoris. Par conséquent, aucun de vos contacts ne peut se vexer d'en être exclu.
- Pour accéder rapidement à vos favoris, ainsi qu'aux contacts réputés fréquents, touchez l'onglet Favoris, en haut et à gauche de la fenêtre principale de l'application Contacts.

Supprimer un contact

Consultez régulièrement la liste de vos contacts, et supprimez ceux avec qui vous ne correspondez plus. Voici comment procéder :

1. **Accédez à la fiche de votre contact.**
2. **Touchez le bouton Menu, en haut et à droite de l'écran tactile, puis la commande Supprimer.**
3. **Dans le message de confirmation qui apparaît, touchez le bouton OK.**

NOTE TECHNIQUE

Comme la liste des contacts est synchronisée avec votre compte Google, le contact supprimé sur votre tablette l'est aussi dans Gmail.

Autres options

Passons rapidement en revue les autres options dont vous disposez pour gérer vos contacts :

- **Partager :** C'est pour communiquer les coordonnées du contact courant. L'information peut notamment être transmise en Bluetooth à un autre appareil, être échangée par e-mail, ou envoyée par tout autre procédé disponible sur votre propre appareil.
- **Placer sur l'écran d'accueil :** Si le contact est vraiment *très* important, vous pouvez ajouter sur l'écran d'accueil une icône de raccourci qui permettra d'y accéder très rapidement.

- **Contacts à afficher :** Si vous avez enregistré plusieurs comptes sur votre tablette, vous pouvez sélectionner ici celui pour lequel vous voulez afficher les contacts.
- **Comptes :** Permet notamment de dire si les comptes définis sur la tablette doivent être automatiquement synchronisés. Vous pouvez aussi vous servir de cette commande comme d'un raccourci vers l'option Comptes de l'application Paramètres.

Regrouper les contacts

En plus des favoris, vous avez la possibilité, lorsque vous créez ou modifiez un contact, de l'associer à un groupe prédéfini ou personnalisé. La procédure est très simple :

1. **Commencez à créer un nouveau contact, ou bien choisissez un contact puis l'option Modifier de sa fiche.**
2. **Touchez la ligne Nom du groupe. (Touchez auparavant le lien Autres champs si vous ne la voyez pas.)**
3. **Dans le menu local qui s'affiche, cochez la ou les cases voulues, par exemple Famille, Amis ou encore Professionnel.**

   TRUC : Si aucun des groupes prédéfinis ne vous convient, choisissez l'option Créer un groupe. Donnez un nom à votre convenance à celui-ci.

4. **Il ne vous reste plus qu'à enregistrer votre contact.**

Si vous voulez par la suite retirer un contact d'un groupe, il vous suffit de reprendre la même procédure, en décochant cette fois une ou plusieurs cases lors de l'Étape 3.

Pour localiser rapidement une personne attachée à un groupe :

1. **Touchez le bouton Menu (en haut à droite de l'application Contacts), puis Contacts à afficher.**
2. **Sélectionnez l'option Personnaliser.**
3. **Dans la fenêtre Définir affichage perso, touchez le nom de votre compte, puis cochez ou décochez les cases des groupes à afficher ou masquer.**
4. **Touchez le bouton OK pour valider. Seuls les contacts correspondant à votre choix s'affichent désormais dans l'application.**

Chapitre 6

Vous avez un message !

Dans ce chapitre :

- Comprendre la notion de message électronique
- Configurer un compte de messagerie
- Recevoir un nouveau message
- Utiliser la boîte de réception universelle
- Créer et envoyer des courriels
- Ajouter des pièces jointes à des messages électroniques
- Créer une signature électronique
- Modifier les paramètres de suppression manuelle

L'art de l'écriture de lettres est très ancien. Toutefois, personne n'est capable de dire quand la première lettre a été écrite. Il serait étonnant qu'il s'agisse d'un simple message de remerciements, ou du transfert d'un télégraphe. C'est à partir des années 1960 que la lettre a connu ses premières désaffections avec l'avènement progressif du téléphone.

Qui aurait pensé qu'un jour il serait possible d'envoyer des messages écrits avec un drôle d'appareil appelé *tablette* ? C'est pourtant la réalité d'aujourd'hui, car, grâce à une connexion Internet et au Wi-Fi, votre tablette Android est capable d'envoyer et de recevoir des messages électroniques, ou e-mails.

Les messages électroniques et Android

Auparavant, deux applications Android de messagerie étaient disponibles dans vos applications : Gmail et E-mail, mais sur Android 6, cette dernière a disparu au profit exclusif de la première.

Il est possible que le constructeur de votre tablette ait conservé sa propre version d'E-mail. Normalement, votre ou vos comptes de messagerie autres que Gmail devraient automatiquement être déplacés (sans rien perdre, fort heureusement) vers ce dernier. À vous de voir si cela vous convient. Sachez qu'il existe d'autres applications de messagerie disponibles sur Play Store (étudié au Chapitre 14).

Gmail, est en lien direct et privilégié avec votre compte Google. Ainsi, la gestion des e-mails se fait à un double niveau : vous recevez vos messages sur votre ordinateur, votre tablette et éventuellement sur votre smartphone. Et vous en envoyez aussi bien depuis votre tablette que depuis votre ordinateur ou encore votre smartphone

Cela étant posé, la messagerie électronique fonctionne sur votre tablette comme sur un ordinateur : vous recevez, créez, transférez, envoyez des messages à un groupe de contacts, et vous ajoutez éventuellement des pièces jointes.

- L'application Gmail peut être configurée pour gérer plusieurs comptes de messagerie électronique, comme cela est expliqué un peu plus loin dans cette section.
- Bien que vous puissiez utiliser le navigateur Web de votre tablette pour visiter le site Web Gmail, l'application éponyme permet de gérer vos messages envoyés et reçus par ce service de messagerie.
- Si vous oubliez votre mot de passe Gmail, rendez-vous à l'adresse suivante : `www.google.com/accounts/forgotpasswd`

Configurer un compte de messagerie fondé sur le Web

Pour accéder à un compte de messagerie différent de Gmail, vous devez configurer votre tablette Android. Voici la procédure à suivre pour des comptes de messagerie créés par exemple sur Yahoo! Mail, Outlook.com (anciennement Hotmail), ou simplement sur votre accès Internet :

1. **Ouvrez l'application Paramètres, touchez la ligne Comptes, puis choisissez l'option Ajouter un compte.**

   Plusieurs types de comptes vous sont proposés, au premier rang desquels bien entendu Google. Mais votre liste peut également comporter bien d'autres choix, comme Facebook, Twitter, IMAP, POP3, et ainsi de suite (voir la Figure 6.1).

Figure 6.1 : Choisir le type de compte à créer.

2. **Choisissez le type de compte que vous voulez ajouter.**

   Nous nous en tiendrons ici au cas le plus courant : celui c'un compte personnel POP3.

3. **Saisissez l'adresse e-mail de votre compte puis touchez le bouton Suivant.**

4. **Tapez le mot de passe du compte puis touchez le bouton Suivant.**

   A priori, les options de configuration automatique suffisent à l'établissement de la connexion avec ce compte.

5. **Touchez le bouton Suivant.**

6. **Si vous n'avez pas fait d'erreur, les informations de connexion devraient être automatiquement détectées. Il vous suffit chaque fois de toucher le bouton Suivant.**

   Si vous avez fait une erreur dans le nom du compte ou le mot de passe, touchez le bouton Précédent et corrigez. Si ce compte nécessite une configuration particulière, servez-vous des informations dont vous disposez pour renseigner correctement les champs.

   Gmail ne reconnaît pas toujours les coordonnées des serveurs entrant et sortant, même les plus courants. Par exemple, il propose simplement orange.fr au lieu, respectivement, de pop.orange.fr et smtp.orange.fr. Il faut donc corriger manuellement cette erreur. En cas de message concernant la sécurité, choisissez Aucune.

7. **Parmi les choix proposés ensuite, choisissez la fréquence de collecte du courrier et cochez les cases de ce que vous voulez synchroniser pour ce compte (voir la Figure 6.2).**

   Selon le type du compte, les choix peuvent se limiter à la fréquence de consultation des messages et aux notifications, ou concerner en plus les contacts ou l'agenda.

8. **Quand vous avez fini, touchez le bouton Suivant.**

9. **Donnez un intitulé personnalisé à votre compte de messagerie et définissez le nom qui sera affiché dans vos courriels.**

   Bertrand Dupond, c'est quand même mieux que `bdup8472@monfai.com` !

10. **Touchez le bouton Suivant.**

    C'est fait. Le compte est configuré.

Gmail va immédiatement détecter le nouveau compte et l'intégrer automatiquement dans sa liste d'adresses de messagerie.

Vous avez un message

Toutes les tablettes Android aiment travailler avec Gmail. S'il s'agit de votre serveur de messagerie principal, si ce n'est unique, vous aurez un accès permanent à tous vos messages électroniques.

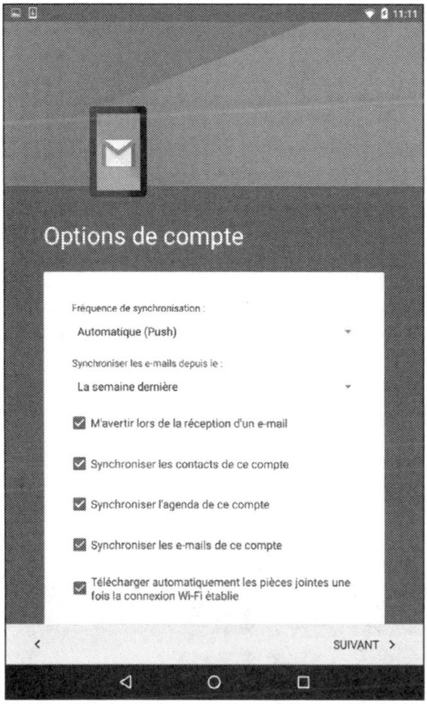

Figure 6.2 : Définir les options pour le nouveau compte.

Savoir qu'un message est arrivé

Une icône affichée dans la barre des notifications vous avertit de la réception d'un nouveau message. Il s'agit d'un grand M pour indiquer que Gmail ne vous oublie pas, parfois d'une enveloppe ou d'un autre symbole selon l'application que vous utilisez et ce qu'a choisi le fabricant de la tablette.

Vous pouvez avoir tout de suite un aperçu du message en faisant glisser vers le bas la barre des notifications, y compris depuis l'écran de verrouillage (voir la Figure 6.3).

Il est ainsi possible d'archiver ou de supprimer un message, ou d'y répondre, en touchant les boutons correspondants. Vous pouvez aussi faire glisser un message hors de l'écran pour l'effacer des notifications.

TRUC

- Si seul l'en-tête d'un message apparaît dans la barre des notifications, faites-le glisser vers le bas pour en savoir plus.

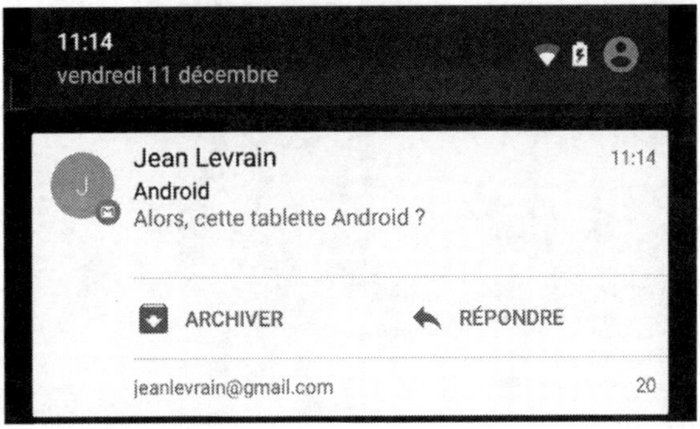

Figure 6.3 : Vous êtes notifié(e) quand un message arrive.

Consulter la boîte de réception

Pour consulter votre compte Gmail, exécutez l'application éponyme. Le contenu de la Boîte de réception apparaît, comme sur la Figure 6.4.

Figure 6.4 : La boîte de réception Gmail.

Pour lire un message, appuyez dessus. Pour revenir à l'écran principal (celui qui permet de changer de compte ou de dossier), touchez le bouton marqué de trois bandes. C'est aussi simple que cela.

- Par défaut, Gmail vous signale les messages provenant des réseaux sociaux auxquels vous êtes abonnés sous l'un des comptes définis dans l'application. Vous pouvez les consulter indépendamment de vos autres messages. Bien entendu, Gmail a une nette préférence pour Google+ et YouTube. Mais il acceptera sans rechigner tous les autres réseaux sociaux.

- Pour rechercher des messages Gmail, appuyez sur le bouton représentant une loupe, en haut de l'écran.

N'OUBLIEZ PAS

- Gmail utilise la notion de *libellés* et non pas de dossiers comme dans d'autres applications de messagerie. Pour y accéder, effleurez l'écran de gauche à droite de manière à ouvrir le menu vous permettant de choisir un compte ou un libellé particulier (voir la Figure 6.5). Vous pouvez également toucher le bouton présent en haut et à gauche de l'écran.

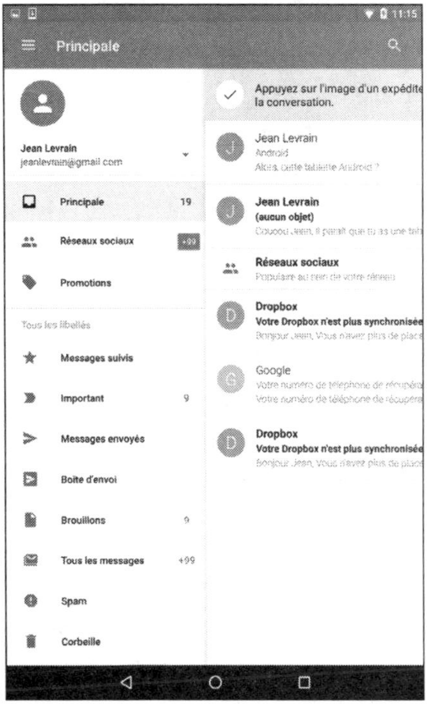

Figure 6.5 : Le volet principal de Gmail.

Lire un message

Bien qu'il soit possible de lire un message en touchant sa notification, vous pouvez également et évidemment le faire depuis Gmail.

La Figure 6.6 montre la lecture d'un message dans Gmail en détaillant les principales actions possibles.

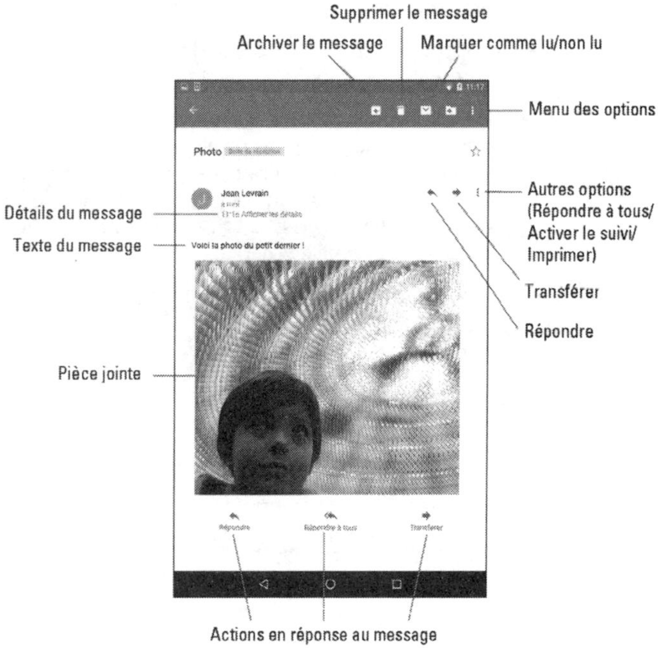

Figure 6.6 : Lire un message dans Gmail.

Pour répondre, il suffit d'appuyer sur le bouton idoine du message affiché.

- Quand vous supprimez un message, vous ne faites que le transférer dans un libellé (ou dossier) appelé Corbeille.
- Pour accéder aux options non visibles dans un message, touchez le bouton Menu qui apparaît à droite du bouton Répondre. Ces options sont en particulier Répondre à tous, Activer le suivi (pour relier un fil de conversation) ou encore Imprimer.
- Le bouton Menu de l'application, en haut et à droite de l'écran, propose des choix supplémentaires. En particulier, il permet de marquer le message comme étant important, de l'imprimer ou encore d'effectuer un signalement concernant une attaque de spam ou de hameçonnage (phishing).
- Les messages que vous marquez comme étant suivis, importants ou encore comme étant des spams apparaissent dans des libel-

lés (dossiers) spécifiques, ce qui permet de les retrouver plus facilement (revoyez la Figure 6.5).

- Si les comptes Gmail disposent d'un panel complet d'options, les messages gérés avec un autre type de compte sont un peu moins bien lotis. Désolé…
- La gestion de la messagerie est plus simple sur un ordinateur.

Écrire un courrier électronique

J'utilise souvent ma tablette pour vérifier l'arrivée de nouveaux messages. En revanche, je l'emploie rarement pour y répondre ou pour en composer. J'explique cette attitude par le fait que peu de messages électroniques nécessitent une réponse immédiate.

Composer un nouveau message électronique

L'écriture d'un courriel sur une tablette Android ne diffère pas réellement de ce que vous faites sur votre ordinateur. La Figure 6.7 en montre l'interface dans Gmail.

Figure 6.7 : Écrire un nouveau message.

Voici comment créer un message électronique avec votre tablette :

1. **Démarrez Gmail.**

2. **Dans la boîte de réception, touchez le bouton rouge marqué d'un crayon.**

   L'écran de rédaction d'un message apparaît. Comme il s'agit d'un nouveau message, et non pas d'une réponse ou d'un transfert, tous ses champs sont vides.

   Si vous répondez à un message, le principe reste exactement le même. Simplement, le texte du message d'origine sera inclus par défaut dans votre réponse.

3. **Si nécessaire, touchez le premier champ, celui qui indique le nom de l'expéditeur, pour choisir le compte de messagerie que vous voulez utiliser.**

4. **Touchez le champ À pour l'activer. Tapez les premières lettres du nom du contact, puis choisissez le destinataire dans la liste qui vous est proposée.**

   Vous pouvez envoyer un message à une personne qui ne figure pas dans votre carnet d'adresses en tapant tout simplement son adresse e-mail en entier.

5. **Indiquez l'objet du message.**

6. **Tapez le message.**

7. **Le cas échéant, ajouter une ou plusieurs pièces jointes (nous y reviendrons un peu plus loin).**

8. **Touchez le bouton Envoyer.**

   Le bouton Menu, en haut et à droite de l'écran, contient une option permettant l'enregistrement du message sous la forme d'un brouillon. Cela permet de le modifier ultérieurement avant de l'expédier.

   Si vous abandonnez le message avant de l'avoir fini en touchant le bouton fléché, en haut et à gauche de l'écran, il est automatiquement enregistré en tant que brouillon dans le libellé de même nom. Vous pourrez donc l'y retrouver facilement pour terminer votre message à tête reposée.

Une copie des messages expédiés est mémorisée dans l'application. Elle se nomme Messages envoyés. Bien entendu, les copies des messages Gmail sont également stockées sur votre espace Google. Vous pouvez les consulter depuis n'importe quel ordinateur connecté à Internet.

- Pour annuler un message, touchez le bouton Menu, en haut et à droite de l'écran, et exécutez la commande Supprimer.
- Pour insérer le champ Cc ou Cc/Cci, touchez le bouton fléché qui se trouve à droite du champ À.
- Consultez le Chapitre 5 pour plus d'informations sur le carnet d'adresses de votre tablette.
- Consultez le Chapitre 4 pour taper, dicter, et modifier du texte.

Répondre à un message

Quelle est la différence entre écrire un message et répondre à un message ? C'est très simple : vous ouvrez le message voulu et vous touchez le bouton Répondre (reportez-vous à la Figure 6.6). Et ensuite ? Par défaut, l'écran de composition va renseigner automatiquement le destinataire (normal), et contenir le message d'origine (pour le cas très éventuel où la personne qui vous a envoyé ce mail *si* important aurait déjà oublié de quoi il s'agissait). En revanche, les pièces jointes que vous auriez pu recevoir ne sont pas ajoutées par défaut à votre réponse, ce qui est la moindre des choses.

Il vous suffit ensuite de rédiger normalement votre réponse et de l'envoyer. C'est aussi simple que cela.

- Gmail vous propose d'inclure ou non le contenu du message original (ou du fil de messages qui forme une conversation). Pour cela, touchez l'option Texte messages précédents afin de la cocher ou de la décocher (voir la Figure 6.8).
- Pour transformer l'aspect du message d'origine en le plaçant dans une suite de chevrons, touchez le bouton Réponse dans l'e-mail.
- Vous pouvez bien sûr effacer depuis le clavier virtuel tout ou partie du message auquel vous répondez.
- Si un message a été envoyé à une cohorte de correspondant(e) s, touchez le bouton Répondre à tous pour communiquer avec toute la communauté. Bon. Ce n'est pas toujours une bonne idée, et il vaut mieux y réfléchir à deux fois avant de transmettre une réponse bien sentie à des personnes qui ne vont peut-être pas apprécier. Mais c'est vous qui voyez

Figure 6.8 : Inclure ou non le message original dans une réponse.

- Votre patron vous envoie un mail incendiaire en vont intimant l'ordre de terminer ce rapport très important pour demain matin 10 heures ? Renvoyez l'ascenseur vers vos subordonnés avec le bouton Transférer. N'oubliez pas, bien sûr, de modifier l'ultimatum pour cet après-midi 16 heures !

Envoyer un message à un contact

La méthode la plus simple et la plus rapide pour composer un nouveau message consiste à localiser un contact et à utiliser ses informations personnelles. Voici comment procéder :

1. **Ouvrez le carnet d'adresses (Contacts) de votre tablette.**

2. **Localisez le contact auquel vous souhaitez adresser un message électronique.**

   Pour plus d'informations sur la recherche des contacts dans une longue liste de correspondants, reportez-vous au Chapitre 5.

3. **Touchez le contact puis, dans sa fiche personnelle, touchez la ligne qui contient son adresse e-mail.**

4. **Dans le menu local qui apparaît le cas échéant, choisissez l'application de messagerie à utiliser (pour le cas où vous en auriez installé plusieurs). Choisissez Gmail, et validez avec le bouton Une seule fois ou son équivalent (on ne sait jamais).**

Dès cet instant, la création d'un message s'effectue selon la procédure décrite dans les précédentes sections.

- Vous pouvez choisir un compte spécifique pour expédier votre message. Si vous disposez d'un seul compte, il est utilisé par défaut.

Joindre des pièces à un message

Votre tablette Android permet d'afficher la majorité des pièces jointes à vos messages électroniques.

Les messages contenant des pièces jointes sont identifiés dans la boîte de réception par l'icône d'un trombone. Lorsque vous ouvrez ce message, vous voyez immédiatement la pièce jointe et, s'il s'agit d'une photo, une petite vignette permet de se faire une idée de son contenu (reportez-vous à la Figure 6.4).

TRUC

Si vous ne souhaitez pas charger automatiquement les pièces jointes, touchez le bouton Menu et choisissez la commande Paramètres. Touchez le nom du compte concerné. Faites défiler les options vers le bas, puis décochez la case Télécharger les pièces jointes. Vous pouvez également forcer une confirmation avant d'afficher les images.

ATTENTION !

L'option de téléchargement concerne les comptes Gmail.

Appuyez sur la vignette de la pièce jointe pour afficher un aperçu. Pour la stocker sur votre tablette, touchez le bouton Menu et choisissez la commande Enregistrer (ou Tout enregistrer si le message contient par exemple plusieurs photos).

TRUC

Le menu vous propose aussi une option de partage, qu'il s'agisse de transférer une pièce jointe *via* Bluetooth, de la diffuser sur un réseau social, de la renvoyer dans un e-mail, etc.

Certaines pièces jointes ne peuvent pas être ouvertes, tout simplement parce qu'aucune application capable de le faire n'est installée sur votre tablette. Dans ce cas, informez l'expéditeur du problème. Une autre méthode consiste à transférer ce message sur un autre compte de messagerie que vous consulterez depuis votre ordinateur.

- Si les images jointes ne sont pas affichées dans le message, il suffit de toucher la vignette ou le nom de la pièce jointe pour afficher un aperçu.
- Les photos au format JPEG jointes à un message disposent généralement d'une petite vignette permettant d'en identifier le contenu.
- Vous pouvez ajouter une pièce jointe à un message électronique. Demandez à créer un nouveau message, puis touchez le bouton qui représente un trombone, en haut et vers la droite de l'écran, puis choisissez l'option Joindre un fichier. Un gestionnaire de fichiers centralisé vous permet de sélectionner un emplacement (voir la Figure 6.9). Choisissez un dossier, puis touchez le fichier que vous voulez joindre au message. C'est aussi simple que cela.

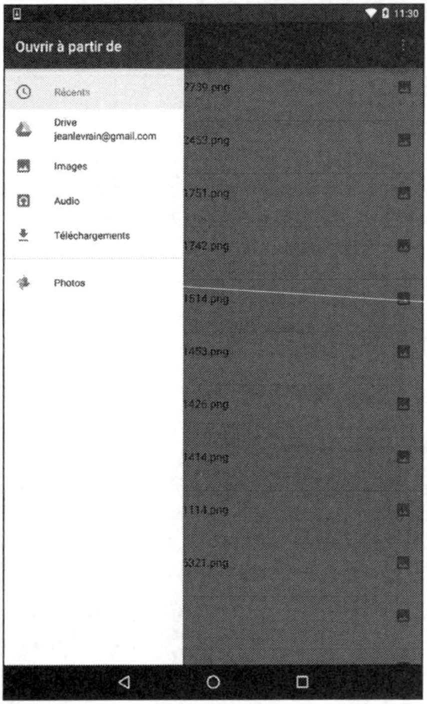

Figure 6.9 : Joindre un fichier à un message.

- Vous pouvez bien entendu joindre plusieurs pièces. Dans Gmail, il est possible de sélectionner plusieurs fichiers dans un même dossier par une série d'appuis longs.

- Gmail vous permet d'envoyer n'importe quel type de fichier. Bien entendu, vous devriez vous assurer au préalable que le ou la destinataire sera capable d'ouvrir les pièces jointes dans une application appropriée.

Configurer une messagerie électronique

Vous pourriez passer beaucoup de temps à personnaliser vos messageries électroniques gérées avec votre tablette Android. Mais, en fait, les réglages par défaut sont souvent bien adaptés. L'une des options les plus importantes est le téléchargement automatique, ou non, des pièces jointes. Nous avons déjà vu plus haut comment procéder pour modifier cette option.

Voyons donc rapidement ce qu'il en est des autres réglages.

Paramètres généraux

Ce sont ceux qui concernent tous les comptes de messagerie qui sont définis dans l'application Gmail :

1. **Touchez le bouton Menu, en haut et à gauche de l'écran, puis choisissez l'option Paramètres.**
2. **Touchez la ligne qui indique Paramètres généraux.**
3. **Activez, désactivez ou modifiez les options proposées (voir la Figure 6.10).**
4. **Quand vous avez terminé, revenez à l'écran principal en touchant le bouton Retour.**

Parmi les options susceptibles de vous intéresser, les principales sont certainement celles-ci :

- **Actions d'archivage et de suppression :** Pour afficher ou non ces boutons lors de la lecture des messages. Autant les conserver.
- **Image de l'expéditeur :** Si une image est liée à un contact, il est possible de l'afficher automatiquement dans les messages qu'il vous envoie. C'est à vous de voir.
- **Confirmations des actions :** La confirmation avant suppression est plutôt une bonne idée. Pour ce qui concerne l'archivage ou l'envoi, c'est sans doute bien moins utile.

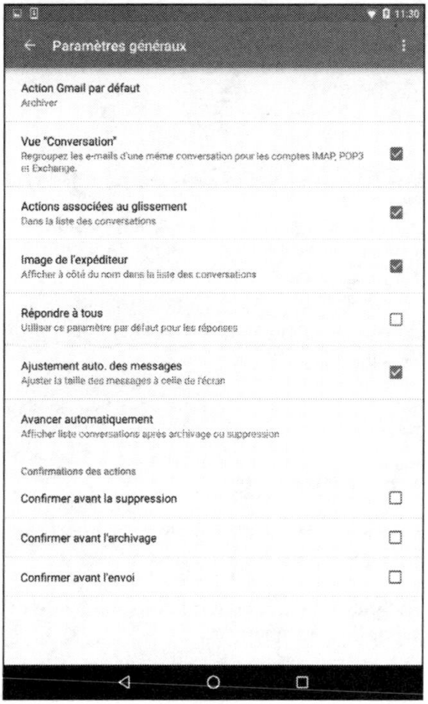

Figure 6.10 : Paramètres généraux de l'application Gmail.

TRUC

Bien entendu, le fabricant de votre tablette peut avoir implémenté sa propre application de messagerie, avec donc d'autres paramètres, ainsi qu'une interface personnalisée, mais dont le mode de fonctionnement général ne va pas différer fondamentalement de ce qui est décrit dans ce chapitre.

Paramètres des comptes

Chaque compte de messagerie dispose de ses propres réglages, toujours accessibles depuis l'option Paramètres de l'application. En restant dans Gmail (ou pour un compte Gmail, les autres étant moins bien lotis), quelques options méritent réflexion :

- **Catégories de la boîte de réception :** Voulez-vous uniquement recevoir des messages de vos contacts ? Ou en plus ceux qui proviennent des réseaux sociaux sur lesquels vous êtes inscrit(e) ? Et aussi recevoir des offres promotionnelles ?

Touchez cette option et cochez ou décochez les cases des choix proposés.

- **Sonnerie de la boîte de réception :** Vous pouvez être notifié de l'arrivée d'un message par une sonnerie personnalisée, voire par une vibration de l'appareil. Si vous avez plusieurs comptes, pourquoi en effet ne pas leur associer des sonneries différentes ?
- **Réponse automatique :** Si vous n'êtes pas disponible, il est possible d'activer ce répondeur en définissant la période pendant laquelle il est actif ainsi qu'un objet et un message par défaut. Voilà qui peut être pratique pour ne pas être dérangé pendant une réunion ou en vacances
- **Signature :** Pour ajouter une signature à la fin de tous vos messages. Voyez la section suivante.
- **Utilisation des données :** L'activation de la synchronisation automatique sert à synchroniser (évidemment) toute modification apportée où que ce soit et à quoi que ce soit (dans la mesure où cela peut concerner votre compte Gmail) sur l'ensemble de vos appareils, et éventuellement sur le Web (votre profil Google+ par exemple). À vous de juger de l'utilité de cette synchronisation, ou des dommages collatéraux qu'elle pourrait engendrer.

Créer une signature

Je conseille vivement de créer une signature personnalisée lorsque vous envoyez des messages depuis votre tablette. Par exemple :

```
BIBI

Ce message a été envoyé avec ma tablette Android.
Aucun caractère farfelu n'est intentionnel.
```

Pour créer une signature dans Gmail :

1. **Touchez le bouton Menu, puis Paramètres.**
2. **Touchez le nom de votre compte.**
3. **Choisissez Signature.**
4. **Tapez ou dictez votre signature.**
5. **Touchez le bouton OK.**

Pour modifier une signature, il suffit de répéter les étapes de cette procédure.

Chaque compte de messagerie peut posséder sa propre signature.

Configurer les options de suppression manuelle

Lorsque vous définissez un compte autre que Gmail, les messages que vous recevez sur votre tablette restent stockés sur le serveur de messagerie. L'avantage de cette technique est que vous pouvez toujours consulter vos messages depuis un ordinateur. L'inconvénient est que vous conservez une grande quantité de messages qui n'ont pourtant plus aucune utilité, surtout lorsque vous avez répondu à leur expéditeur.

Les comptes Gmail ne sont pas concernés par ce genre de configuration, puisque les messages sont par essence synchronisés sur tous les systèmes où un tel compte est défini.

Vous pouvez contrôler la manière dont Gmail va supprimer les messages en question :

1. **Touchez le bouton Menu, puis Paramètres.**
2. **Touchez le nom de votre compte.**
3. **Faites défiler l'écran vers le bas, et touchez l'option Paramètres de réception.**
4. **Sous la ligne Supprimer les e-mails du serveur, sélectionnez l'option qui vous convient (Jamais, ou uniquement les messages supprimés de la boîte de réception).**
5. **Validez ce paramètre en touchant le bouton OK.**
6. **Quittez les paramètres de l'application.**

- Vous ne pourrez pas récupérer des messages supprimés sur le serveur de messagerie avec votre ordinateur. Cela est tout à fait normal puisque vous avez directement agi sur le serveur. C'est donc un choix important.
- La suppression des e-mails sur le serveur Gmail ne pose pas de problème. En effet, Gmail synchronise son serveur de messagerie avec votre tablette. *De facto*, la synchronisation étant bidirectionnelle, les deux boîtes de réception sont identiques.

Chapitre 7

Sur le Web !

Dans ce chapitre :

- Naviguer sur le Web avec votre tablette
- Ajouter un favori
- Travailler avec les onglets
- Rechercher du texte dans une page Web
- Partager et sauvegarder des pages Web
- Télécharger des images et des fichiers
- Configurer le navigateur Web

Je suis convaincu que le Web, ou plus exactement le World Wide Web, a été conçu pour les ordinateurs de bureau. L'écran y est large et offre plein de place. Les pages Web peuvent s'y étaler copieusement, comme l'oncle Paul quand il se vautre sur le canapé pour regarder un match de football. Mais plus l'écran est petit, et plus il est difficile de consulter ces pages Web justement conçues pour les moniteurs de bureau. Le Web sur un téléphone portable ? C'est généralement tragique (certains sites ont bien une version spécifiquement dédiée aux smartphones, mais c'est quand même limite). Bien, et votre tablette dans tout cela ?

Vous l'aviez remarqué, elle n'a pas l'écran réduit d'un smartphone. Pas plus qu'un large moniteur de vingt et quelques pouces comme sur votre machine de bureau. Mais sa taille est bien équilibrée entre les deux. Visualiser une page Web sur sa tablette, c'est un peu comme regarder un oncle plus jeune, plus mince, assis dans un fauteuil. Bref, c'est tout à fait confortable, pour peu que vous suiviez les conseils et les suggestions proposés dans ce chapitre.

Naviguer sur le Web, version tablette

Il devient difficile de nos jours de trouver une personne n'ayant aucune expérience du Web. La situation la plus courante, c'est celle de quelqu'un qui a déjà fréquenté ces rivages sur un ordinateur de bureau, et qui s'aperçoit que, sur une tablette, les vagues sont juste un peu plus petites. Si c'est votre cas, lisez ce qui suit pour vous aider à vous orienter vers ce nouvel horizon.

Vue sur le Web

Toutes les tablettes Android sont livrées avec un navigateur Web. Il peut s'appeler tout simplement Navigateur, ou bien Internet. Quel que soit son nom, il ressemble à celui que vous utilisez sur votre ordinateur de bureau ou portable.

Mais, comme Google n'est pas près de vous lâcher, vous devriez aussi avoir une autre application, typiquement maison : Chrome. Dans le pire des cas, vous pourrez facilement la télécharger sur Play Store (voyez à ce sujet le Chapitre 14).

N'OUBLIEZ PAS

Je vous conseille fortement de vous servir de Chrome pour naviguer sur le Web. Pas seulement parce que c'est un très bon navigateur, mais aussi pour son étroite intégration avec sa version de bureau et avec votre compte Google.

C'est donc à lui que nous allons nous intéresser de près dans ce chapitre, même si les principales fonctionnalités que nous allons étudier sont facilement transposables à d'autres navigateurs.

Cap sur le Web !

L'icône colorée de Chrome se repère facilement. Vous devriez la retrouver dans la barre des favoris, en bas de l'écran, directement sur votre écran d'accueil, ou bien encore dans les pages Applis.

Touchez l'icône de Chrome et vous voilà parti pour un grand voyage virtuel (voir la Figure 7.1) !

Voici quelques conseils pour mieux naviguer sur le Web avec votre navigateur en général, et Chrome en particulier :

- Faites défiler une page Web en faisant glisser votre doigt sur l'écran tactile. Vous pouvez effleurer celui-ci vers le haut ou vers le bas, mais aussi vers la gauche ou vers la droite si la page est plus large que l'écran.

Figure 7.1 : Le navigateur Chrome.

- Pincez l'écran avec deux doigts pour réduire la taille de l'affichage, ou écartez les doigts pour zoomer. Vous pourrez parfois également obtenir le même résultat en tapant deux fois de suite sur l'écran (voir le Chapitre 3 pour plus d'informations sur les gestes).
- Vous pouvez orienter la tablette verticalement (mode Portrait) ou horizontalement (mode Paysage). Dans un cas, vous verrez une plus grande partie de la page, dans l'autre, vous lirez plus facilement les longues lignes de texte (tout cela dépend naturellement de la manière dont les pages Web sont conçues, et si la rotation automatique n'est pas désactivée).

Visiter une page Web

Pour visiter une page Web, tapez son adresse dans la barre qui se trouve juste sous les onglets (reportez-vous à la Figure 7.1). Vous pouvez également entrer un mot ou une phrase que vous voulez rechercher. Touchez le bouton de validation sur le clavier virtuel pour lancer la recherche ou accéder directement à la page Web demandée.

TRUC : Si vous ne voyez plus la barre d'adresse, faites défiler la page du haut vers le bas.

L'utilisation du clavier virtuel est décrite au Chapitre 4. Celui-ci explique également comment lancer une recherche vocale en touchant l'icône de microphone.

Pour « cliquer » sur un lien dans une page, il vous suffit de le toucher. Et si vous avez du mal à y arriver, faites simplement un zoom sur la page et essayez à nouveau.

- Pour recharger le contenu d'une page Web, touchez l'icône Rafraîchir, à gauche de la barre d'adresse. C'est la flèche circulaire.
- Pour arrêter le chargement d'une page Web qui traîne les pieds, touchez la croix qui se trouve à gauche de la barre d'adresse. Cette croix n'apparaît que pendant le chargement d'une page et prend alors la place du bouton de rafraîchissement.
- De nombreux sites Web ont une version spéciale pour les appareils mobiles, qui apparaît automatiquement lorsqu'un smartphone ou une tablette est détecté. Si vous n'aimez pas cette présentation particulière, touchez le bouton Menu, à droite de la barre d'adresse, et cochez l'option Voir version ordinateur. Dans ce cas, Chrome demandera à la page Web de lui présenter sa version de bureau à la place de la variante mobile.

Naviguer dans toutes les directions

Pour revenir vers une page Web déjà visitée, touchez le bouton Précédent, à gauche de la barre d'adresse du navigateur.

Pour aller dans l'autre sens, autrement dit pour remonter vers la page que vous venez de quitter en revenant en arrière, touchez le bouton Suivant, toujours à gauche de la barre d'adresse.

Pour revenir à la page Web précédente, vous pouvez aussi essayer d'appuyer sur le bouton sensible Retour de votre tablette. En fait, le rôle de celle-ci peut varier selon les appareils et les navigateurs.

Si vous effectuez un appui long (voir Chapitre 3) sur les boutons Précédent ou Suivant, vous obtiendrez la liste des sites consultés précédemment ou ultérieurement au cours de votre navigation. Il suffit alors de toucher le site de votre choix dans cette liste pour vous y rendre aussitôt.

Pour remonter dans le temps, vous disposez également d'une autre méthode : consulter l'historique de navigation. Pour cela :

1. **Touchez le bouton Menu, en haut et à droite de l'écran (c'est la barre formée de trois points).**
2. **Touchez l'option Historique.**

   La liste des pages que vous avez visitées et des recherches que vous avez effectuées apparaît (voir la Figure 7.2).

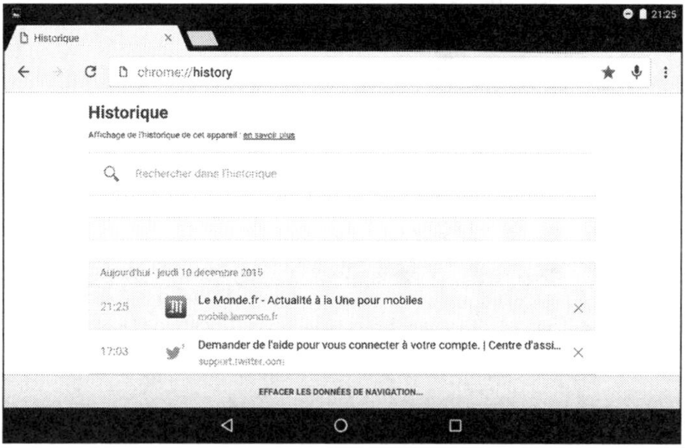

Figure 7.2 : L'historique de navigation.

- Pour afficher une page que vous avez visitée il y a plusieurs semaines ou plusieurs mois, faites défiler l'écran vers le bas, ou bien touchez la ligne Rechercher dans l'historique, puis saisissez un mot ou une expression.
- Pour vider l'historique, touchez le bandeau qui se trouve en bas de l'écran et qui indique Effacer les données de navigation.

TRUC

Travailler avec les favoris

Les *favoris*, c'est un peu comme des nœuds que vous faites à un mouchoir quand vous n'avez pas envie d'oublier une bonne adresse du Web. Vous voulez revisiter *cette* page ? Touchez simplement le favori qui lui est associé. Bien sûr, tout ceci suppose que vous pensiez à ajouter cette adresse à vos favoris au moment où vous visitez la page.

Pour créer un nouveau favori, le plus simple consiste à toucher l'icône en forme d'étoile qui se trouve à droite de la barre d'adresse. Vous allez alors voir s'afficher la fenêtre Ajouter aux favoris (voir la Figure 7.3).

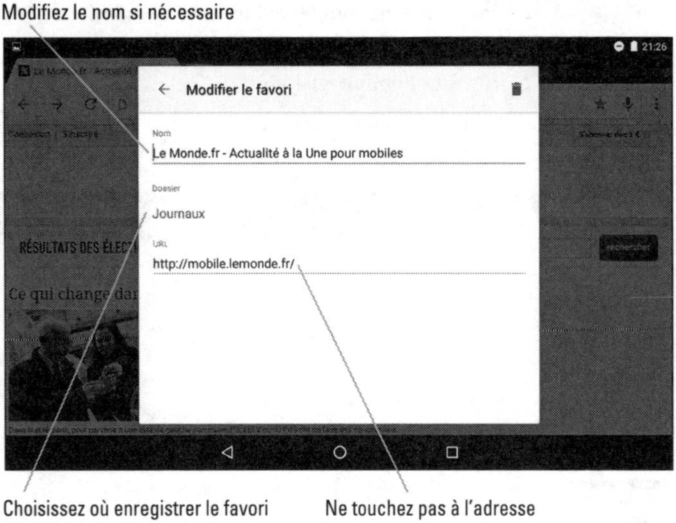

Figure 7.3 : Créer un favori.

En règle générale, j'édite le nom donné au favori pour le raccourcir ou pour le rendre plus explicite. Des noms assez courts sont plus faciles à repérer dans la liste des favoris. Vous n'avez plus qu'à toucher le bouton Enregistrer pour terminer le travail.

Une fois un favori enregistré, il apparaît dans la liste des… favoris. Pour voir celle-ci, touchez le bouton Menu de Chrome, puis sélectionnez la commande Favoris. Dans la page qui s'affiche, ceux-ci sont normalement organisés en trois groupes principaux : Favoris sur l'ordinateur, Favoris sur mobile et Autres favoris. Choisissez la catégorie voulue lors de l'enregistrement du favori (reportez-vous à la Figure 7.3).

Si aucun de ces dossiers ne vous convient, touchez le champ Dossier lors de l'enregistrement du favori, puis le bouton Nouveau dossier dans la fenêtre qui apparaît. Il vous suffit alors de donner un nom à ce dossier pour l'ajouter à la catégorie courante. Remarquez au passage que les noms des éventuels dossiers prédéfinis sont affichés différemment.

Le dossier Favoris sur ordinateur contient ce que vous avez enregistré lors de vos visites sur le Web avec la version de bureau de Google Chrome. En d'autres termes, c'est un moyen commode de synchroniser vos navigations entre différents appareils, l'échange se faisant *via* votre compte Google.

Pour sélectionner un favori, ouvrez le dossier voulu. Si nécessaire, vous devrez peut-être ouvrir aussi un sous-dossier. Il vous suffit alors de toucher l'icône d'un favori pour ouvrir à nouveau la page correspondante.

- Pour supprimer ou modifier un favori, faites un appui long sur son icône dans le dossier où il est enregistré. Dans le menu qui s'affiche, touchez la ligne qui correspond à ce que vous voulez faire.
- Ce même menu vous permet d'ouvrir la page du favori dans un nouvel onglet ou dans un onglet de navigation privée (ce qui réduit l'échange d'informations personnelles au strict minimum).
- Les favoris peuvent également être placés sur l'écran d'accueil. Pour cela, touchez le bouton Applis de la tablette, puis choisissez l'onglet Widgets en haut à gauche de l'écran. Faites un appui long sur le widget Favori (au singulier) et déplacez ce raccourci sur votre écran d'accueil. Il ne vous reste plus ensuite qu'à sélectionner le favori voulu pour pouvoir y accéder très rapidement.

  Remarquez aussi le grand widget appelé Favoris. Ce pluriel vous indique qu'il est capable de vous donner accès à l'ensemble de vos favoris.
- Si les favoris du navigateur Chrome ne sont pas synchronisés entre votre tablette et votre ordinateur de bureau, lancez le navigateur sur ce dernier. Ouvrez les paramètres, et assurez-vous que vous êtes connecté avec le même compte Google que sur la tablette.
- Une autre manière d'ajouter des favoris consiste à visiter à partir du menu l'une des pages Onglets récents ou Historique. Il vous suffit alors de toucher l'icône d'une page pour l'afficher, puis de toucher l'étoile pour enregistrer immédiatement cette page dans les favoris.

Gérer les onglets

Le navigateur Chrome utilise un système d'onglets pour vous permettre d'accéder à plusieurs pages Web en même temps. Ces onglets aux coins droits apparaissent juste au-dessus de la barre d'adresse.

Voyons donc comment travailler avec ces onglets (mais c'est le même principe dans les navigateurs de bureau) :

- **Pour ouvrir un nouvel onglet vierge :** Touchez le mini-onglet qui se trouve à droite du dernier onglet actif (reportez-vous à la Figure 7.1).

  Le menu local vous propose une autre option de navigation, dite privée. Nous allons y revenir dans un instant.

- **Pour ouvrir un lien dans un nouvel onglet :** Faites un appui long sur ce lien. Dans le menu qui apparaît, choisissez l'option Ouvrir dans un nouvel onglet.

- **Pour ouvrir un favori dans un nouvel onglet :** Faites un appui long sur l'icône du favori. Dans le menu qui apparaît, choisissez l'option Ouvrir dans un nouvel onglet.

Pour passer d'une page à une autre, touchez simplement l'onglet correspondant en haut de la fenêtre du navigateur.

Pour fermer une page, touchez la croix qui est affichée à droite de son onglet. Sachez en passant qu'il est possible de fermer tous les onglets !

- Les onglets s'ouvrent en allant de la gauche vers la droite de l'écran. Vous pouvez les faire défiler pour retrouver ceux qui seraient sortis côté cour.

- Si vous refermez tous les onglets, vous allez vous retrouver devant un écran noir qui vous propose simplement de créer un nouvel onglet.

- Un nouvel onglet vierge affiche par défaut la liste des pages réputées être les plus visitées. Vous pouvez bien entendu choisir à la place un de vos favoris, ou saisir ce que vous voulez dans la barre d'adresse.

- Pour plus de sécurité, Chrome autorise également ce que l'on appelle la *navigation privée*. Pour cela, touchez le bouton Menu puis choisissez la commande Nouvel onglet navigation privée (d'accord, c'est un peu plus court). Dans ce cas, le navigateur n'enregistre pas votre historique, ni les cookies laissés par les sites, pas plus que tout autre renseignement sur ce que vous faites (du moins, sur votre tablette, ne vous faites aucune illusion pour le reste). Une courte explication expliquant ce qu'est la navigation privée va s'afficher.

- Pour passer du mode classique à la navigation privée et inversement, touchez le carré qui apparaît en haut et à droite de l'écran du navigateur.

Faire des recherches sur le Web (et ailleurs)

En haut de l'écran d'accueil de votre tablette (ou peut-être en bas), vous pouvez voir une barre qui indique Google (c'est un widget comme un autre), ou simplement la lettre *g*. Elle vous permet d'effectuer des recherches sur le Web, dans la tablette, ou sur à peu près tout ce qui peut concerner votre vie numérique. Touchez cette icône, puis saisissez votre critère à l'aide du clavier ou du micro, et commencez votre recherche.

En fait, cela active une autre fonctionnalité, appelée Google Now. En plus d'effectuer des tas de recherches, cette application prétend également être votre meilleur compagnon en vous proposant à tout bout de champ des « cartes » censées fournir des informations (il peut s'agir de la météo, de trajets, d'informations générales, de conseils, et ainsi de suite). On aime ou pas. Mais, finalement, c'est peut-être beaucoup de bruit pour pas grand-chose… C'est à vous d'en juger.

- Google Now est également accessible en faisant soit un appui long sur le bouton Accueil de la tablette, soit glisser ce dernier vers le haut.
- Vous pouvez également ouvrir la classique page `www.google.com` dans le navigateur Chrome. Dans ce cas, vous vous limitez bien sûr au Web. Mais après tout, c'est sans doute ce que vous vouliez faire.

Bien entendu, comme vous êtes encore dans Chrome, autant vous servir de ses fonctionnalités pour effectuer vos recherches sur le Web. Voyons comment procéder.

Pour effectuer une recherche sur le Web :

1. **Exactement comme vous le faites sur votre ordinateur habituel, vous touchez le champ de la barre d'adresse, et vous saisissez un critère à votre convenance.**
2. **Quand vous avez terminé, touchez le bouton fléché (ou Accès ou encore Aller à) du clavier virtuel.**

   La liste des liens détectés par le moteur de recherche s'affiche.
3. **Touchez un lien pour ouvrir la page qui vous intéresse.**

   Pour ouvrir la page dans un autre onglet, afin de ne pas perdre les résultats de la recherche, faites un appui long sur le lien correspondant et choisissez l'option Ouvrir dans un nouvel onglet.

Vous pouvez ensuite consulter les informations trouvées, ou effectuer une nouvelle recherche en jonglant entre les onglets. En résumé, c'est exactement la même chose que sur un ordinateur traditionnel !

Par défaut, votre moteur de recherche est celui de Google. Logique. Mais vous avez d'autres possibilités :

1. **Touchez le bouton Menu, en haut et à droite de l'écran.**
2. **Dans le menu qui apparaît, choisissez l'option Paramètres, puis touchez l'option Moteur de recherche.**
3. **Vous allez constater que vous avez en fait trois options à votre disposition : Google, Yahoo! et Bing (de Microsoft).**
4. **Sélectionnez le moteur de recherche que vous voulez utiliser par défaut.**

   Il ne vous reste plus qu'à revenir à la page principale de Chrome. Vos recherches vont maintenant s'appuyer sur le moteur que vous venez de sélectionner.

TRUC

Le menu de Chrome propose également une option qui vous permet d'imprimer la page Web courante. Pour en savoir plus à ce sujet, voyez le Chapitre 15.

Faire des recherches dans une page Web

Pour effectuer une recherche dans le contenu d'une page Web affichée dans le navigateur, suivez ces étapes :

1. **Commencez bien entendu par ouvrir la page Web qui vous intéresse.**
2. **Touchez le bouton Menu, à droite de la barre d'adresse.**
3. **Choisissez l'option Chercher sur la page.**
4. **Tapez ou dictez le texte que vous voulez rechercher.**
5. **Touchez les petites flèches pointant vers le bas ou vers le haut pour passer à l'occurrence suivante ou précédente du texte recherché.**

   Celui-ci est surligné en jaune dans la page.

Pour terminer, touchez la croix qui se trouve à côté de la barre de recherche.

Partager une page

C'est sûr ! Il faut *absolument* que vous partagiez la page géniale que vous venez de découvrir avec des personnes que vous connaissez ! La mauvaise façon de s'y prendre, c'est de copier tout son contenu et de le coller dans un message. Mais, comme vous lisez ce livre, vous *savez* que la bonne technique, c'est de *partager* la page Web. Suivez ces étapes :

1. **Ouvrez la page Web que vous voulez partager.**
2. **Touchez le bouton Menu et choisissez la commande Partager.**

   La fenêtre Partager via va s'afficher. Elle liste les méthodes et applications auxquelles vous pouvez faire appel pour partager votre page (voir la Figure 7.4).

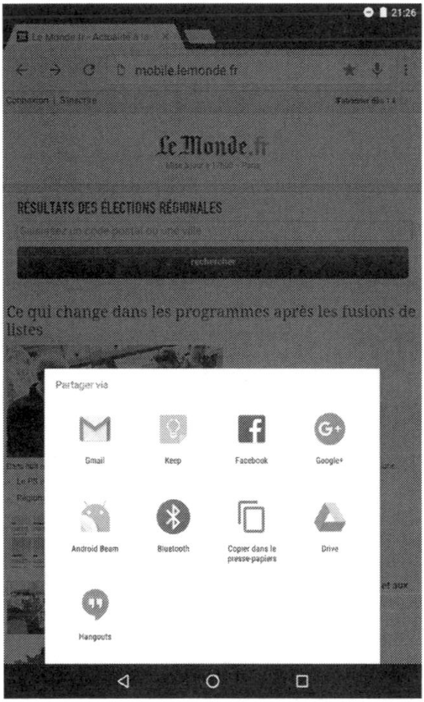

Figure 7.4 : Options de partage d'une page Web.

Le nombre et la variété des propositions qui vous sont faites dépendent des applications installées sur votre tablette. Par exemple, vous ne retrouverez Facebook ou Twitter que si vous avez installé les applications de ces réseaux sociaux. Voyez à ce sujet le Chapitre 8.

3. **Sélectionnez la méthode de partage que vous voulez utiliser.**

   Vous pouvez par exemple choisir Gmail pour envoyer le lien dans un message, ou encore Twitter pour le partager avec la légion de vos *followers*.

4. **Suivez les instructions qui vous sont alors données.**

   Tout dépend de la méthode ou de l'application que vous avez sélectionnée lors de l'étape 3. Cela peut consister à compléter un message, à créer un commentaire dans votre page Facebook, et ainsi de suite. Pour plus de détails, reportez-vous aux différents chapitres de ce livre.

Il y a une autre manière pratique de partager une page Web avec une autre personne à la condition qu'elle se trouve près de vous et qu'elle possède également une tablette ou tout autre appareil équipé d'une puce NFC (ou via un procédé maison, un procédé que Google appelle Android Beam).

Pour cela, mettez les deux appareils dos à dos (la puce NFC doit évidemment être activée sur chacun d'eux). Touchez simplement l'écran lorsqu'un message de contact apparaît.

Bien entendu, la même technique fonctionne dans les deux sens : si c'est l'autre utilisateur qui veut partager une page Web (ou autre chose) avec vous, ce sera à lui de toucher son écran pour lancer le transfert. Sa page Web dardera ses rayons vers votre tablette (c'est à peu près le sens de *beam*), et la page apparaîtra sur votre propre écran.

Nous reviendrons sur Android Beam dans le Chapitre 16.

L'art du téléchargement

Le vrai problème avec le téléchargement c'est que la plupart des gens utilisent ce terme sans savoir exactement ce qu'il signifie. Officiellement, un *téléchargement* est un transfert d'informations sur un réseau, transfert qui s'effectue d'une certaine source vers votre propre appareil. Dans le cas de votre tablette Android, le réseau s'appelle Internet, et l'autre source est une page Web.

- Lorsque la tablette effectue un téléchargement, un symbole fléché apparaît dans la barre des notifications. Vous pouvez ouvrir la liste des notifications et toucher ce symbole pour voir comment les choses se déroulent.

- Avec une tablette Android, vous n'avez pas besoin de télécharger des programmes comme vous le faites sur un ordinateur classique. Pour installer une nouvelle application, il vous suffit de passer par la boutique Play Store. Voyez à ce sujet le Chapitre 14.

- La plupart des gens se servent du mot « téléchargement » pour désigner la copie ou le transfert d'un fichier ou d'autres informations. D'un point de vue technique, c'est incorrect. Mais je reconnais tout de même que c'est un raccourci commode.

- En français, *téléchargement* recouvre en fait deux notions différentes : la réception sur votre propre appareil, et l'envoi de celui-ci vers un autre dispositif. Les Anglo-Saxons distinguent plus clairement les deux choses en employant des mots différents : *download* pour ce que vous recevez, et *upload* pour ce que vous envoyez.

Récupérer une image sur une page Web

Pour récupérer une image affichée dans une page Web, le truc est plutôt simple : vous faites un appui long sur l'image, et un menu apparaît. Il vous suffit alors de choisir la commande Enregistrer l'image.

En fait, vous avez à votre disposition bien plus d'options possibles. Vous pouvez afficher l'image, comme pratiquement tout autre objet du Web, dans un nouvel onglet, enregistrer ou copier son adresse Internet, voire la copier, par exemple pour la coller dans un mémo ou dans un e-mail (voir la Figure 7.5).

Pour visualiser une image récupérée dans une page Web, il vous suffit d'ouvrir l'une des applications Galerie ou Photos (si vous ne la voyez pas sur votre écran d'accueil, ouvrez la page Applis). Elle se trouve dans un album appelé Download. Voyez le Chapitre 11 pour plus d'information sur la gestion de vos photos.

Les images sont stockées dans la mémoire interne de la tablette, normalement dans un dossier appelé `/download`. Vous en apprendrez plus sur le système de fichiers d'Android dans le Chapitre 16.

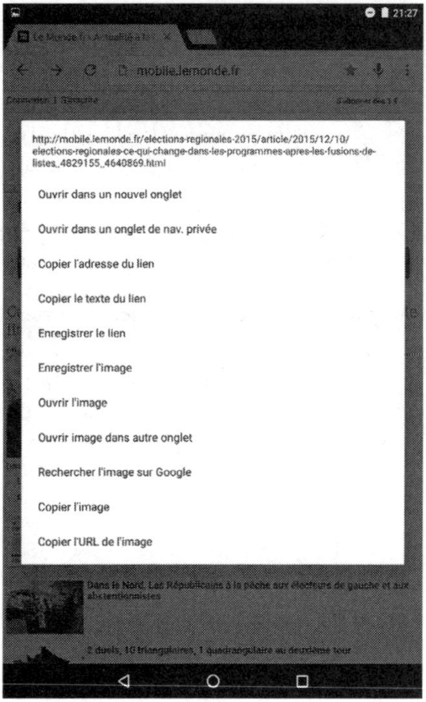

Figure 7.5 : Choisir l'action voulue avec une image.

Charger un fichier

Le Web est plein de liens qui n'ouvrent pas une fenêtre dans votre navigateur. Par exemple, il est courant de rencontrer des liens qui sont associés à des chargements automatiques, qu'il s'agisse de documents PDF ou Microsoft Office, ou bien encore de types de fichiers très variés, et en tout cas incapables d'être traités par un navigateur Web. Vous tapez sur le lien, et le transfert commence. Ce qui ne signifie pas que vous saurez forcément quoi faire du fichier ainsi récupéré…

D'autres liens ne renvoient pas à de simples pages, mais ils ne lancent pas pour autant un téléchargement automatique. Dans ce cas, faites un appui long sur le lien voulu. Dans le menu qui s'affiche, choisissez la commande Enregistrer le lien. Si vous ne voyez pas cette commande, cela signifie que la tablette ne peut pas sauvegarder le fichier, soit parce qu'il est d'un genre parfaitement inconnu, soit encore parce que des restrictions de sécurité l'en empêchent.

Pour accéder à un fichier que vous venez de récupérer, passez par l'application Téléchargements. Et par la prochaine section.

Retrouver vos téléchargements

Chrome mémorise la liste de tout ce que vous téléchargez sur le Web. Pour retrouver vos petits, ouvrez l'application Téléchargements (vous la trouverez dans une des pages applications). Par défaut, les transferts sont classés tout simplement par date.

Pour voir le contenu d'un transfert, choisissez-le dans la liste. La tablette ouvrira alors l'application appropriée pour afficher ou traiter le contenu du fichier.

- Le Gestionnaire des téléchargements liste également les pages Web que vous avez téléchargées.
- Pour effacer un élément de la liste, faites un appui long sur son nom, puis touchez l'icône de la corbeille, en haut de la fenêtre (voir la Figure 7.6).

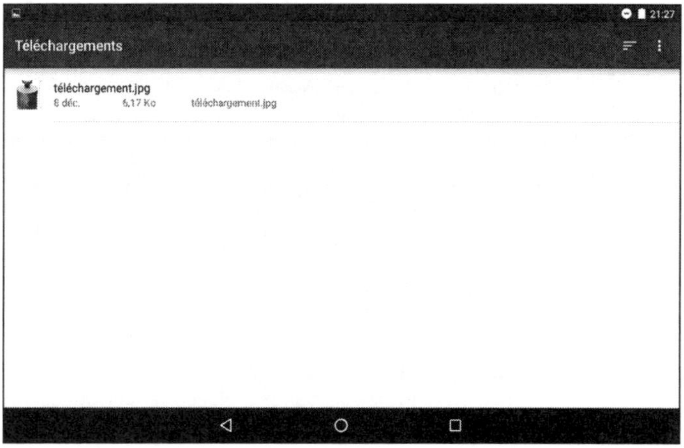

Figure 7.6 : Le Gestionnaire des téléchargements.

- Pour partager un élément de la liste, procédez comme ci-dessus, puis touchez l'icône Partager, en haut de la fenêtre (à gauche de la corbeille).
- Pour modifier l'ordre ou le style d'affichage, touchez l'un des menus marqués de trois barres, en haut et à droite de la fenêtre dc l'application.

Où est ma page d'accueil ?

Contrairement aux autres navigateurs Web, l'application Chrome n'a pas de page d'accueil. Cette *page d'accueil* est traditionnellement celle qui s'affiche en premier lorsque vous lancez votre navigateur habituel, ou que vous ouvrez un nouvel onglet. Eh bien, ce n'est pas le cas avec Chrome.

Lorsqu'il s'ouvre, ou que vous activez un nouvel onglet, c'est normalement la liste des pages Web que vous avez visitées le plus souvent, ou en dernier, qui s'affiche. Sinon, vous pouvez aussi voir apparaître votre dossier de favoris, ou plus exactement le dernier dossier de favoris que vous avez ouvert. C'est ainsi que fonctionne Chrome sur les tablettes.

En fait, est-ce vraiment un problème ? Personnellement, j'ai bien une page d'accueil sur mon Google Chrome de bureau, mais j'avoue que c'est à peine si j'y jette un coup d'œil. Et beaucoup de gens préfèrent partir d'une page vierge. Avec Chrome, c'est fait !

Configurer le navigateur Web

Les réglages et options de votre navigateur pourraient bien vous laisser désorienté. Autant réserver à ce genre de sport une soirée monotone où même le moindre programme TV vous laisse de marbre.

Devant cette profusion, je vous propose de regarder simplement quelques options qui méritent votre attention.

Modifier l'affichage des pages Web

Voyons un peu ce qu'il est possible de faire à ce sujet. Tout d'abord, n'oubliez pas que vous pouvez orienter votre tablette horizontalement ou verticalement, ce qui change bien entendu ce que vous voyez s'afficher. Ensuite, il est possible à tout instant de changer l'agrandissement d'une page en pinçant ou écartant deux doigts, ou encore en tapotant deux fois sur l'écran.

Pour le reste, les paramètres vous permettent surtout de modifier le facteur de zoom utilisé par défaut pour l'affichage des pages Web :

1. **Touchez l'icône du bouton Menu.**

2. **Dans le menu qui s'affiche, choisissez Paramètres.**

3. **Choisissez la catégorie Paramètres avancés, puis Accessibilité.**
4. **Ajustez la taille de l'affichage en faisant glisser le curseur qui se trouve sous la rubrique Mise à l'échelle texte.**

   Une valeur de 100 % indique que le texte sera affiché normalement, c'est-à-dire en respectant les prescriptions de la page Web. Mais vous pouvez aussi forcer les textes à être plus grands en faisant glisser le curseur vers la droite, ou inversement plus petits en le faisant glisser vers la gauche.

Vous pouvez vous faire une idée du résultat en regardant ce qui est affiché dans le cadre Aperçu.

Options de confidentialité et de sécurité

En termes de sécurité, mon avis est que la prudence devrait l'emporter, et qu'il faut toujours réfléchir avant de faire quoi que ce soit d'inconsidéré sur le Web. Le bon sens doit primer. L'une des armes les plus efficaces des méchants gars de l'Internet, c'est d'utiliser une sorte de robot à visage (prétendument) humain pour essayer de vous pousser à faire quelque chose que vous ne feriez pas en temps normal, pas exemple cliquer sur un lien qui vous promet de gagner beaucoup d'argent sans rien faire, ou bien encore de passer une soirée sexy avec une star du grand écran. Franchement, vous y croyez à ça, vous ? Non ? Alors pourquoi cliquez-vous ? Sachez résister à la tentation du risque.

Les réglages par défaut de Chrome devraient déjà offrir un niveau de sécurité suffisant. En particulier, le blocage des pop-up est normalement activé, ce qui devrait vous permettre d'échapper à la plupart des fenêtres publicitaires intempestives.

Si la question des cookies enregistrés sur votre système par les pages Web est un problème pour vous, vous pouvez les refuser (mais sachez que certains sites refuseront aussi dans ce cas de s'afficher). Pour cela, reprenez les étapes 1 et 2 ci-dessus, puis choisissez Paramètres du site et désactivez la ligne Cookies.

Pour autant, je vous conseille tout de même de laisser en l'état les réglages par défaut (voir la Figure 7.7).

Dans la catégorie Général, vous avez la possibilité de ne pas trop en dire en ne complétant pas votre profil ou les informations sur votre carte de paiement afin de ne pas vous faire piéger si par malheur quelqu'un volait votre belle tablette (c'est dans la section Saisie auto pour formulaires). Pour assurer totalement vos arrières, touchez le bouton d'activation, en haut et à droite, pour qu'il devienne grisé.

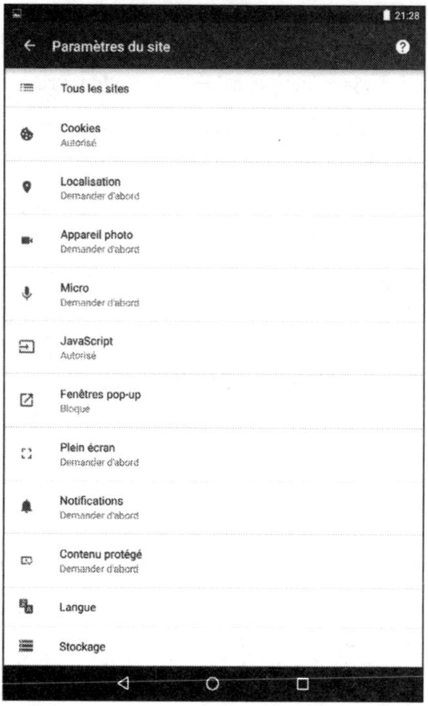

Figure 7.7 : Les paramètres de contenu par défaut de Chrome.

Le même principe s'applique évidemment à l'enregistrement des mots de passe.

Enfin, les sites Web en général et Google en particulier aiment bien savoir où vous vous trouvez. C'est pourquoi les paramètres avancés, dans la rubrique Paramètres du site, puis Localisation, contiennent une option intitulée Demander l'autorisation avant d'accéder (la localisation peut se faire *via* le GPS incorporé ou par d'autres méthodes logicielles plus ou moins précises). Cela sert également à localiser des professionnels ou des contacts autour de vous. Personnellement, je n'y vois pas de problème de sécurité particulier (il ne faut tout de même pas sombrer dans la paranoïa, et expliquez-moi l'intérêt de disposer d'un GPS si c'est pour refuser de s'en servir). Mais vous avez parfaitement le droit de faire glisser le bouton de la page Localisation sur le mode désactivé !

Chapitre 8

Une vie de réseaux sociaux

Dans ce chapitre :

- Se connecter avec Google+
- Utiliser Facebook
- Partager sa vie sur Facebook
- Et voici Twitter
- Tweetez !
- Explorer d'autres réseaux sociaux

Je suppose que les réseaux sociaux sont la manière ultime de se faire des amis. Enfin, « amis », c'est un nom générique… Il est possible d'avoir des centaines et des centaines de proclamés « amis », de savoir qui est en ligne et ce que chacun fait, mais sans jamais rencontrer personne pour de vrai. Quelle géniale invention ! Songez à tout cet argent épargné en déodorants et en pastilles mentholées !

Équipé de votre tablette Android, vous aussi, vous pouvez tenter une incursion dans le monde excitant des réseaux sociaux en ligne. D'accord, je ne suis pas un grand fan de tous ces nouveaux moyens de communication, du moins d'une manière générale. Mais il est évident que c'est un outil assez formidable pour rester en contact et pour partager, par exemple, des événements familiaux. Ce chapitre vous présente différentes options qui vous permettront de partager vos instants privés (ou non) avec la planète toute entière.

Google veut que vous utilisiez Google+

Lorsque l'on dit « réseaux sociaux », le premier mot qui vient à l'esprit de la plupart des gens est Facebook. On ne peut pas y échapper. Peut-être que certains citeront en premier Twitter. Mais ce qui contrarie Google, c'est que peu de monde songera à répondre Google+, le propre réseau social maison de Google.

Bien sûr, comme vous avez une tablette Android, donc estampillée Google, vous avez à votre disposition une application Google+ pré-installée pour vous aider à débuter votre voyage dans le monde des réseaux sociaux, et, bien entendu, vous n'avez pas échappé à la création d'un compte Google. Vous ne trouverez rien d'autre dans le même genre, à moins de l'installer vous-même. Le message est clair.

Je ne suis pas un grand utilisateur de Google+, mais celui-ci possède certaines fonctionnalités qui peuvent être assez pratiques. C'est pourquoi je vais m'y attarder (mais pas trop) dans cette section.

Configurer Google+

Même si vous avez déjà un compte Google, et vous en avez forcément un pour utiliser votre tablette Android, vous allez tout de même devoir en passer par la configuration de Google+ sur votre tablette. La procédure se présente ainsi :

1. **Lancez l'application Google+.**
2. **Faites défiler la liste des suggestions, puis touchez le bouton Suivant au bas de la fenêtre.**

   Normalement, votre compte Google devrait déjà être sélectionné et votre profil s'afficher : passez à la section suivante. Si ce n'est pas le cas, lisez la suite de ces étapes.

3. **Acceptez d'ajouter vos « amis » sur Google+ à vos contacts, et éventuellement de laisser Google vous suggérer de nouvelles relations. Touchez le bouton Suivant pour continuer.**
4. **Si Google+ vous propose de synchroniser automatiquement vos photos et vidéos sur Internet (via Google Photos), c'est vous qui voyez. Personnellement, je vous conseille de ne pas activer cette option tout de suite. De toute manière, il vous sera toujours possible de changer d'avis plus tard et de réactiver cette synchronisation dans les paramètres de l'application.**

   ATTENTION !

   De nombreuses applications, lorsque vous les lancez pour la première fois, vous adressent un appel pressant à rejoindre la communauté Google+, ou plus exactement à accepter que Google+ sache tout de vous. Ce n'est pas réellement dangereux, mais tout de même très intrusif.

Une fois cette configuration de départ terminée, vous devriez voir s'afficher l'écran de Google+, avec des tas de propositions de nouveaux amis, d'éléments d'information, voire de photos déjà postées par vos relations, *etc.* C'est incroyable comme on est vite reconnu !

Si vous changez d'avis sur certains réglages que vous avez définis lors de la première configuration, touchez simplement le bouton Menu de l'application Google+, et choisissez Paramètres. Par exemple, la synchronisation des photos et des vidéos peut être réactivée ou désactivée à tout moment.

Les informations sur votre profil sont récupérées à partir de celles que vous avez fournies en créant votre compte Google. Pour les modifier, le mieux est d'ouvrir dans votre navigateur Web habituel la page de votre compte Gmail. Une fois connecté, cliquez sur votre nom, en haut et à droite de la page et choisissez Profil Google+. Vous pouvez alors éditer à loisir toutes les informations qui vous concernent, en évitant tout de même de vous dévoiler au-delà du raisonnable.

Pour vérifier votre profil et votre activité sur Google+, touchez le bandeau qui affiche votre nom, tout en haut de l'écran.

Les réseaux sociaux vous permettent même de changer très simplement de sexe… virtuellement. Au fait, comment dit-on *Autre* en langage extraterrestre ?

Utiliser Google+

Lorsque vous vous connectez à Google+, vous voyez s'afficher un écran semblable à celui qui est illustré à la Figure 8.1.

Pour limiter l'affichage à certaines sources de messages, touchez la ligne qui indique par défaut Accueil, en haut de la fenêtre. Choisissez alors vos cercles, des communautés d'intérêt, ou laissez-vous simplement guider par Google (voir la Figure 8.2)

Les boutons présents en bas de la page illustrée sur la Figure 8.2 vous permettent également d'activer (ou de désactiver…) la sauvegarde automatique de vos photos et de vos vidéos sur Google Drive, d'accepter le partage de votre position, ou encore de créer un événement auquel vous inviterez tout ou partie de vos contacts sur Google+ (si c'est pour un repas ou un anniversaire, évitez tout de même de le faire savoir à la moitié de la planète…).

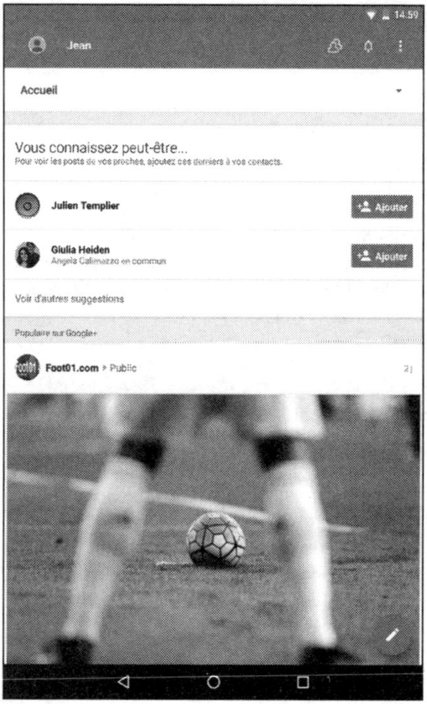

Figure 8.1 : L'écran principal de Google+.

Pour visualiser une publication en entier, touchez par exemple le nom de son auteur. Vous pourrez alors faites défiler l'écran pour lire le message en entier, consulter les commentaires postés par d'autres personnes, et le cas échéant rédiger votre propre avis afin de participer au débat.

TRUC

Si vous touchez une photo ou une vidéo associée à un message, vous afficherez celle-ci en plein écran. Vous pourrez alors recommander ou partager le post via l'une des applications disponibles.

Pour publier un message, touchez le bouton Rédiger. Choisissez la publicité que vous voulez donner à votre prose en touchant votre nom puis le bouton Vos cercles ou Amis (ou tout autre choix à votre discrétion). Google+ utilise la notion de cercles pour restreindre la diffusion à des groupes de personnes que vous aurez définis comme étant de vos amis, de votre famille, de simples connaissances, et ainsi de suite.

Il ne vous reste plus alors qu'à saisir votre texte (faites court) et à insérer une photo ou une vidéo, un lien Internet, ou bien encore un

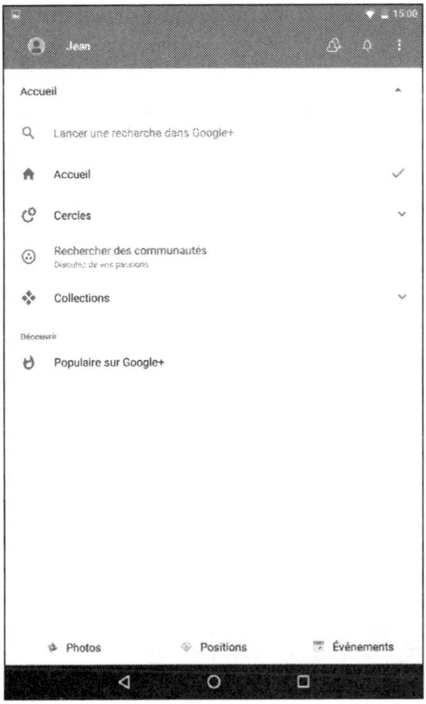

Figure 8.2 : Qui acceptez-vous de voir sur Google+ ?

sondage à l'intention de vos lecteurs. Vous pouvez également partager votre position actuelle (voir la Figure 8.3). Quand vous avez terminé, touchez le bouton Envoyer, et tous les destinataires de votre billet pourront le lire, le « liker » et éventuellement le commenter.

- Par défaut, la page de composition active le partage de photos et de vidéos en affichant celles qui sont enregistrées dans votre tablette. Faites glisser cet aperçu vers le bas pour le désactiver. Vous pouvez également toucher le bouton Appareil photo pour prendre un cliché ou un petit film, ou encore Toutes les photos pour effectuer une sélection plus fine. Il est bien entendu possible de poster plusieurs photos à la fois.

- Pour ajouter un contact à un cercle, il est en fait beaucoup plus facile de le faire sur un ordinateur en ouvrant votre page Google+ (`plus.google.com`). Connectez-vous si nécessaire comme vous le faites dans Gmail. Cliquez ensuite sur le bouton Gmail, et choisissez Contacts dans le menu qui s'affiche. Cliquez ensuite sur Cercles. Chaque cercle est représenté par un rond

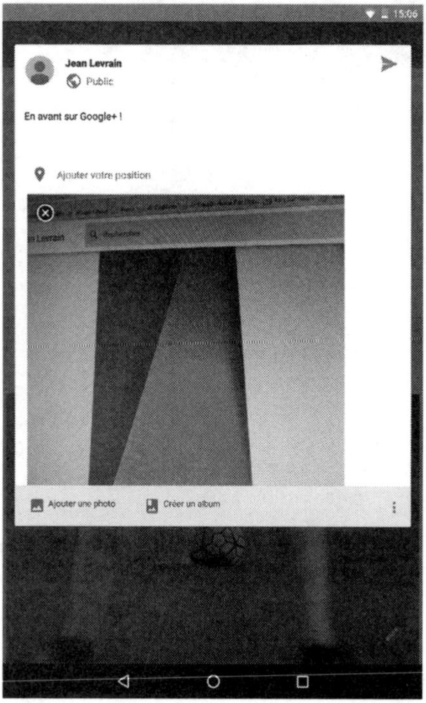

Figure 8.3 : Composer un post avec Google+.

(logique !). Il vous suffit de sélectionner celui que vous voulez compléter (à moins que vous ne décidiez d'en créer un nouveau), puis de cliquer sur le bouton Ajouter une personne. Vous pouvez tout aussi bien accepter les suggestions faites par Google+ lui-même, faire une recherche dans votre liste de contacts, ou profiter de toute occasion où l'ajout d'un contact à un de vos cercles vous est proposé.

- Comme il se doit, Google+ est prioritairement destiné à celles et ceux qui ont un compte Gmail. D'autres adresses de messagerie peuvent être choisies, mais les options de partage sont alors plus limitées.

Votre vie sur Facebook

Facebook est le roi de tous les réseaux sociaux. C'est l'endroit en ligne où il *faut* être pour avoir des tas d'amis (ou supposés tels), envoyer des messages, jouer, et gaspiller bien plus de temps que vous ne pensiez en disposer.

- Bien que vous puissiez accéder à Facebook depuis votre navigateur Chrome, je vous recommande vivement de vous servir de l'application dédiée présentée ici.
- Facebook n'est pas préinstallé sur votre tablette ? Il est facile de l'obtenir, comme je l'explique un peu plus loin.
- Facebook, comme Google+, et d'ailleurs comme le reste du monde, évolue. Il est tout à fait possible que l'interface ait été modifiée au moment où vous lirez ce livre. Mais cela ne devrait pas en changer fondamentalement les principes généraux.

Configurer votre compte Facebook

Pour utiliser Facebook, il vous faut un compte Facebook. Et pour avoir un compte Facebook, le mieux est d'ouvrir la page `www.facebook.com` sur votre ordinateur. Créez votre compte en définissant un nom d'utilisateur et un mot de passe.

N'oubliez pas votre nom d'utilisateur et votre mot de passe !

Les robots de Facebook vont certainement envoyer un message de confirmation à l'adresse e-mail que vous avez indiquée. Vous cliquez sur le lien pour répondre au message, et voici que vous rejoignez les rangs serrés de cette immense communauté qui attendait depuis si longtemps votre arrivée…

Une fois votre compte opérationnel, et vos options configurées à votre convenance, vous êtes paré(e) pour accéder à Facebook sur votre tablette Android. Vous pourriez le faire directement dans Chrome. Mais, pour obtenir le meilleur de Facebook, vous avez besoin de son application officielle.

Il est très important de définir correctement ses paramètres Facebook, et en particulier les règles de confidentialité. Sur Facebook, tout ce qui n'est pas explicitement privé ou en accès restreint est considéré comme public. Ne l'oubliez jamais sous peine d'avoir de mauvaises surprises…

Les gens de Facebook changent régulièrement les règles du jeu. Devant de nombreuses critiques, la protection de la vie privée a été renforcée. Vous devriez vérifier régulièrement vos options de manière à les affiner si possible en fonction de ce que vous voulez *réellement* partager, et *avec qui* vous voulez le partager.

Installer l'application Facebook

Normalement, l'application Facebook n'est pas préinstallée par défaut sur votre tablette. Mais il est très facile de la trouver (gratuitement bien sûr) sur Play Store. Cette application est le tapis rouge que Mark Zuckerberg (le fondateur de Facebook) déroule devant vous pour vous faire entrer dans le royaume des réseaux sociaux, là où tout le monde est l'ami de tout le monde.

Une recherche dans Play Store portant sur le nom *Facebook* fournit toute une liste d'applications. La seule vraie s'appelle Facebook, elle est produite par l'entreprise Facebook et elle arbore le logo officiel de Facebook. Difficile de se tromper. Pour plus d'informations sur Play Store, voyez le Chapitre 14.

Accéder à Facebook

La première fois que vous lancez l'application Facebook en touchant son icône, vous allez normalement devoir vous connecter. Pour cela, saisissez l'adresse de messagerie que vous avez spécifiée lors de la création du compte, ainsi que votre mot de passe Facebook. Confirmez, et c'est lancé !

L'application propose par défaut de consulter son fil d'actualités, autrement dit les statuts postés par vos multiples amis. Mais vous disposez également d'une barre de navigation accessible en touchant le bouton de menu, sur la droite de l'écran (voir la Figure 8.4).

Lorsque vous avez fini vos pérégrinations sur Facebook, touchez le bouton Accueil de la tablette pour revenir à l'écran principal.

En fait, l'application continue son travail en arrière-plan jusqu'à ce que vous vous déconnectiez, que vous l'arrêtiez explicitement ou que vous éteigniez la tablette.

Pour vous déconnecter, ouvrez la barre de navigation de l'application (en touchant le bouton le plus à droite, orné de trois traits bleus horizontaux), faites défiler son contenu jusqu'en bas, puis touchez le bouton Déconnexion.

- Si vous voulez placer un raccourci vers l'application Facebook sur votre écran d'accueil, le Chapitre 18 vous explique comment procéder.
- Facebook a aussi son widget. Celui-ci affiche les dernières actualités de votre compte et vous permet de publier vos pensées du jour directement depuis l'écran d'accueil.

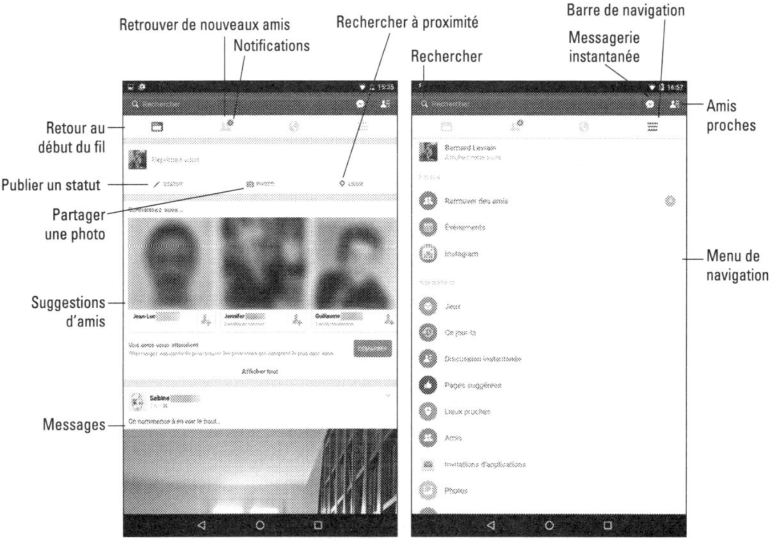

Figure 8.4 : Facebook à la une su+r une tablette Android.

- Les fils d'actualité peuvent être mis à jour en faisant glisser l'écran vers le bas.
- Les dernières nouvelles fraîches sont signalées par l'affichage d'une icône en forme de *f* dans la barre des notifications de la tablette, ainsi que par une petite bulle en haut de la fenêtre de Facebook.

Publier un statut

La première motivation de votre présence sur Facebook, hormis le fait d'avoir plus d'amis que n'importe qui d'autre, est de publier des statuts (poster des messages, si vous préférez). C'est le meilleur moyen de partager vos pensées avec l'univers entier. C'est quand même beaucoup moins cher que d'envoyer une carte postale à tout le monde !

Pour publier un statut avec l'application Facebook, suivez ces étapes :

1. **Touchez le bouton Statut, en haut de l'écran.**

L'écran Publier sur Facebook va s'afficher (voir la Figure 8.5). Vous pouvez y saisir votre rêverie ou votre pensée profonde du moment.

Figure 8.5 : Mettre à jour votre statut Facebook.

2. **Touchez le champ À pour définir la portée de votre message : le monde entier, vos amis Facebook, rien que votre famille, etc. (voir la Figure 8.6).**

3. **Saisissez quelque chose de concis, si possible intéressant, ou encore commentant une information (ou un statut, ou ce que vous voulez) que vous avez lue sur Facebook.**

4. **Touchez le bouton Publier.**

Si vous avez ajouté le widget Facebook à votre écran d'accueil, vous pouvez également définir votre statut en touchant le champ Exprimez-vous. Reprenez alors les Étapes 2 à 4 ci-dessus.

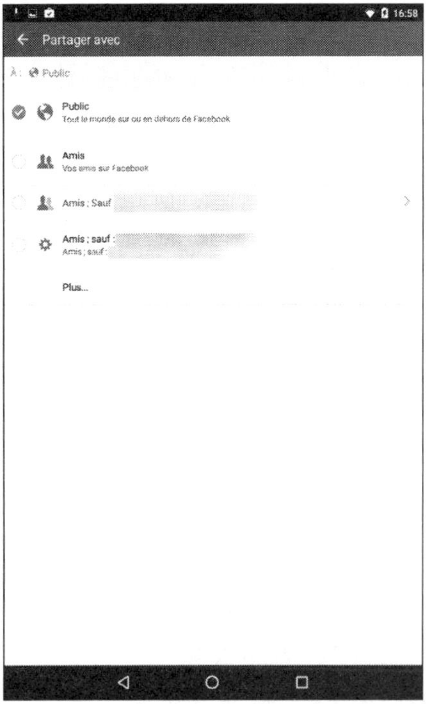

Figure 8.6 : Sélectionnez avec soin la portée de vos statuts Facebook.

Publier une photo sur Facebook

Une activité très répandue sur Facebook, c'est la publication de photographies d'événements, de lieux et autres situations. Bien entendu, l'application Facebook sait parfaitement faire cela.

La procédure est simple. Suivez ces étapes :

1. **Touchez le bouton Photo en haut de l'écran principal de Facebook, dans la fenêtre de composition de statut, ou encore dans votre page personnelle (touchez votre photo de profil en haut à gauche de la fenêtre principale de l'application).**

2. **Les photos et vidéos stockées dans la mémoire de votre tablette vont apparaître. Pour publier une photo existante, touchez sa vignette.**

   Vous pouvez ajouter plusieurs photos et/ou vidéos.

3. **Pour visualiser une photo sélectionnée, faites un appui long sur son image. Vous pouvez tapoter une fois pour afficher l'image en mode plein écran, ou deux fois pour l'agrandir. Reproduisez les mêmes gestes pour rétablir la situation normale. Touchez le bouton en haut et à gauche de l'écran pour revenir à la galerie de photos.**

TRUC

Si l'image est mal orientée, touchez le bouton de rotation, en bas et au milieu de l'écran, pour la remettre dans le bon sens.

Touchez un visage pour demander à identifier la personne. Vous pouvez alors choisir un nom parmi vos amis proches, ou saisir directement celui-ci. Mais n'abusez pas de cette fonction pour ne mettre personne en péril !

N'OUBLIEZ PAS

Cette fonctionnalité peut être désactivée en touchant l'icône qui se trouve en bas au centre de l'écran (voir la Figure 8.7).

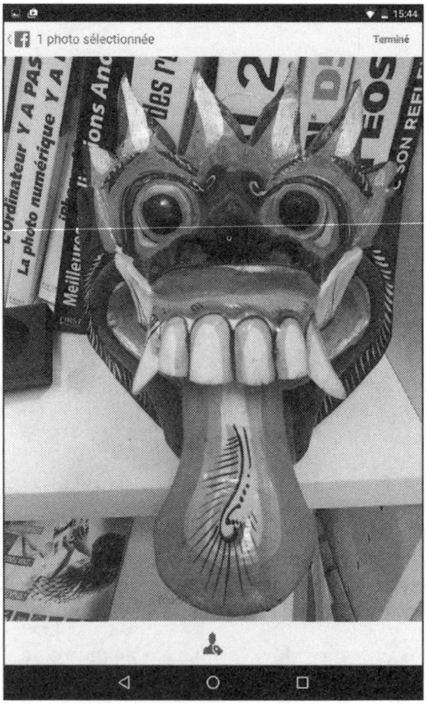

Figure 8.7 : L'identification, façon Facebook.

4. **Touchez le bouton Terminé pour revenir à la fenêtre de statut. Vous pouvez alors vous servir des boutons du bas pour créer**

Figure 8.8 : Le sens du partage !

un album (comme dans Google+) ou donner un nom aux visages détectés. Il est aussi possible de retirer une photo en touchant la croix qui lui est associée (voir la Figure 8.8).

5. **Une fois vos images insérées, tapez le texte de votre message, exactement comme nous l'avons vu plus haut.**

   Vous pouvez ajouter d'autres informations, comme un partage de position.

6. **Touchez le bouton Publier.**

   Votre ou vos images sont publiées dès que le transfert sur Internet est terminé, et elles sont immédiatement digérées par Facebook.

La ou les images peuvent être retrouvées dans la mise à jour de votre statut ou dans vos flux d'actualités.

- Depuis le bouton Photos de la barre de navigation de Facebook, vous avez également la possibilité de gérer vos photos, de créer et gérer des albums personnels, ou encore de synchroniser des photos sur Internet.

- Toutes les images qui apparaissent dans la galerie ne sont pas obligatoirement téléchargeables sur Facebook. C'est par exemple le cas des albums Picasa partagés.
- De nombreuses applications disposent d'un bouton Partager. Bien entendu, Facebook est proposé dans la liste des partages possibles. Touchez son bouton pour envoyer ce que vous êtes en train de voir ou de faire. Il ne vous reste plus qu'à choisir l'audience, entrer un commentaire et toucher le bouton Publier.

Configurer l'application Facebook

Les commandes qui contrôlent Facebook sont accessibles dans la barre de navigation de l'application. Touchez le bouton Menu, en haut et vers la droite de l'écran principal de l'application et faites défiler le contenu de la barre pour accéder à la rubrique Paramètres de l'application.

Choisissez d'abord les options définissant la manière dont votre tablette réagit aux actualisations en sélectionnant Notificationsde Facebook :

- **Vibreur :** fait vibrer la tablette (étrange sensation !).
- **Sonnerie de notification :** joue un son prédéfini (Facebook Pop est fait pour) ou personnalisé.
- **Identification de photos :** Désactiver cette option n'est peut-être pas une mauvaise idée pour éviter quelques surprises pas forcément agréables…

Il est également possible de désactiver totalement les notifications.

Touchez le bouton Retour de l'appareil pour revenir aux paramètres de Facebook.

Vous noterez en particulier l'option Discussion instantanée Facebook. Il faut pour l'utiliser installer Messenger, l'outil de discussion en direct de Facebook. Laissez cette option active…

Je vous conseille de gérer les paramètres de votre compte de préférence sur votre ordinateur.

Gazouillez avec Twitter

Twitter est un site de réseau social, comparable à Facebook si ce n'est que les messages, les *tweets*, y sont bien plus courts. Sur Twitter vous rédigez essentiellement de courts jets de texte qui expriment une pensée, une observation, un commentaire ou qui servent à partager un lien. Vous pouvez aussi utiliser Twitter en tant que *follower*, pour suivre les tweets d'autres personnes.

- Soyez branché(e) : un message posté sur Twitter est un *tweet*, autrement dit un gazouillis, et celui qui suit les tweets de quelqu'un d'autre est un suiveur ou abonné, bref un *follower*. Renvoyer un tweet vers d'autres personnes est dit *retweeter*.
- Un tweet ne peut pas comprendre plus de 140 caractères, y compris les espaces et la ponctuation, plus vingt caractères servant à vous identifier. Le principe de base, c'est celui du SMS.
- Vous pouvez poster des messages sur Twitter et suivre d'autres abonnés.
- Comme sur Facebook ou Google+, il est également possible de joindre des images aux tweets.
- Il se dit que, sur l'ensemble des quelques centaines de millions de personnes qui ont un compte sur Twitter, seule une petite proportion utilise le service de manière active.

Configurer Twitter

La meilleure manière d'utiliser Twitter sur votre tablette, c'est de posséder déjà un compte auprès de ce service. Voyez pour cela la page Web `twitter.com` et suivez les instructions qui vous sont données.

Une fois votre compte Twitter créé et confirmé, il vous reste encore à installer l'application correspondante sur votre tablette (celle-ci ne la propose pas par défaut). Pour cela, ouvrez Play Store et faites une recherche sur *Twitter*. L'application officielle est marquée d'un petit oiseau bleu et provient directement de chez Twitter, Inc. D'autres applications sont également estampillées Twitter, mais il s'agit en règle générale de compléments venant ajouter des fonctionnalités plus ou moins intéressantes.

TRUC

Comme il se doit, Twitter possède lui aussi ses propres widgets.

Lorsque vous lancez l'application Twitter pour la première fois, touchez le bouton Connexion. Saisissez alors votre nom d'utilisateur Twitter, ou l'adresse de messagerie avec laquelle vous avez créé le compte, ainsi que votre mot de passe. Touchez ensuite le bouton Connexion, et acceptez ou non les propositions qui vous sont faites, dont en particulier d'être géolocalisé(e).

La connexion reste active jusqu'à ce que vous vous déconnectiez explicitement ou que la tablette soit éteinte.

La Figure 8.9 montre l'écran principal de l'application Twitter, avec un flux de tweets en cours.

Figure 8.9 : L'application Twitter.

Voyons maintenant comment *tweeter* ou mettre à jour votre profil depuis l'application Twitter.

Tweeter sous Android

L'application Twitter propose une interface simple et efficace pour accéder à toutes ces excellentes choses que propose ce service.

Bien entendu, les deux tâches de base sont la lecture et l'écriture des tweets.

Pour lire les tweets, touchez le bouton Accueil afin de voir le fil des messages envoyés selon vos abonnements. La liste se présente dans l'ordre chronologique, les plus récents étant affichés en premier. Faites défiler la liste vers le bas pour voir les autres messages.

Pour lire un tweet particulier, touchez la ligne correspondante (reportez-vous à la Figure 8.9). Touchez le premier bouton en bas à gauche pour composer votre propre tweet (voir la Figure 8.10).

Figure 8.10 : Créer un tweet.

Touchez ensuite le bouton Tweeter pour envoyer votre profonde pensée dans le « twittervers ».

N'OUBLIEZ PAS

- Votre tweet ne peut pas dépasser 140 caractères, espaces et ponctuation incluses.

- Le compteur de caractères affiché en bas de l'écran vous permet de savoir combien de place il vous reste pour votre texte. C'est exactement comme pour l'envoi d'un SMS.
- Twitter est en soi une machine à produire du texte. Mais il est possible de joindre des images ou des vidéos qui vont alors se présenter sous la forme de liens. Les images et vidéos seront hébergées par les bons soins de Twitter.
- L'application Twitter est parfaitement capable de se servir des capacités photographiques de votre tablette Android pour joindre une image ou une vidéo à votre tweet.
- La fenêtre d'affichage d'un tweet comporte plusieurs boutons servant respectivement à répondre au message, le retweeter, le marquer comme favori et le partager avec d'autres.
- De nombreuses applications disposent d'un bouton Partager. Twitter devrait donc être proposé dans la liste des partages possibles. Touchez son bouton pour envoyer ce que vous êtes en train de voir ou de faire (généralement sous la forme d'un lien). Il ne vous reste plus qu'à compléter votre tweet et à toucher le bouton Tweeter.
- Les adresses Twitter sont précédées du caractère @. Une autre notation, appelée *hashtag*, sert à regrouper des fils de messages se rapportant à un certain point d'intérêt. Un hashtag se signale par la présence du préfixe #.
- De plus en plus, les responsables de Twitter essaient de se débarrasser de ces préfixes un peu ésotériques qui limitent l'expansion de cette société aux dents longues. La concurrence est très rude dans le milieu des réseaux sociaux, et amis ne veut pas dire pour la vie…

Toujours plus de réseaux sociaux

L'Internet regorge d'opportunités de participer à des réseaux sociaux. Facebook peut être aujourd'hui le roi, mais il y a des tas d'autres prétendants à la couronne, à commencer par Google. On dirait que tout se passe comme si un nouveau réseau dit social surgissait chaque semaine. Parmi les noms les plus connus, il faut citer LinkedIn, Pinterest, Snapchat ou encore Tumblr, mais aussi les sites dits de rencontres, de partage de photographie comme Flickr, et ainsi de suite. En fait, bien d'autres services offrent des fonctionnalités qui s'apparentent plus ou moins à celles des réseaux sociaux.

Je vous conseille dans tous les cas de configurer votre compte sur n'importe quel réseau social depuis votre ordinateur, exactement comme je l'ai expliqué à plusieurs reprises dans ce chapitre. Après cela, recherchez sur Play Store une application adaptée pour votre nouveau réseau social. Configurez cette application pour vous connecter avec votre compte.

- Si vous ne trouvez pas d'application dédiée à tel ou tel réseau, il vous reste toujours la possibilité de vous connecter depuis Chrome.
- Voyez le Chapitre 14 pour plus d'informations sur Play Store.
- Comme avec Facebook et Twitter, votre réseau social peut apparaître quand vous touchez le bouton Partager dans de multiples applications. Ceci vous permet facilement d'échanger informations, images ou bonnes adresses avec vos ami(e) en ligne.
- Quelle que soit la nature du réseau social sur lequel vous vous inscrivez, faites très attention aux renseignements que vous fournissez sur vous-mêmes, et au choix des « cercles » avec lesquels vous acceptez d'échanger des informations.

Chapitre 9

Dialogues en tous genres

Dans ce chapitre :

- Conférences à plusieurs avec Hangouts
- Tchatcher ave Skype
- Discuter avec Skype
- Utiliser Skype pour téléphoner

D'accord, votre tablette n'est pas, ou plus que probablement pas, un téléphone. Mais la nouvelle du jour est que vous *pouvez* vous en servir pour lancer des appels téléphoniques. Et même des appels téléphoniques en vidéo. Le secret ? Savoir quelles applications utiliser. Ces applications convertissent votre tablette (et sa caméra frontale) en un dispositif de communication portable digne du XXIe siècle.

Hangouts

Hangouts est capable de relier de multiples personnes pour tenir une sorte de visioconférence, appelée ici *hangout*. Multiples, c'est peut-être un grand mot. Disons, plus de deux. Bien entendu, votre ou vos contacts doivent également utiliser Hangouts, ou à défaut disposer d'un nom d'utilisateur Google (Gmail ou Google+) et d'un appareil qui possède au moins une caméra frontale. Tout ce qu'il y a à faire, c'est de lancer un hangout, ou d'en rejoindre un quand on y est invité.

Pour lancer un hangout, ouvrez l'application Hangouts (dont l'icône est présente par défaut dans la barre des favoris) et suivez ces étapes :

1. **Acceptez ou refusez que Hangouts effectue des appels téléphoniques, puis touchez Suivant.**

2. **Hangouts vous propose d'exploiter votre liste de contacts pour les importer. Acceptez ou refusez, puis touchez Suivant.**

3. **Touchez le bouton circulaire vert orné d'un signe plus en bas à droite, puis choisissez si vous voulez effectuer un appel vidéo, une simple conversation ou une discussion de groupe. Pour l'heure, optez pour Nouvelle conversation.**

TRUC

Si vous avez plusieurs comptes Google, vérifiez celui qui est utilisé par défaut dans la liste affichée en haut et à gauche de la fenêtre. Si nécessaire, touchez le nom qui est affiché et choisissez un autre compte.

La fenêtre qui s'affiche (voir la Figure 9.1) vous permet d'inviter, ou d'alerter, des « amis » en ligne à votre hangout, et potentiellement d'avoir le plaisir de les voir vous rejoindre.

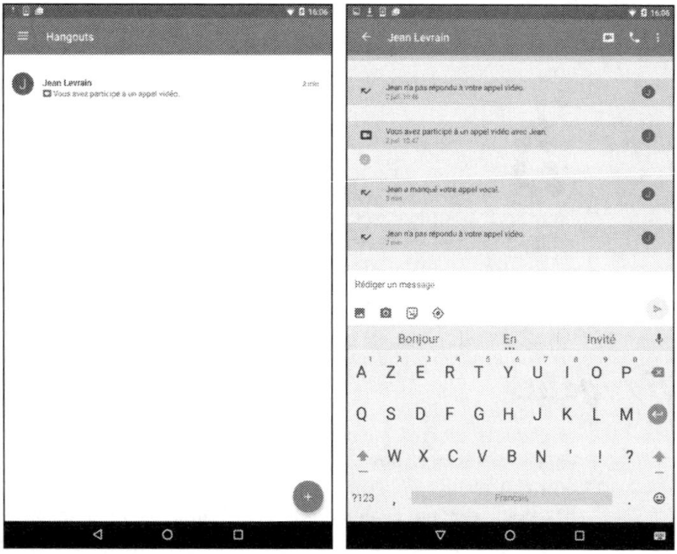

Figure 9.1 : Inviter des gens dans votre hangout personnel.

2. **Invitez des personnes à rejoindre votre hangout.**

   Le champ de texte qui se trouve en haut est votre liste potentielle d'invités. Il ressemble au champ À d'un message électronique. Vous pouvez taper un nom, une adresse de messagerie, ou encore le nom d'un groupe de contacts (appelé « cercle » dans Google+). Vous pouvez aussi tout simplement taper le nom d'un des contacts affichés sur le reste de l'écran pour lancer vos invitations (de la même manière qu'un message peut être envoyé à une liste de contacts). Vous pouvez enfin vous contenter de toucher le nom d'un contact dans une des listes affichées dans la zone principale de la fenêtre.

3. **Une fenêtre de messagerie s'ouvre. Saisissez le texte de votre choix dans la zone Rédiger un message, puis touchez le bouton Envoyer.**

4. **Pour ajouter le son ou l'image touchez le bouton marqué d'un symbole de téléphone ou de caméra.**

5. **Attendez.**

   Vos invitations sont transmises aux personnes que vous avez choisies. La tablette va se mettre à sonner, comme si vous lanciez un appel téléphonique et que votre correspondant(e) ne décrochait pas. Au bout d'un certain temps, un premier invité, ou une première invitée, va vous rejoindre (du moins, ce serait mieux pour vous). Les autres feront certainement de même un peu plus tard.

   Vous pouvez désactiver cette sonnerie un peu trop stridente en touchant le bouton qui représente un haut-parleur, en bas de l'écran.

   Si personne ne vous rejoint dans la minute qui suit (voire même un peu moins), la fenêtre se referme, et vous revenez à la page Hangouts.

6. **Bla, bla, bla.**

   Faites et dites ce que vous avez à faire avec vos amis. Parlez de la pluie et du beau temps, évoquez les derniers ragots du quartier, faites des grimaces, demandez des nouvelles du petit dernier, etc. C'est comme si vous preniez un verre ensemble, sauf que vous êtes devant votre tablette.

   Vous pouvez ajouter d'autres personnes en cours de conversation. Il est aussi possible à tout moment de couper le son et/ou l'image en touchant les boutons de micro et de caméra.

7. **Pour terminer la conversation, embrassez-vous virtuellement et touchez l'icône du combiné de téléphone ou de caméra.**

   Comme vous êtes l'hôte du hangout, tous vos correspondants sont immédiatement déconnectés. Une série d'échanges de politesses est donc vivement conseillée.

En tant que citoyen Google, vous êtes totalement susceptible de recevoir un jour une invitation de quelqu'un que vous connaissez (ou même de quelqu'un que vous ne connaissez absolument pas). Selon le cas, vous pouvez voir s'afficher une notification en haut de votre écran, ou, si l'application Google+/Hangouts est ouverte, apparaître une fenêtre d'invite. Faites glisser l'icône de caméra vers la droite ou acceptez l'invitation. Il ne vous reste plus qu'à participer au débat vidéo. Pour quitter le hangout, touchez l'icône de déconnexion du téléphone.

Hangouts permet, à l'instar par exemple de Skype, de passer de vrais appels, c'est-à-dire en saisissant un numéro de téléphone. Cependant, cela nécessite l'installation d'un module supplémentaire, ce qui déborde de notre propos.

Se connecter au monde entier avec Skype

Pour transformer votre tablette en un téléphone à l'écran démesuré, vous avez besoin d'une application spécialisée, comme Skype. C'est l'un des programmes de communication sur Internet parmi les plus populaires. Il vous permet, comme Hangouts et d'autres (par exemple, Tango), de dialoguer sous forme de texte, vocale ou vidéo. Mais ce n'est pas tout : Skype est en plus capable d'appeler de *vrais* numéros de téléphone.

Installer Skype

Skype n'est pas préinstallé sur votre tablette. Pour le trouver, vous devez donc le rechercher sur Play Store et le télécharger. Si plusieurs noms sont proposés, vérifiez bien que l'application est l'originale made in Skype. Pour plus d'informations sur Play Store, voyez le Chapitre 14.

Skype, c'est qui ? Google, encore ? Pas du tout, c'est Microsoft ! Amusant, non…

Pour utiliser Skype, vous avez besoin d'un compte spécial (une version maison, voire un compte Microsoft Live existant). Vous pouvez le créer après avoir lancé l'application, ou le faire depuis le site `www.skype.com` sur un ordinateur.

Lorsque vous lancez Skype pour la première fois, vous voyez s'afficher divers écrans de démarrage, le plus important étant de saisir correctement votre nom d'utilisateur et votre mot de passe. Laissez l'application consulter votre carnet d'adresses pour y localiser de possibles contacts joignables via Skype. Cela vous permet de gagner du temps pour la suite des événements.

- Si vous acceptez de localiser de futurs « amis » en communiquant votre numéro de téléphone portable, un SMS contenant un code de vérification va vous être immédiatement envoyé. Il vous suffit de saisir ce code sur votre tablette pour que Skype soit totalement opérationnel.
- Skype est gratuit à l'installation, et gratuit à l'utilisation. Sauf pour lancer des appels téléphoniques. Vous devez pour cela acheter des « crédits » Skype ou prendre un abonnement.

Chatter avec un autre utilisateur Skype

Dialoguer en mode texte avec Skype est une procédure comparable à ce que nous avons déjà vu plus haut avec Google+. La principale différence, c'est que l'autre personne doit également posséder un compte Skype, et avoir installé cette application sur son ordinateur ou son appareil portable.

Votre compte Skype étant opérationnel, suivez ces étapes :

1. **Depuis l'écran principal de Skype, touchez le bouton Contact.**
2. **Choisissez un contact (voir la Figure 9.2).**
3. **Vous pouvez saisir votre texte dans le champ qui se trouve en bas de l'écran (il indique Entrez le message ici).**
4. **Touchez le bouton fléché qui se trouve à droite du champ pour envoyer le message.**

   Si votre correspondant(e) Skype est en ligne et d'accord pour engager la conversation, le dialogue va débuter instantanément.
5. Pout joindre la parole et l'image au texte, touchez les boutons ornés d'un téléphone et d'une caméra, et vous pourrez parler de vive voix et de visu avec votre correspondant… si l'appareil de celui-ci est équipé d'un micro et d'une caméra (voir la Figure 9.3).

Tout à fait à droite du champ de texte, vous voyez un petit symbole de *smiley*. Touchez-le pour choisir une icône censée décrire votre état d'esprit ou votre rumeur.

- Des boutons dans le champ de saisie du message du bas vous permettent également de transférer un fichier, d'envoyer un message vidéo ou bien encore une photo instantanée.

Figure 9.2 : Choisir un contact Skype.

- La notification illustrée en marge apparaît lorsque quelqu'un vous a envoyé un message afin d'engager la conversation avec vous. Si vous laissez Skype de côté, elle vous permet facilement de vous apercevoir que l'on essaie de vous contacter. Ouvrez la barre des notifications, lisez le message et touchez la ligne correspondante pour revenir à la fenêtre de Skype et répondre.
- Si vous le souhaitez, vous pouvez ajouter d'autres contacts au fil de la conversation. Pour cela, touchez le bouton marqué de trois points et choisissez dans le menu l'option Ajouter des participants. C'est un chat de groupe !
- Pour arrêter le chat, touchez le bouton de navigation Retour. Les messages sont mémorisés par Skype, et vous pouvez donc en retrouver la liste dans le volet Actions récentes, même une fois votre ou vos contacts déconnectés.
- Bien entendu, la personne que vous voulez contacter doit être en ligne, être disponible et avoir lancé Skype pour qu'elle puisse vous répondre…

Figure 9.3 : Un appel Skype sur tablette.

Envoyer un SMS avec Skype

Comme nous l'avons vu dans la section précédente, il est aussi possible d'envoyer un SMS sur le numéro de portable d'un contact en touchant le bouton qui se trouve à gauche du champ de texte et en choisissant cette option. Procédez ensuite exactement comme pour un chat classique : saisissez votre message et touchez sur le clavier virtuel le bouton de retour à la ligne.

D'accord, l'envoi de SMS par Skype n'est pas la panacée. Le premier inconvénient, c'est que la personne à qui vous envoyez le message ne reconnaîtra probablement pas le numéro de téléphone entrant. Vous devriez donc placer dans votre SMS une phrase qui permette de vous identifier.

Le second problème, c'est que votre destinataire ne sera tout aussi probablement pas capable de vous répondre. Il ou elle peut essayer, mais il n'y a aucune garantie que vous recevrez la réponse.

Et le troisième inconvénient, c'est que ces SMS ne sont pas gratuits. Chaque message peut vous coûter quelques centimes, ce qui, à force, n'est pas forcément négligeable.

- Pour acheter des crédits, touchez le bouton Profil dans l'écran principal de Skype (il se trouve en haut et à droite de l'écran). Touchez ensuite l'option indiquant un prix en euros (0,00 € par défaut) et suivez les instructions qui vous sont données.
- SMS signifie *Small Message Service*, ou service de message court. Mais, de nos jours, la plupart des gens disent simplement SMS, voire Texto (ce mot étant, de mémoire, une marque déposée).

Téléphoner avec Skype

Et c'est là où on sort le grand jeu : grâce à Skype, il est possible d'utiliser votre tablette comme téléphone portable. Incroyable, mais vrai. Et cela fonctionne plutôt bien. Suivez ces étapes :

1. **Assurez-vous tout d'abord que vous disposez d'une quantité suffisante de crédits Skype.**

   Vous ne pouvez pas appeler un « vrai » numéro de téléphone tant que vous ne disposez pas d'un certain nombre de crédits Skype. Pour cela, touchez le bouton de profil puis la ligne indiquant un prix.

2. **Depuis l'écran principal de Skype, touchez le bouton qui montre une sorte de quadrillage, en bas et vers la gauche de l'écran.**

   Vous allez voir s'afficher un grand pavé de numérotation, exactement comme si votre tablette était devenue un téléphone portable géant (enfin, avec certaines limites).

3. **Tapez le numéro de téléphone que vous voulez appeler.**

   Vous pouvez toucher le bouton Ouvrir, en haut et à droite du pavé de numérotation, pour choisir un membre de votre carnet d'adresses. Si celui-ci contient un champ associé à un numéro de portable, ce dernier sera placé dans la fenêtre d'appel. Touchez à nouveau le bouton d'appel, puis celui qui représente un téléphone.

   Vous devez saisir le numéro de téléphone que vous voulez appeler en entier, exactement comme si vous faisiez la même opération sur votre téléphone portable. En cas de problème, touchez

Figure 9.4 : Le pavé de numérotation de Skype.

autant de fois qu'il est nécessaire le bouton de correction de la fenêtre et ressaisissez les bons chiffres.

4. **Tout va bien ? Touchez le bouton d'appel, autrement dit le téléphone bleu.**

   Skype va utiliser la connexion Internet de votre tablette pour passer l'appel.

5. **Quand votre correspondant(e) décroche, commencez à parler.**

6. **Pour terminer l'appel, touchez le bouton représentant un téléphone rouge.**

- Si vous utilisez assez souvent Skype pour passer des appels téléphoniques, je vous recommande de faire l'acquisition d'un bon casque audio.
- Payer des crédits Skype est une chose. Voyez aussi ce que peut vous facturer votre opérateur de téléphonie pour ce type de plaisir.

- Pour savoir combien peuvent vous coûter vos appels téléphoniques, voyez notamment le site Web de Skype (`www.skype.com`). Il est vrai que certaines destinations peuvent être très intéressantes.
- À partir de l'option Crédit Skype de votre page de profil, vous avez également la possibilité de souscrire un abonnement plutôt que d'acheter des crédits. Voyez ce qui vous semble le plus intéressant en fonction de l'usage que vous comptez faire de Skype.
- Si vous comptez devenir un utilisateur régulier de Skype, il peut être également intéressant d'acheter un numéro d'appel spécifique. Voyez ce que vous dit l'option Numéro Skype dans votre page de profil.

Troisième partie

Les incroyables exploits d'une tablette Android

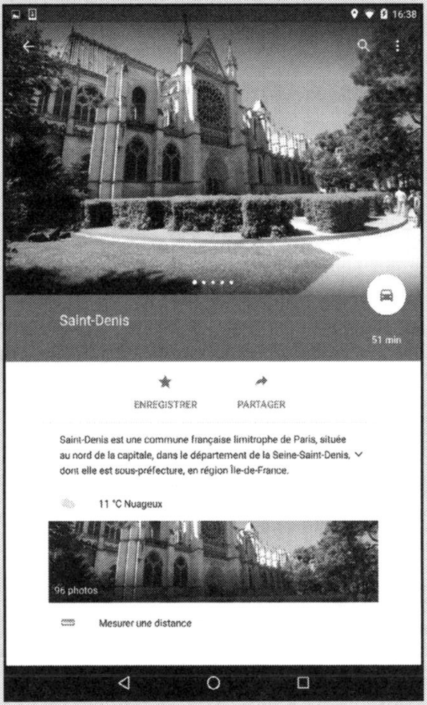

Dans cette partie...

On en parle, on en parle, mais, finalement, qu'est-ce que votre tablette Android sait faire exactement ? Aller sur Internet ? OK, mais ce n'est pas un scoop ! Envoyer des courriels ? Ben, oui puisqu'elle va sur Internet ! Jouer ? Évidemment !

D'accord, vous semblez blasé en attaquant cette troisième partie. Pourtant, vous abordez la partie de toutes les révélations (ou presque). Vous découvrirez que votre Android est aussi malin et utile qu'un système de navigation GPS, et qu'il peut se transformer en un appareil photo et une caméra vidéo. Vous avez envie d'écouter de la musique ? Utilisez votre tablette Android comme lecteur MP3 ! Cela ne vous suffit pas ? Eh bien, notez vos rendez-vous, calculez la part de chacun au restaurant, programmez un réveille-matin, et bien d'autres choses que je vous propose de découvrir dans cette fabuleuse partie.

Chapitre 10

Maps à la carte

Dans ce chapitre :

- Explorer votre monde avec Maps
- Ajouter des calques à Maps
- Itinéraire en vue

Si vous avez activé les bonnes options et lancé les bonnes applications, votre tablette sait où vous êtes, dans quelle direction vous allez, où vous voulez aller, et même ce que vous avez envie de rechercher.

Beaucoup d'applications utilisent la puce GPS intégrée à votre tablette pour vous situer, vous *géolocaliser*. Certaines le font à bon escient, comme Maps, Navigation et bien d'autres. D'autres non. Si c'est pour mieux vous aider et vous informer, très bien. Si c'est pour vous pister, non merci.

Votre tablette, un GPS de poche

Votre tablette sous Android sait décidément tout faire. Prendre des photos, diffuser de la musique ou des films, jouer avec vous, et tant d'autres choses encore. J'allais oublier : téléphoner (du moins avec quelques rares appareils), envoyer et recevoir des messages, communiquer sur les réseaux sociaux. Et aussi localiser à peu près tout ce que vous voulez et vous y conduire. Mais vous devez commencer par vérifier que la localisation est bien active sur votre appareil. Pour cela :

1. **Ouvrez l'application Paramètres, puis touchez dans la rubrique Personnel l'option Localisation.**

2. **Vérifiez que la mise à jour de votre position est bien activée. Sinon, touchez la ligne correspondante pour réparer cette erreur.**

   Bien entendu, vous avez parfaitement le droit de ne pas vouloir être localisé(e) !

3. **Touchez l'option Mode et choisissez la manière dont la localisation doit s'opérer (voir la Figure 10.1).**

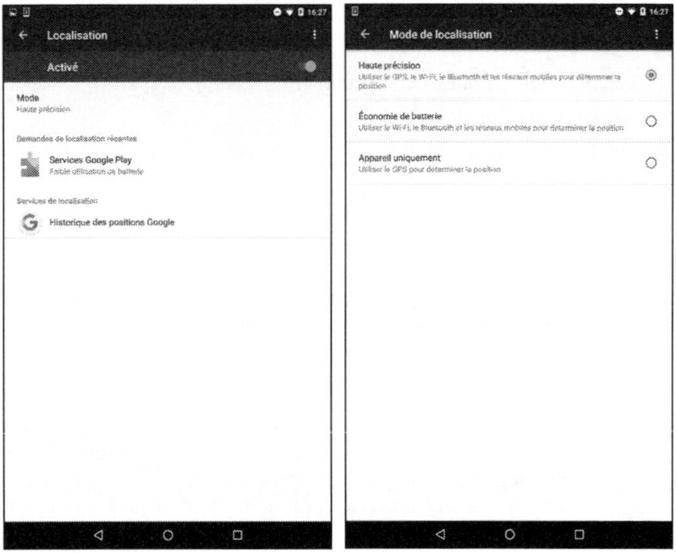

Figure 10.1 : Activer les services de localisation.

Pour pousser jusqu'au bout la localisation, vous pourriez ouvrir tout de suite Maps, puis définir vos coordonnées personnelles et professionnelles dans les paramètres de l'application. Mais nous allons largement revenir sur Maps dans ce chapitre.

Comme le montre la Figure 10.1, vous disposez de plusieurs modes de localisation. Selon ce que vous faites, choisissez à chaque fois une option adaptée à vos déplacements et à vos besoins (par tous les moyens, en utilisant les réseaux mobiles et le Wi-Fi, uniquement le GPS intégré à l'appareil). Ou rien du tout en désactivant totalement la localisation… Enfin, on a le droit d'y croire… Au final, autant laisser l'option Haute précision si votre consommation de données ne dépend pas d'un opérateur de téléphonie, et donc si cela ne jouera pas sur vos factures. Quitte à perdre un peu en temps et en efficacité !

Les options dont vous disposez sur votre propre appareil peuvent se présenter différemment de ce qui est expliqué ici. Mais le principe devrait rester le même.

Si vous êtes en Wi-Fi sans activer le GPS, vous serez plus ou moins bien localisé. Mais où est l'intérêt ? En revanche, si vous voulez utiliser les fonctions de cartographie et de navigation fournies avec votre tablette sans être couvert par un signal Wi-Fi, vous allez consommer des *données mobiles*, autrement dit celles qui sont incluses (ou pas) dans votre forfait téléphonique. Et cette consommation peut rapidement devenir assez exponentielle. Votre facture aussi… Bien sûr, vous n'êtes pas concerné parce que votre tablette ne dispose d'aucun emplacement pour une carte SIM. N'est-ce pas ?

Pourquoi cette consommation à haute dose ? Tout simplement parce que Maps n'utilise pas de cartes enregistrées dans la mémoire de votre tablette. Il charge les informations voulues au fur et à mesure de ses besoins, ce qui se traduit évidemment par des flux importants de données.

Pour utiliser sérieusement votre tablette en tant qu'outil d'aide à la navigation, donc comme un GPS classique, il est préférable d'installer une application (comme Navigon, CoPilot, Sygic et d'autres) qui enregistre ses cartes dans la mémoire de l'appareil, ou mieux encore sur la carte MicroSD. Mais, vous vous en doutez, le prix n'est plus le même (comptez environ 50 €). Il existe également des applications utilisant des cartes gratuites, mais elles sont souvent bien moins fiables. Dans le genre, je vous conseille de jeter un coup d'œil du côté du très bon Maps.

Si vous vous servez de votre tablette en voiture comme d'un GPS, achetez un raccord se branchant sur l'allume-cigare ou une prise 12 volts, et disposant de l'autre côté d'un port USB. Cela vous permettra d'y brancher le câble de votre appareil et de maintenir sa batterie en charge tout en roulant. Sinon, vous risquez fort de terminer votre trajet au jugé ! Et si vous êtes à pied, à vélo ou sur des skis, veillez à charger au maximum la batterie avant de sortir. Songez dans ce cas à vous procurer un chargeur solaire.

Voir le monde avec Maps

Pour accéder à Maps, touchez le bouton Apps puis l'icône de l'application (elle s'appelle fort opportunément Maps). Vous allez alors voir s'afficher un écran semblable à celui de la Figure 10.2.

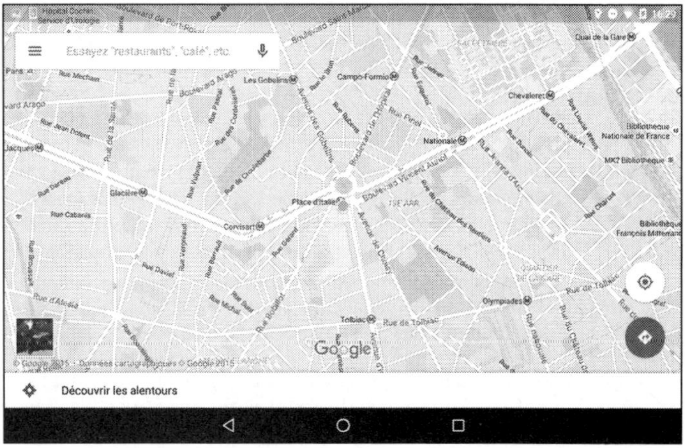

Figure 10.2 : Maps sait où vous vous trouvez.

La localisation par GPS demande généralement un peu de temps, puisque l'appareil doit repérer un nombre suffisant de signaux satellites afin de calculer votre position. Maps est particulièrement performant de ce point de vue.

Se déplacer dans Maps

Une fois localisée, votre position est représentée par un symbole bleu au centre de l'écran.

- Effleurez l'écran dans la direction voulue pour vous déplacer sur la carte.
- Touchez l'icône de cible affichée à droite et vers le bas de l'écran pour recentrer la carte sur votre position.
- Touchez encore une fois cette icône pour orienter la carte selon l'axe sud/nord avec une vue 3D (disons plutôt 2D et demi).
- Touchez une troisième fois cette icône pour retourner à la vue initiale.

L'orientation du symbole de position suit celle de l'appareil.

Maps et ses fonctions

L'écran de Maps vous donne un accès direct à plusieurs fonctionnalités de base :

- **Rechercher :** C'est une recherche Google classique, écrite ou énoncée vocalement, mais portant sur une position géographique, sur une activité et ainsi de suite. Nous allons y revenir un peu plus loin.
- **Itinéraire :** Pour calculer un itinéraire entre deux points. C'est l'objet de la dernière partie de ce chapitre.

Le bouton Menu de l'application propose d'autres options, parmi lesquelles (voir la Figure 10.3) :

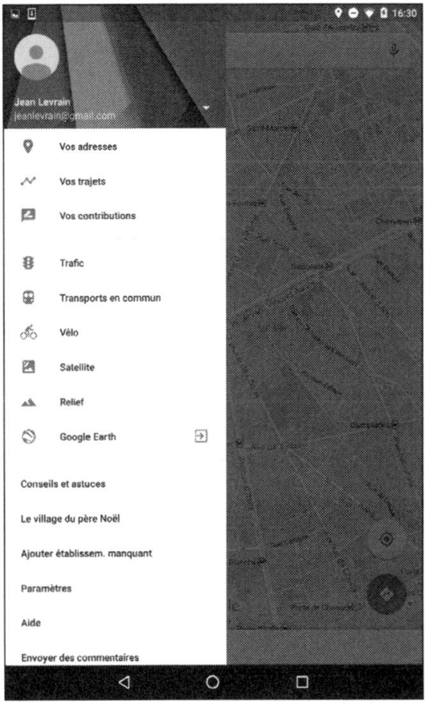

Figure 10.3 : Maps et ses options.

- **Vos adresses :** Pour saisir votre domicile ou votre lieu de travail de manière à y accéder rapidement…
- **Trafic :** Pour afficher des informations sur les conditions de circulation courantes.
- **Transports en commun :** Dans le même genre, pour afficher les lignes de métro ou encore d'autobus.
- **Vélo :** C'est à peu près pareil…

- **Satellite :** Ajoutez un calque offrant une vue satellitaire de la position courante. C'est comme Google Earth, mais directement intégré à Maps.
- **Relief :** Affiche une carte un peu plus précise en y ajoutant des colorations différentes en fonction du relief.
- **Google Earth :** C'est presque pareil que Satellite, si ce n'est que cette option vous invite à télécharger la célèbre application de Google.
- **Paramètres :** Choisissez ici votre compte Google par défaut ainsi que divers paramètres de configuration de Maps (voir la Figure 10.4).

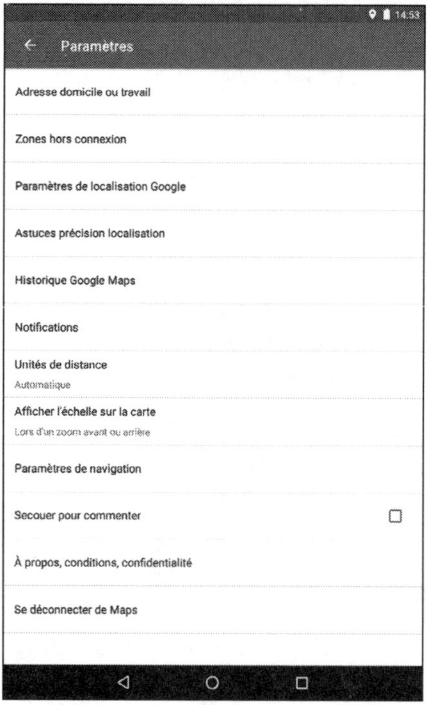

Figure 10.4 : Configurer les paramètres de Maps.

Ceux qui se souviennent des anciennes versions de Maps seront sans doute surpris du peu d'options disponibles. Effectivement, l'application fétiche de Google a perdu bon nombre de ses réglages. Certains diront que c'est pour mieux protéger la confidentialité des utilisateurs. D'autres affirmeront que c'est pour mieux vous attacher au réseau social maison, Google+. Et il est possible que tout le monde ait raison. Ou pas. Finalement, l'essentiel est peut-être que Maps est une excellente application.

Modifier l'échelle de la carte

Pour agrandir l'échelle de la carte, donc pour afficher davantage de détails, touchez l'écran avec deux doigts et écartez-les.

Vous pouvez aussi tapoter deux fois de suite sur l'écran pour zoomer. Si vous recommencez plusieurs fois, vous atteindrez progressivement l'agrandissement maximal, qui dépasse cependant les capacités de localisation du GPS…

Pour réduire à l'inverse cette échelle, donc pour afficher un plus grand espace, touchez l'écran avec deux doigts et effectuez un pincement.

Pour recentrer la carte sur votre position, touchez l'icône représentant une sorte de boussole, sur la droite et vers le bas de l'écran.

La Figure 10.5 montre un même lieu, mais avec deux échelles très différentes. Remarquez que, sur la vue du bas, des informations supplémentaires sont affichées.

Rechercher un lieu ou un service

Les recherches dans Maps s'effectuent exactement comme partout chez Google. Touchez la zone de texte en haut à gauche et commencez à saisir le critère qui va définir le lieu que vous voulez localiser, comme la Promenade des Anglais, à Nice, sur l'illustration de la Figure 10.6. Vous disposez évidemment de toutes les ressources du clavier virtuel, et les propositions sont renouvelées chaque fois que vous entrez un nouveau caractère.

Si vous ne pouvez pas, ou ne voulez pas, vous servir du clavier virtuel, touchez le symbole de micro et énoncez votre requête à voix haute, distincte et surtout compréhensible par le moteur d'analyse vocale…

L'éventail des critères de recherche que vous pouvez utiliser est très large, sachant que Google s'efforcera en priorité de vous donner des réponses gravitant autour de votre position actuelle. Rien ne vous interdit par exemple de saisir *sushi 75005* si vous recherchez un bar à sushis dans le cinquième arrondissement de Paris. N'hésitez donc pas à être imaginatif !

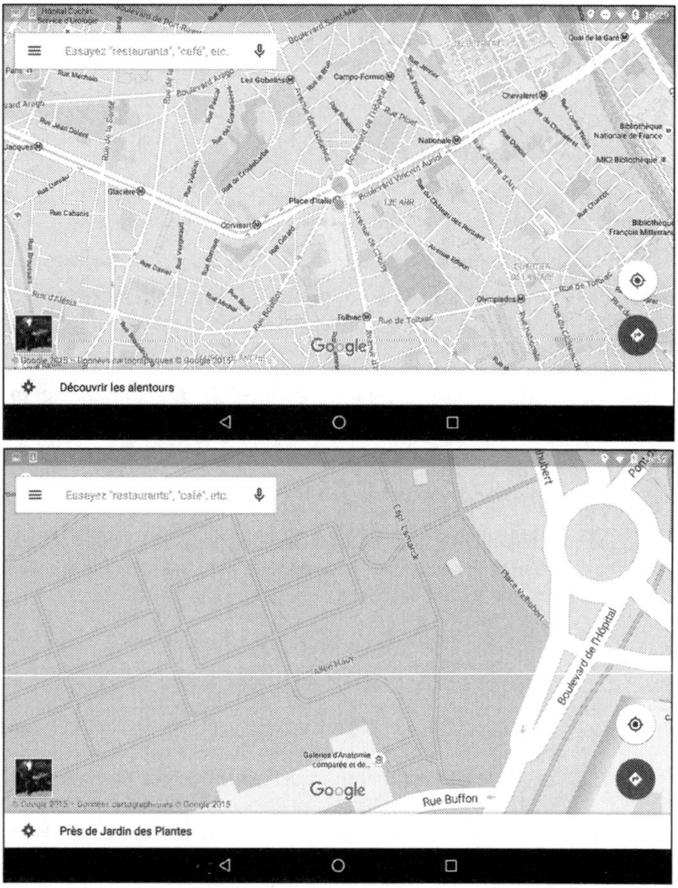

Figure 10.5 : Deux échelles, deux niveaux d'informations différents.

Allons maintenant plus loin. Votre recherche a abouti, et vous voulez obtenir des informations plus précises, par exemple la liste des musées qui se trouvent à proximité du lieu trouvé (ou proches de vous si vous vous contentez d'afficher votre position). C'est très simple :

1. **Touchez la zone de texte en haut à gauche, puis saisissez (ou dictez) un critère définissant la nature de ce que vous voulez localiser.**

   En l'occurrence, il vous suffirait de taper par exemple *musée*, ou encore *musée paris*, puis de toucher l'icône de loupe sur le clavier.

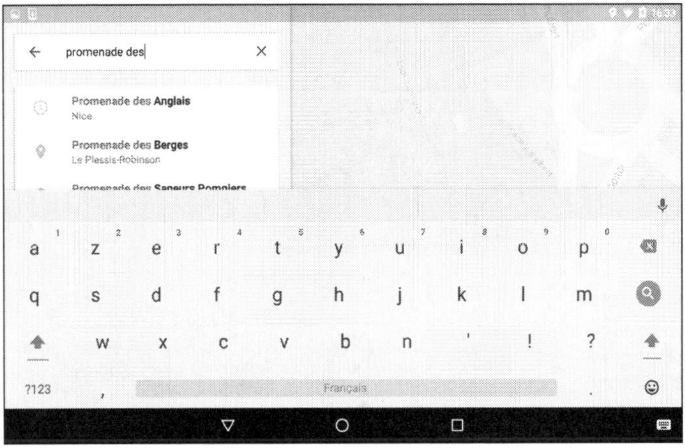

Figure 10.6 : Rechercher un lieu dans Maps.

2. **Si la recherche donne quelque chose, une bulle et des points rouges vont s'afficher.**

   Dans l'exemple de la Figure 10.7, vous obtenez tous les musées connus et accessibles sur la carte telle qu'elle est affichée.

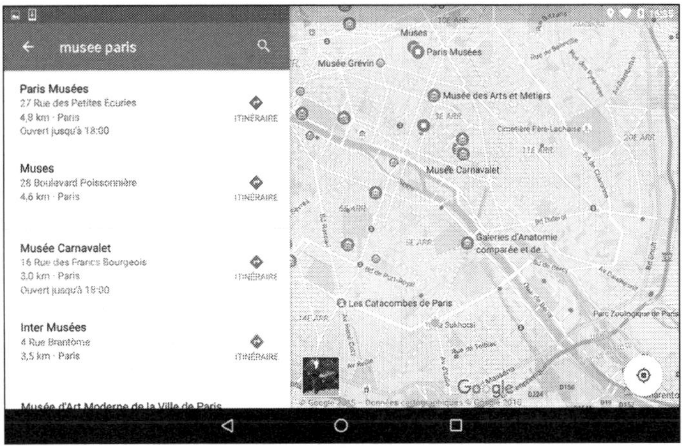

Figure 10.7 : Localiser un lieu et afficher les informations qui lui sont associées.

3. **Touchez une bulle ou choisissez un lieu en touchant l'une des options proposées dans le bandeau des résultats, à gauche de l'écran, pour afficher les informations correspondantes (voir la Figure 10.8).**

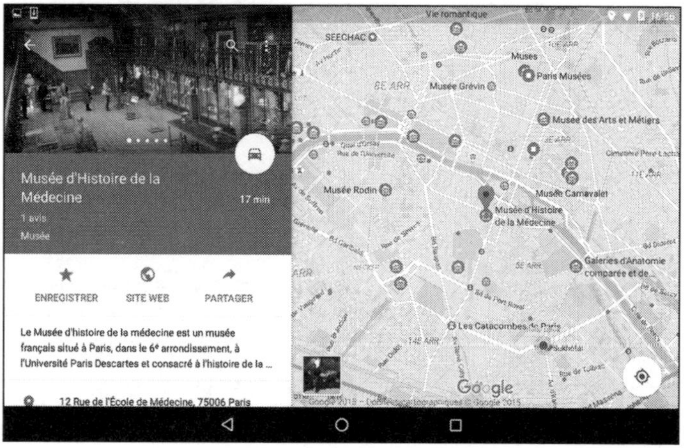

Figure 10.8 : Afficher des informations sur un lieu.

En touchant les diverses vignettes qui vous sont proposées, vous pouvez maintenant localiser précisément le lieu sur la carte, demander à calculer un itinéraire pour vous y rendre, lancer le cas (très) échéant un appel téléphonique, consulter les avis ou donner le vôtre, l'enregistrer comme favori ou partager le lieu, prendre et publier une photo du site, ouvrir un lien Internet ou encore effectuer en effleurant l'écran une visite virtuelle avec Street View. Et ainsi de suite.

Avec Street View, vous vous promenez dans les rues et les routes, à condition bien sûr qu'elles aient été balayées par les caméras de Google. Dans certains cas, vous aurez même droit à une visite virtuelle du lieu comme c'est le cas pour le musée d'Orsay ! Et pourquoi vous limiter à Paris alors que le monde entier vous tend les bras ?

Si votre recherche porte sur un nom de ville, par exemple, vous aurez même un aperçu de la météo locale (voir Figure 10.9).

Calculer un itinéraire et naviguer à vue

Maps est aussi un calculateur d'itinéraires entre deux points, et, comme votre tablette contient une puce GPS, il est aussi capable de vous aider à voyager.

Chaque fois que vous effectuez une recherche dans Maps, un bandeau vous propose de calculer votre itinéraire depuis votre emplacement actuel jusqu'au lieu repéré. Touchez ce bandeau pour obtenir un maximum d'informations, puis touchez l'icône de voiture pour passer en mode calcul d'itinéraire.

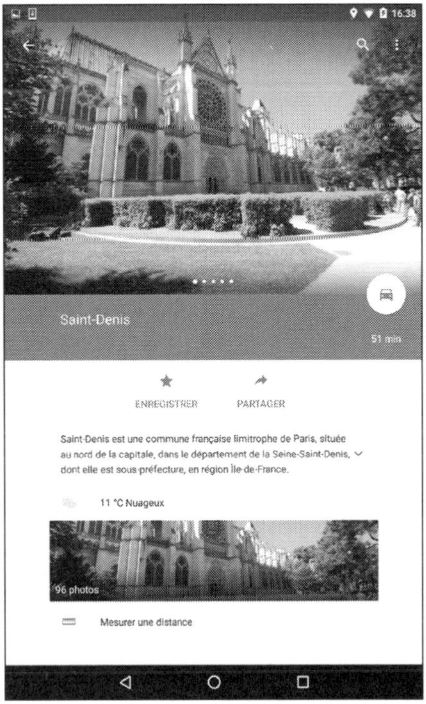

Figure 10.9 : La météo locale s'affiche avec les informations sur le lieu.

Calculer un itinéraire

Pour rechercher un itinéraire, vous disposez de plusieurs points d'entrée :

- Toucher le bouton d'itinéraire, en bas et à droite de l'écran. Il indique un temps de trajet estimé selon le mode de déplacement que vous choisissez.
- Faire un appui long sur la position d'arrivée. Une punaise va apparaître, ainsi qu'un bandeau en bas de l'écran. Il indique un temps de trajet approximatif. Touchez le symbole de véhicule pour obtenir des précisions sur l'itinéraire (voir la Figure 10.10).

TRUC

Vous pouvez parfaitement saisir une adresse précise, une rue ou encore un nom de ville. Bien entendu, l'itinéraire sera plus ou moins exact selon la précision de vos points de départ et d'arrivée.

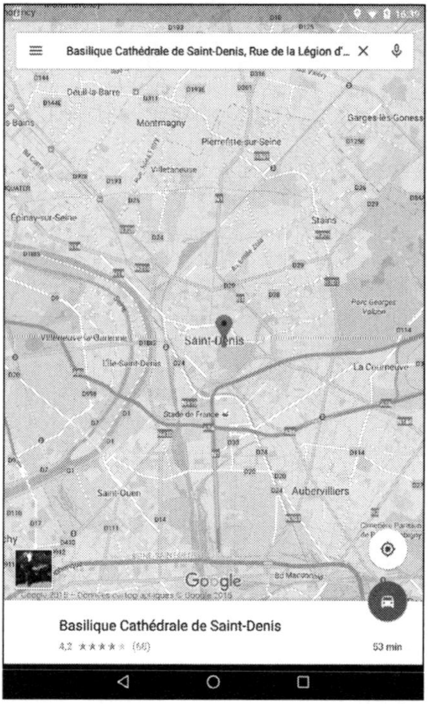

Figure 10.10 : Si vous savez où vous allez, Maps vous donnera le trajet à suivre.

- Sélectionner l'adresse d'un contact (voir plus loin), puis demander à afficher sa position dans Maps.
- Ou bien encore, effectuer la même action en renseignant le champ Emplacement dans la définition d'un rendez-vous (mais toutes les tablettes ne savent pas gérer cette information).

Il ne vous reste plus qu'à vérifier vos options de navigation, choisir le cas échéant un moyen de transport, puis toucher le cadre voulu pour que Maps calcule et affiche ce qu'il pense être le meilleur trajet (voir la Figure 10.11).

Il vous suffit de toucher le bandeau qui indique le temps de trajet pour faire apparaître le détail du parcours proposé (voir la partie droite de la Figure 10.11).

TRUC

Pour voir un itinéraire alternatif, touchez un des tracés grisés sur la carte.

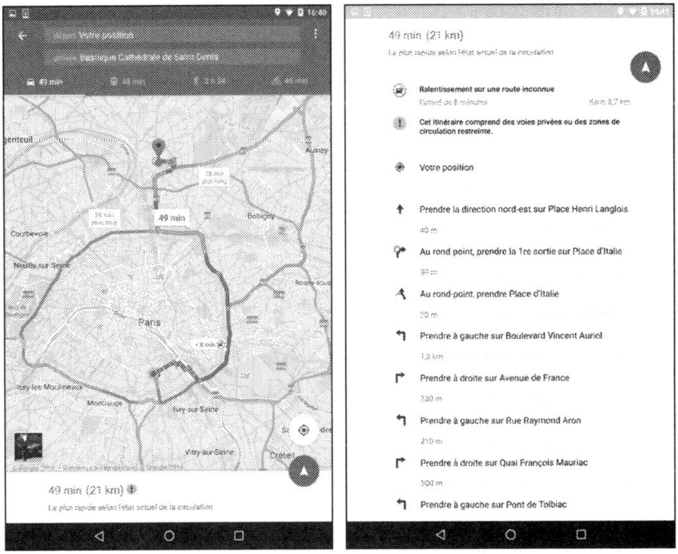

Figure 10.11 : Un calcul d'itinéraire.

- **Étapes de l'itinéraire :** Touchez la vignette qui indique le temps de trajet et le kilométrage, pour afficher les étapes de l'itinéraire proposé.
- **Localisation :** Touchez la ligne indiquant une certaine étape pour afficher la position correspondante sur la carte (voir la Figure 10.12).
- **Navigation :** Touchez la ligne d'une étape pour visualiser la portion de carte correspondante, ou Départ (si vous démarrez de chez vous), ou encore Votre position pour lancer la navigation.
- **Itinéraire entre deux points :** Vous pouvez parfaitement demander à calculer un itinéraire entre deux points quelconques. Dans ce cas, touchez la ligne Votre position, puis choisissez l'option Sélectionner sur la carte. En jouant sur le zoom et le panoramique, localisez la position de départ puis confirmez en touchant le bouton OK. Il ne vous reste plus qu'à définir le lieu d'arrivée et de lancer le calcul d'itinéraire.
- **Annuler la navigation :** Touchez la croix qui apparaît dans le bandeau bleu Départ/Arrivée pour revenir au fonctionnement standard de Maps.

N'OUBLIEZ PAS

La navigation prend comme point de départ votre position actuelle, telle qu'elle est détectée par le GPS. C'est comme un vrai GPS, quoi !

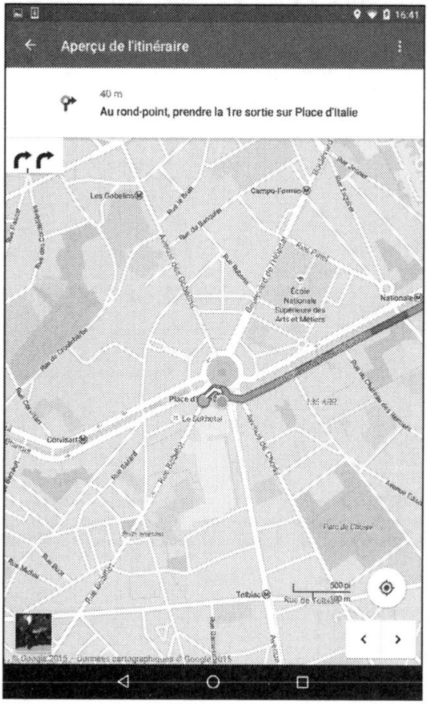

Figure 10.12 : Étapes et détails d'un itinéraire.

Se rendre chez un contact

Une autre manière de calculer un itinéraire consiste à partir d'une adresse enregistrée dans vos contacts :

1. **Ouvrez l'application Contacts.**
2. **Recherchez le contact chez lequel vous voulez vous rendre.**
3. **Si le champ Adresse a été renseigné, celle-ci va s'afficher parmi les coordonnées du contact. Touchez la flèche coudée qui se trouve au bout de cette ligne.**
4. **Maps propose un ou plusieurs itinéraires à partir de votre position actuelle. Continuez comme expliqué plus haut.**

C'est tout !

Naviguer avec Maps

Pour passer en mode guidage, il vous suffit de choisir l'un des itinéraires proposés selon l'une des méthodes présentées plus haut dans Maps, puis de toucher le bouton Départ.

Utiliser votre GPS et Maps pour vous conduire à votre destination est bien sûr parfaitement possible et tout à fait opérationnel. Mais n'oubliez pas les remarques faites au début de ce chapitre, notamment sur la consommation de la batterie et des données. D'autre part, un support avec ventouse est pratiquement indispensable pour la sécurité, sauf à confier à un ou une copilote le soin de regarder l'écran à votre place et de vous dicter votre conduite…

Nous venons de voir comment définir une destination, que ce soit en touchant le bouton coudé, en bas et à droite de l'écran, en sélectionnant une destination dans le champ Rechercher, en touchant une position sur la carte, ou encore en partant de l'adresse d'un contact.

Lorsque la fenêtre de calcul d'itinéraire s'affiche, vous pouvez choisir un point de départ quelconque, qui ne vous permettra pas d'être guidé, ou sélectionner l'option Votre position, pour démarrer de votre emplacement actuel.

Pour nous résumer, toucher le bouton Démarrer la navigation est le point de lancement de votre voyage. C'est aussi simple que cela.

Si entrer votre adresse personnelle vous ennuie, pourquoi ne pas faire appel à l'application Contacts ? Créez tout simplement un contact fictif ne contenant que votre adresse, et dont le nom serait par exemple simplement formé de zéro, ou de tout autre code simple à retrouver, du moins pour vous.

Une fois le guidage commencé, vous pouvez parfaitement anticiper les étapes suivantes (ou revenir aux étapes précédentes) en touchant les boutons disponibles dans le bandeau qui est affiché en haut de l'écran (voir la Figure 10.13). Pour revenir à votre trajet normal et continuer à vous laisser guider, touchez le bouton Reprendre.

Ne vous étonnez pas si votre écran devient tout à coup plus sombre : vous êtes passé en mode Nuit !

Se laisser guider

Il ne vous reste plus qu'à démarrer et suivre l'itinéraire (ou pas !) en respectant bien entendu les limitations de vitesse et les priorités, tout

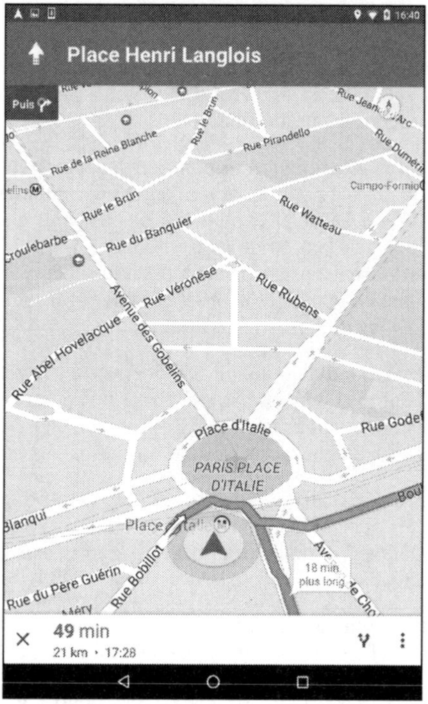

Figure 10.13 : Navigation en cours, patron !

en ne déléguant pas à votre tablette vos responsabilités en tant que conducteur.

Votre écran étant interactif, vous disposez d'un certain nombre de fonctions et d'options en cours de navigation. Notamment :

- Dans le bandeau de navigation, en haut de l'écran, touchez l'un des boutons en forme de triangle pour passer d'une étape à une autre. Pour retourner à la navigation, touchez le bouton Reprendre, en bas et à gauche de l'écran.

  Une autre méthode consiste à faire glisser le bandeau du haut vers la gauche ou vers la droite.

- Le bouton Menu de l'application Navigation propose l'option Satellite. Elle permet d'obtenir un affichage graphique plus évolué. Mais attention à la consommation des données et à l'efficacité de la conduite ! Et n'espérez rien du côté des radars…

- Parmi les autres options du bouton Menu, notez en particulier l'activation/désactivation du guidage vocal (Couper le son).

  Personnellement, je trouve la voix de Mme Google plutôt désagréable. Par vous ? Il est extrêmement tentant de toucher le bouton Couper le son…

- Pendant la navigation, vous pouvez changer l'échelle de l'affichage à l'aide des gestuelles classiques pincer/écarter. Ceci peut en particulier vous aider à repérer certains points d'intérêt utiles. Bien entendu, il vaut mieux stationner pour effectuer ce genre de manipulation, ou demander à la personne qui se trouve à côté de vous de le faire…

  À l'échelle de navigation par défaut, votre trajet est matérialisé par une ligne bleue. Si vous pincez l'écran pour élargir la vue, vous allez obtenir de nouvelles couleurs indiquant l'intensité du trafic (dans la mesure bien sûr où cette information est connue). Vert, c'est fluide, jaune, c'est ralenti, et rouge, c'est un bouchon ! Si nécessaire, activez d'abord l'option Trafic dans le menu.

- Normalement, l'axe de l'écran, donc de la carte, est lié à votre sens de déplacement. Mais vous pouvez toucher l'aiguille, à droite et vers le haut de l'écran, pour figer l'orientation selon un axe nord-sud, ou encore pour passer à un affichage de type 3D.

Chapitre 11

Photographiez, filmez… et partagez !

Dans ce chapitre :

- Photographier et filmer avec votre tablette
- Partager vos photos et vos vidéos
- Voyez grand avec les panoramas et Photo Sphere
- Retoucher vos photos et vos vidéos
- Organiser vos photos et vos vidéos

Statistiquement, plus de 60 % de l'utilisation des appareils mobiles dans le monde concernent autre chose que la téléphonie et les communications. En particulier, la photographie comme la vidéo sont devenues les activités favorites des possesseurs de ces beaux appareils, au premier rang desquels se situe évidemment votre tablette.

Si les capteurs des tablettes restent loin derrière ceux des smartphones en termes de résolution, ils sont là et bien là. Alors, autant vous en servir ! Et comme une tablette vous permet aussi de visualiser les photos et les vidéos que vous y avez copiées, voire de les retoucher, autant aussi en profiter.

Qui dit tablette Android dit une très grande variété de modèles, de caractéristiques techniques, de puissance, de fonctionnalités, et ainsi de suite. Votre tablette peut par exemple posséder un seul capteur frontal, ou bien deux capteurs, un devant et un au dos, avec ou sans flash. Le parti pris dans ce chapitre est de prendre l'hypothèse la plus haute. Si votre tablette se contente d'un seul capteur frontal pour les images, vous aurez moins d'options et de fonctions à votre disposition, mais cela ne changera rien aux grands principes abordés dans ce chapitre.

En fait, certaines tablettes ne proposent même pas d'application Appareil photo ! Dans ce cas, vous disposerez avec certaines applications d'une option vous permettant de prendre un cliché, et c'est tout. Le cas échéant, vous pouvez installer depuis Play Store un outil dédié, mais c'est là une autre histoire (Play Store est étudié dans le Chapitre 14).

Photo, s'il vous plaît !

Pour prendre un cliché, il vous suffit d'ouvrir l'application Appareil photo (si elle existe...). Soit elle est déjà présente sur votre écran d'accueil, plus précisément dans la barre des favoris, soit vous la trouverez facilement en ouvrant la page Applis. Touchez son icône, et c'est parti pour la photographie !

Certaines tablettes Nexus de Google ont un problème avec le lancement de l'appareil photo. Dans ce cas, allez sur Play Store, puis recherchez l'application appelée Caméra Nexus 7 (elle est gratuite). Installez-la. Vous devriez alors disposer d'une nouvelle icône, appelée Caméra, Si tout va bien, elle devrait fonctionner normalement. En revanche, sa compatibilité avec Android Marshmallow sur certains appareils n'est pas garantie... Pour plus d'informations sur Play Store, voyez le Chapitre 14.

Une fois l'appareil photo ouvert, votre écran devient votre visée et il vous suffit de toucher le bouton situé au milieu et en bas (ou à droite, ou bien à gauche, selon l'orientation de votre appareil) pour prendre un cliché. Vous disposez en même temps d'un bouton de type Menu pour effectuer vos réglages (voir la Figure 11.1).

Pour prendre la photo, touchez le gros bouton qui affiche en son centre un dessin d'appareil photo. La photo est enregistrée au format JPEG sur la mémoire interne de votre tablette.

Le dossier dans lequel sont placées les photos est appelé DCIM, exactement comme avec un appareil photo numérique standard.

Une fois que vous avez pris un cliché, il est également disponible dans l'application Photos. Nous y reviendrons plus loin dans ce chapitre.

Partager des photos

Avant même de vous soucier des réglages de vos prises de vues, voyons comment vous pouvez les communiquer à d'autres. Vous

Figure 11.1 : L'appareil photo.

venez donc de prendre une photo que le monde entier (disons plus simplement vos proches) doit *absolument* voir.

Suivez ces étapes :

1. **Effleurez l'écran vers la gauche.**
2. **L'application Photos s'ouvre (ou plus exactement son dossier Appareil photo). Elle affiche non seulement votre dernière photo, mais aussi toutes celles que vous avez déjà prises, sous la forme de vignettes sagement alignées (voir la Figure 11.2).**

Pour afficher une autre photo, faites glisser le doigt sur l'écran jusqu'à ce qu'elle apparaisse puis touchez-la. Pour l'agrandir, tapez deux fois de suite sur l'écran, puis effleurez-le dans la direction voulue pour vous déplacer sur l'image. Touchez l'écran à nouveau deux fois de suite pour revenir à l'affichage initial.

Encore mieux : écartez ou pincez l'écran avec deux doigts pour zoomer ou rétrécir l'image.

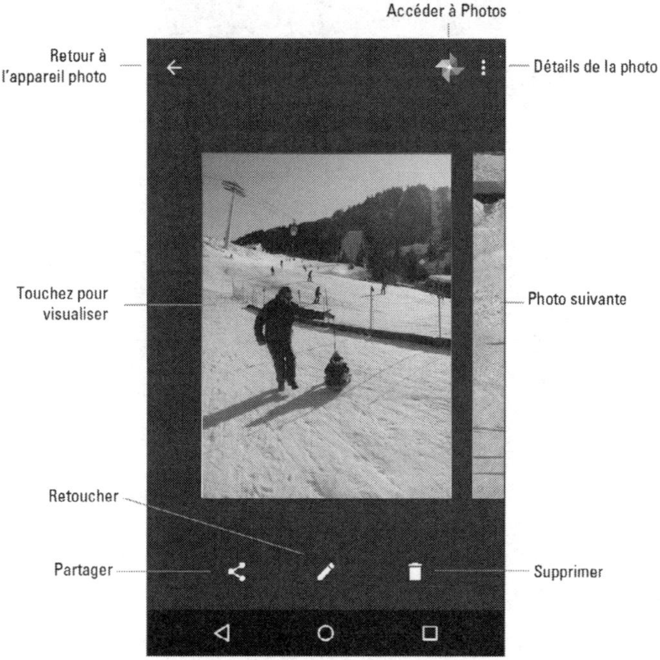

Figure 11.2 : T'as vu la photo que je viens de prendre ?

Vous voulez effacer la photo que vous veniez de prendre. Elle était ratée ! Touchez l'icône de corbeille, en bas de l'écran, pour la supprimer, puis effleurez simplement l'écran vers la droite pour revenir à l'appareil photo.

À ce stade, et en supposant que vous avez conservé l'affichage par défaut en mode Pellicule, vous disposez de trois types d'actions : partager la photo (ou l'enregistrer par exemple sur Picasa ou bien sur un autre stockage Internet), la modifier (nous y reviendrons plus loin), ou la supprimer comme nous venons de le voir.

3. **Touchez le bouton Partager. Faites défiler la liste des partages disponibles pour localiser celui que vous voulez utiliser.**

4. **Choisissez le mode de partage voulu, puis suivez les instructions correspondantes.**

Selon le nombre et le type des applications installées, les choix qui vous sont proposés risquent d'être assez nombreux. Voyons donc les principales options de partage dont vous disposez (elles valent pour les photos comme bien d'autres types de fichiers ou de messages) :

- **Gmail :** Permet de joindre la photo à un message. En fait, vous vous porterez mieux si vous copiez vos photos sur un ordinateur ou sur un espace de stockage Internet avant de les envoyer. Et il vaut mieux avoir une bonne connexion en Wi-Fi.
- **Réseaux sociaux :** Si vous en avez envie, postez directement vos clichés sur votre réseau social préféré, qu'il s'agisse de Facebook, Google+, ou encore Twitter.
- **NFC/Android Beam :** Si votre tablette le permet, une autre méthode consiste à afficher la photo, puis à mettre dos à dos l'appareil et un autre appareil pourvu d'une puce NFC. L'échange est alors immédiat. Voyez à ce sujet le Chapitre 16.
- **Bluetooth :** Pour partager la photo avec un appareil situé à proximité, et qui est reconnu comme étant synchronisé directement en Bluetooth. Nous y reviendrons dans le Chapitre 16.
- **Nuage Internet :** Vous avez également la possibilité de synchroniser vos photos avec un compte ouvert sur un support de stockage Web tel que Google Drive ou Dropbox.
- **Autres applications :** Si vous avez installé une application spécialisée dans la retouche photo, elle peut également être proposée dans la liste des partages.

Qu'il s'agisse de messagerie, de réseau social ou de nuage Internet, vous devez bien entendu avoir ouvert et validé un compte d'utilisateur. Et comme tout cela est gratuit, vous ne risquez pas de manquer de choix en ce domaine.

Appareil photo, petit mode d'emploi

Finalement, votre tablette, c'est comme un APN (appareil photo numérique), mais avec un objectif beaucoup plus petit que sur un appareil spécialisé, et même en fait souvent avec deux objectifs (vous avez déjà un APN avec deux objectifs, vous ?).

Elle vous offre en prime des quantités de réglages sans doute plus ou moins évolués, mais en tout cas plus que suffisants pour notre bonheur à tous. Voyons donc cela de plus près.

Cibler le sujet principal

Lorsque vous visez avec l'appareil photo, un cercle indique le sujet sur lequel se fait la mise au point. Celle-ci sert en particulier à déterminer la profondeur de champ, autrement dit la zone de netteté, en deçà et au-delà de laquelle l'image est plus ou moins floue. Quand ce cercle apparaît, cela signifie que le calcul est en cours.

TRUC

Si vous voulez décentrer la mise au point, il vous suffit de toucher l'écran pour désigner le sujet que vous voulez mettre en valeur, puis de déclencher.

ATTENTION !

Toutes les tablettes n'offrent pas cette possibilité.

Définir les paramètres de prise de vue

Le bouton des paramètres de capture (les points qui se trouvent vers le côté de l'écran) propose des réglages qui définissent la manière dont vos photos sont prises. Touchez-le pour faire apparaître les modes de configuration (voir la Figure 11.3).

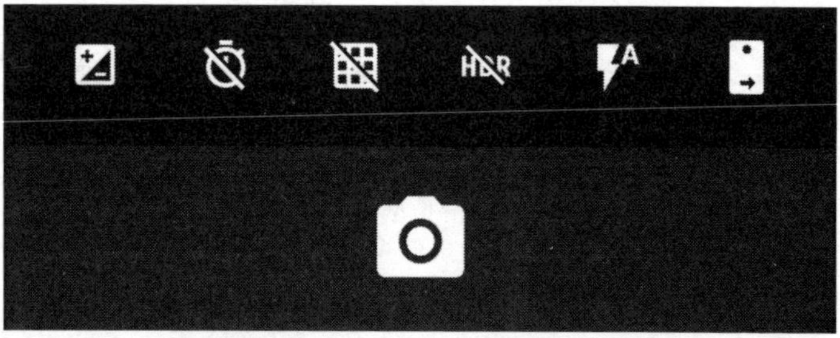

Figure 11.3 : Choisir le mode de prise de vue.

ATTENTION !

À nouveau, le nombre d'options dont vous disposez dépend de votre propre tablette.

Voyons cela de plus près.

Inversion de l'objectif

Ce bouton sert de bascule entre la caméra arrière et la caméra frontale (à condition évidemment d'avoir les deux). Demandez par exemple à un(e) ami(e) de se prendre en photo et enregistrez le résultat comme image de contact !

Utiliser le flash

Le flash (éventuel) de la tablette est indispensable si les conditions d'éclairement sont faibles et que le sujet principal n'est pas trop éloigné. Le bouton correspondant propose trois options :

- **Flash auto :** Vous laissez l'appareil décider lui-même s'il a ou non besoin d'illuminer la scène. C'est sans doute le bon choix à faire.
- **Activé :** Le flash se déclenchera systématiquement quelles que soient les conditions de prise de vue.
- **Désactivé :** Le flash est, comment dire… désactivé.

ATTENTION !

Le flash consomme beaucoup d'énergie. Évitez de l'utiliser à tout bout de champ, sinon votre batterie risque de vous lâcher juste avant le meilleur moment de la soirée !

HDR

Même s'il est assez peu probable que ce sigle apparaisse sur votre tablette, sachez tout de même que cette technique (HDR signifie *High Dynamic Range*) consiste à prendre une série de clichés d'un même sujet avec des expositions différentes. Un logiciel spécialisé permet ensuite de composer l'image finale en utilisant toutes ces vues pour obtenir une plage de couleurs très étendue afin de récupérer le maximum de détails dans les hautes comme dans les basses lumières. Ici, c'est soit l'absence totale, soit un pur gadget…

Grille

Affiche un quadrillage destiné à faciliter le cadrage de la prise de vue.

Retardateur

Si vous êtes capable de poser correctement la tablette sur un support, activer le retardateur vous permettra peut-être d'aller assez vite pour être sur la photo !

Exposition

Ce réglage permet de laisser entrer plus ou moins de lumière en fonction de l'intensité de l'éclairement, comme le réglage EV dont disposent nombre d'appareils photo numériques.

Vous disposez de cinq valeurs allant de +2 à -2. Par défaut, ce réglage est sur la position 0.

Ce réglage n'est disponible qu'en mode Exposition manuelle.

Zoomer sur les détails

Pour photographier (ou filmer) en gros plan, servez-vous de la gestuelle classique pincer/écarter : vous touchez l'écran avec deux doigts, et vous les écartez pour faire un zoom, ou bien vous les rapprochez pour revenir vers la normale.

Le facteur d'agrandissement va de 1 à 8 (voire de 1 à 4 selon les modèles). Mais attention : l'image risque d'être fortement dégradée (présence de grain et mise au point approximative) si vous zoomez trop fortement.

Panorama panoramique

Ah, quel beau panorama ! Il ferait une jolie vue panoramique ! Rien de plus simple en fait :

1. **Pour activer le mode Panorama, effleurez l'écran de l'appareil photo de la gauche vers la droite. Vous voyez s'afficher les différents modes de prise de vue. Touchez le bouton qui indique Panorama.**

2. **Cadrez le point de départ de votre panorama. Quand vous êtes prêt, touchez le gros bouton de déclenchement.**

   C'est parti !

3. **Déplacez maintenant lentement votre tablette en veillant à rester aussi parfaitement que possible dans un même plan horizontal.**

   Une série de points vous montre où vous en êtes dans votre rotation (voir la Figure 11.4).

4. **Chaque fois que vous atteignez un point bleu, la tablette prend un nouveau cliché. Vous pouvez annuler la dernière prise de vue en touchant le bouton de retour. Il se trouve en bas ou à gauche de l'écran selon l'orientation de la tablette (voir la Figure 11.5).**

5. **Continuez jusqu'à ce que vous en ayez assez vu. Touchez alors le bouton représentant une coche pour terminer.**

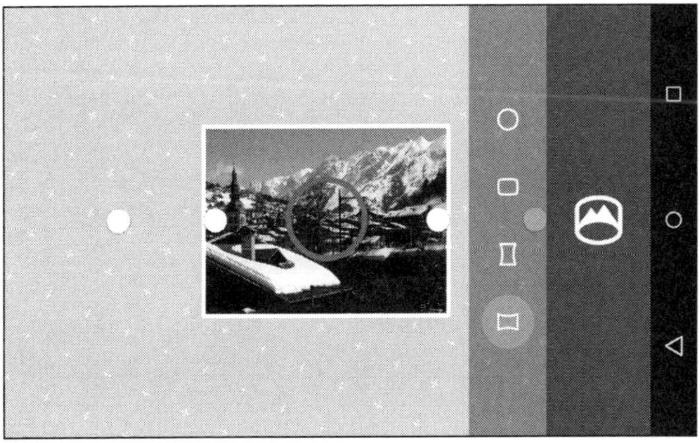

Figure 11.4 : Créer un panorama.

Figure 11.5 : Panoramique en cours !

Vous avez loupé votre panoramique ? Touchez le bouton marqué d'une croix pour tout annuler et recommencez !

L'angle maximal couvert est de 360 °. Soit un tour complet sur vous-même…

6. **L'application calcule le rendu du panorama et, au bout de quelques secondes, celui-ci est enregistré dans votre dossier d'images.**

Vous n'avez plus qu'à contempler votre panorama, le faire admirer à d'autres personnes, et choisir le cas échéant ce que vous voulez en faire ensuite à l'aide des commandes du menu.

TRUC

Comme l'illustre la Figure 11.4, le bouton grisé de paramétrage propose plusieurs modes de prise de vue panoramique. Par défaut, le panorama est orienté horizontalement. C'est d'ailleurs la méthode classique. Mais vous pouvez également réaliser un panorama vertical (essayez de cacher vos pieds...), à peu près cubique ou plus ou moins sphérique (autant passer directement à Photo Sphere). Ces deux derniers modes sont assez particuliers. Ils vous obligent notamment à prendre un nombre conséquent de clichés, et les raccords entre les prises de vue sont parfois un peu bizarres...

Photo Sphere

Vous connaissez bien sûr Street View, le système de Google qui vous permet de vous promener un peu partout dans le monde (voyez à ce sujet le Chapitre 10). Apprenez alors que Street View *est* dans votre tablette. Ou plus exactement que vous pouvez photographier la totalité de votre environnement et vous y promener comme vous le faites dans Street View : rotation sur 360 ° et basculement vers le bas comme vers le haut.

Ce petit miracle s'appelle ici Photo Sphere, et c'est d'une facilité déconcertante :

1. **Choisissez le mode Photo Sphere après avoir effleuré l'écran vers la droite.**

2. **Un cadre de prise de vue apparaît, et l'appareil vous demande d'aligner pour commencer. Le but du jeu, c'est tout simplement de centrer le viseur sur le point bleu (voir la Figure 11.6). Dès que vous y êtes, la prise de vue sphérique débute.**

3. **Continuez en pivotant sur vous-même sans changer de place. Dès que le point bleu se trouve à nouveau au centre du viseur, un cliché est automatiquement rajouté à la prise de vue.**

   N'allez pas trop vite pour que Photo Sphere ait le temps de vous suivre. Raccorder proprement tous les morceaux de la mosaïque n'est pas évident, surtout dans le cas de sujets proches.

   TRUC

   Si vous manquez un raccord parce que le centrage n'est pas parfait, touchez le bouton de retour arrière (la flèche coudée). Vous pouvez alors recommencer la dernière prise.

4. **Poursuivez comme à l'Étape 3. Vous pouvez vous tourner aussi bien vers la gauche ou vers la droite que vers le haut ou vers le bas.**

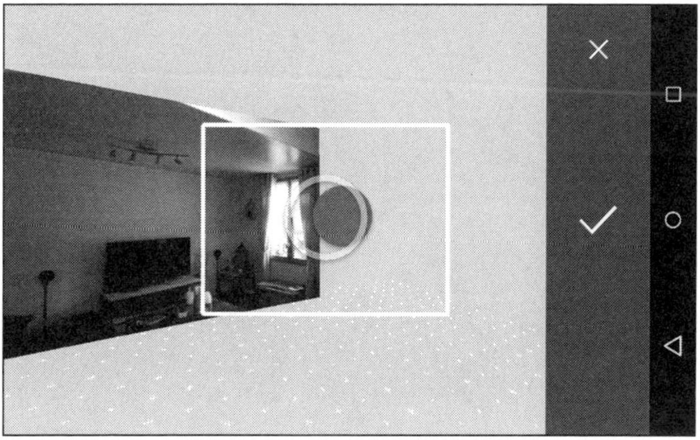

Figure 11.6 : Photo Sphere en action.

Vous commencez à comprendre le pourquoi du mot *sphère* ?

5. **Continuez jusqu'à obtention d'une sphère parfaite ou arrêtez-vous quand vous pensez avoir suffisamment de vues en touchant le bouton qui représente une coche.**

   Quand vous avez terminé, vous revenez automatiquement à l'appareil photo.

   TRUC

   Vous avez trop bougé ? Annulez tout en touchant la croix et recommencez.

6. **Effleurez l'écran vers la gauche pour accéder à vos prises de vue. Votre photo sphérique apparaît et un message devrait indiquer que le calcul de la vue panoramique est en cours. Vous avez fini votre travail.**

   À ce stade, votre vue panoramique/sphérique n'est rien d'autre qu'un fichier JPEG comme un autre, si ce n'est que l'image peut vous donner l'impression d'habiter chez un Hobbit (voir la Figure 11.7).

7. **Placez de préférence votre tablette en position horizontale (paysage), et touchez le bouton de Photo Sphere, en bas et au milieu de l'écran. Le voyage commence !**

8. **Pour :**

   - Lancer ou arrêter le défilement de la vue panoramique, touchez l'écran.

Figure 11.7 : Lancer une visite guidée avec Photo Sphere.

- Zoomer ou réduire la vue, effectuez un geste d'écartement ou de pincement avec deux doigts.
- Vous déplacer horizontalement ou verticalement, effleurez l'écran dans la direction voulue.
- Revenir à vos photos, touchez le bouton Retour de la tablette.

Remarquez également sur la Figure 11.7 le bouton qui figure un crayon. Il vous donne en fait accès à deux options : la retouche (voir plus loin), ainsi que la fonction Créer une petite planète, qui permet d'obtenir une image fixe en projection cylindrique. Bien entendu, cette vue est enregistrée dans un nouveau fichier JPEG.

ATTENTION !

Les vues produites par Photo Sphere sont destinées soit à être vues sur un appareil estampillé Google et pourvu des mêmes applications Appareil photo et Photos que sur votre tablette (version 4.2 au moins d'Android), soit à être publiées et partagées sur votre compte Google+. Au moment où ce livre est écrit, c'est le seul moyen d'afficher ces images, hormis en tant que fond d'écran. Surveillez ce que propose Play Store.

Paramétrer l'appareil photo

Pour configurer les modes de prise de vue, commencez par effleurer l'écran de la gauche vers la droite, puis touchez le bouton en forme de roue dentée.

Vous disposez pour l'essentiel de trois catégories d'options (voir la Figure 11.8) :

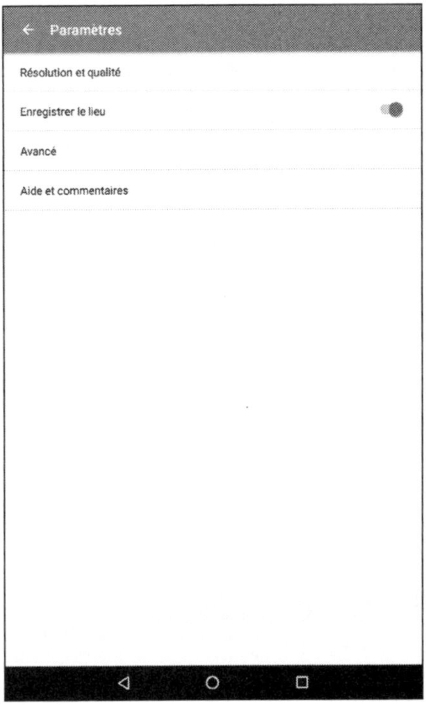

Figure 11.8 : Les paramètres de l'appareil photo.

- **Résolution et qualité :** C'est ici que vous choisissez la résolution des prises de vue dans les différents modes proposés (voir la Figure 11.9). Touchez une ligne pour choisir la qualité des images. Bien entendu, les valeurs qui vous sont proposées dépendent de votre appareil. En revanche, vous n'êtes absolument pas obligé de conserver systématiquement la résolution maximale de votre tablette. Tout dépend de ce que vous voulez faire. Par exemple, le *selfie* dont vous voulez vous servir comme portrait pour votre compte Gmail (ou autre) apparaîtra dans une toute petite fenêtre. Inutile donc de forcer le trait !
- **Enregistrer le lieu :** Activez cette option pour ajouter à vos fichiers d'images des informations de géolocalisation.
- **Avancé :** Sert à activer ou désactiver la fonction d'exposition manuelle, qui permet de régler la luminosité de la prise de vue.

Figure 11.9 : Choisir la résolution et la qualité des modes de prise de vue.

Ce n'est pas forcément très utile, sauf conditions extrêmement particulières.

Retoucher vos photos

Toutes vos photos peuvent être améliorées ou retouchées grâce au petit bouton représentant un crayon que vous retrouvez en bas et à gauche de l'écran lorsque vous faites défiler les images capturées avec l'appareil photo ou affichées *via* l'application Photos (voir plus loin).

Ces outils standard ne sont certes pas ce qu'il y a de plus évolué. Instagram, par exemple, ou mieux encore PicsArt (SnapSeed n'est pas mal non plus) proposent des choix plus élaborés. Mais votre tablette Android vous propose directement diverses options de retouche. Autant donc ne pas les négliger.

La fonction de retouche vous propose tout un ensemble d'outils. Mais avant de les décrire rapidement, essayons de comprendre leur mode de fonctionnement commun. Reportez-vous pour cela à la Figure 11.10.

Figure 11.10 : Retoucher une image.

- **Auto :** Pour les gens pressés. Détermine automatiquement les réglages de manière à améliorer l'image. Vous ne pouvez choisir qu'une intensité pour l'application de ce réglage.
- **Luminosité :** Faites glisser latéralement le curseur pour éclaircir ou assombrir la prise de vue.
- **Couleur :** Faites glisser latéralement le curseur pour atténuer ou renforcer la saturation de l'image.
- **Pop :** Faites glisser latéralement le curseur pour accentuer ou effacer les contours de l'image.
- **Vignette :** Créez un effet de vignettage plus ou moins important en faisant glisser le curseur latéralement (voir Figure 11.11).
- **Effets :** Propose une quinzaine d'effets prédéfinis. Touchez celui de votre choix pour voir aussitôt un aperçu (voir Figure 11.12).
- **Recadrer et faire pivoter :** faites glisser les bords du quadrillage qui apparaît pour changer le cadrage et/ou les proportions

Figure 11.11 : Un effet de vignette.

de l'image. Effectuez une rotation vers la gauche ou vers la droite en déplaçant le curseur du bas de l'écran. Touchez Auto pour un recadrage avec orientation automatique.

Quand vous êtes content(e) du résultat, touchez la coche. L'image est alors sauvegardée. Sinon, touchez la croix pour annuler les modifications.

Souriez, vous êtes filmé !

Votre tablette est non seulement un appareil photo, mais aussi une caméra. Il vous suffit, pour devenir vidéaste, d'activer ce mode de prise de vue en effleurant l'écran vers la droite dans l'application Appareil photo, de faire éventuellement vos réglages, et de toucher le gros bouton représentant une caméra (voir la Figure 11.13).

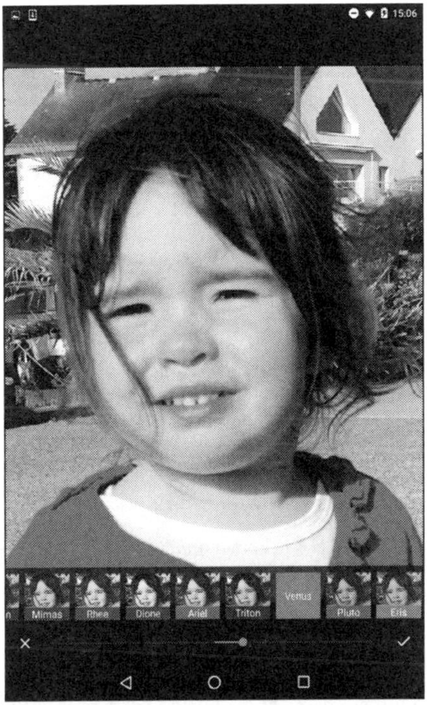

Figure 11.12 : Appliquer un effet prédéfini.

Figure 11.13 : Filmer avec sa tablette.

Silence, on filme !

Quand vous voulez arrêter, touchez le même bouton pour terminer (il est devenu carré entre-temps). C'est aussi simple que cela.

Votre tablette possède peut-être une bonne caméra, mais n'attendez tout de même pas des miracles pour l'enregistrement du son. Celui-ci ne peut évidemment pas être comparé avec un matériel dédié, possédant notamment un micro directionnel.

Les vidéos sont enregistrées au format MP4, ce qui veut dire qu'elles sont lisibles sur à peu près n'importe quel appareil moderne.

Une vidéo qui vient d'être enregistrée est visible en effleurant l'écran vers la gauche, exactement comme pour une photo. Vous pouvez donc la partager ou l'envoyer en tant que pièce jointe dans un message. Dans ce cas, il vaut mieux limiter au maximum la qualité vidéo. En revanche, il n'est pas possible de retoucher une vidéo (bien entendu, vous trouverez certainement une bonne application dédiée à cela sur Play Store – voyez à ce sujet le Chapitre 14).

Tout en filmant, vous pouvez prendre un cliché instantané en touchant tout simplement l'écran.

Configurer la vidéo

Vous avez beaucoup moins de choix que pour les photos, ce qui est après tout normal. Voyons donc rapidement cette question :

Encore une fois, ces options pourront ou non être disponibles selon ce que vous propose votre tablette Android.

- **Choix de la caméra :** Comme pour les photos, vous pouvez basculer entre l'objectif arrière et frontal (le mode Autoportrait, mais on dit aujourd'hui *selfie* pour rester tendance). « Je m'aime, toi non plus. »

  Avec la caméra frontale, vous disposez de moins d'options : pas de flash, résolution réduite, *etc.*

- **Flash :** En mode Vidéo, le flash devient comme une lampe torche. C'est pratique, mais bien sûr extrêmement gourmand en énergie.

- **Grille :** Affiche un quadrillage destiné à faciliter le cadrage de la prise de vue.

Une galerie de photos et de vidéos

Photos, vidéos… C'est magnifique. Et après ? C'est votre affaire et celle de l'application Photos.

L'application Photos, votre défilé de mode

Nous avons vu que, si vous demandez à visualiser une photo ou une vidéo que vous venez de prendre en effleurant l'écran vers la gauche, vous accédez en fait à l'application Photos, ou plus exactement au dossier Appareil photo de la mémoire de l'appareil. C'est le centre de stockage des images de votre tablette. Vous pouvez bien entendu accéder directement à cette application depuis l'écran d'accueil ou la page des applications pour visualiser vos clichés et vos vidéos, les partager sur Facebook, Google+ ou autre, les copier vers votre ordinateur (par exemple pour imprimer vos images dans de bonnes conditions) ou vers un nuage Internet quelconque, voire les afficher sur l'écran de votre téléviseur, et ainsi de suite.

ATTENTION !

L'application Photos peut très bien vous proposer de visualiser des photos qui ne sont pas enregistrées physiquement sur votre tablette, tout simplement parce qu'il s'agit de fichiers stockés automatiquement sur un nuage Internet, disons Google Drive pour simplifier. Et, pour les mêmes raisons, il n'est pas impossible que des photos ou des vidéos apparaissent en double.

N'OUBLIEZ PAS

Lorsque vous ouvrez Photos pour la première fois, l'application vous propose avec insistance de sauvegarder automatiquement vos photos et vos vidéos (en Wi-Fi, évidemment). Vous pouvez accepter ou non la proposition. Dans le premier cas, vous risquez d'être envahi de messages maison chaque fois que vous allez prendre une nouvelle photo, ce qui peut devenir à force assez désagréable. Dans le second cas, vous pourrez toujours changer plus tard d'avis en ouvrant les paramètres de l'application Photos. Touchez la ligne qui indique Sauvegarder et synchroniser, puis activez (ou désactivez) le bouton qui se trouve en haut et à droite de l'écran (voir la Figure 11.14). Profitez-en pour vérifier si les options par défaut vous conviennent.

Comme l'illustre la Figure 11.15, l'application Photos liste vos images par date. Il vous suffit donc de faire défiler l'écran vers le haut ou vers le bas pour localiser une photo ou une vidéo à afficher, puis d'effleurer l'écran vers la gauche ou vers la droite pour faire défiler les images.

N'OUBLIEZ PAS

Les photos et vidéos sont stockées par défaut dans un sous-dossier appelé Camera. Il se trouve sous le classique dossier DCIM sur la mémoire interne de la tablette (à ce propos, je vous conseille d'ins-

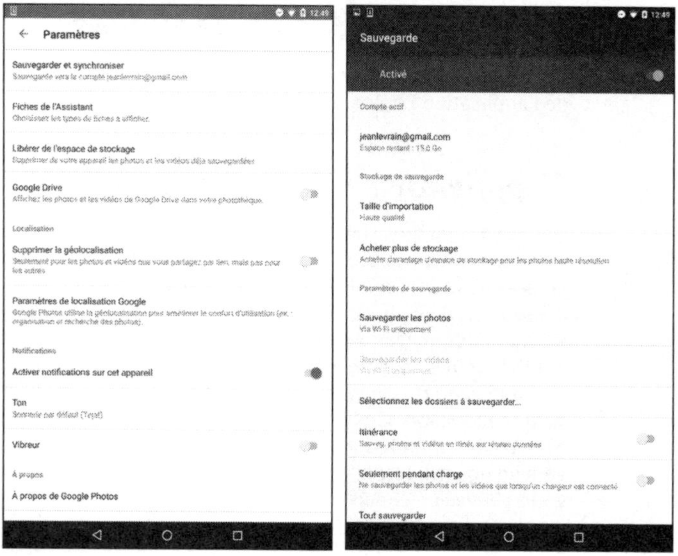

Figure 11.14 : L'application Photos et sa sauvegarde automatique.

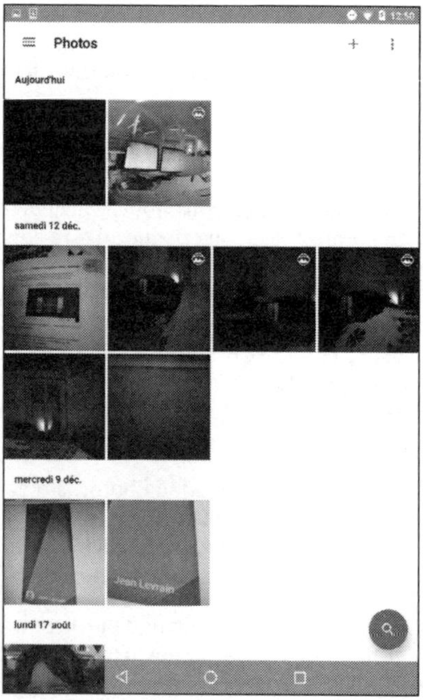

Figure 11.15 : L'application Photos.

taller un bon gestionnaire de fichiers…). Comme il est très possible que toute une partie de votre photothèque soit en réalité stockée sur Internet, il suffit pour en juger de toucher le bouton Menu, en haut et à gauche de l'écran, et de choisir l'option Dossiers de l'appareil. Pour retrouver tous vos petits, sélectionnez Photos dans le même menu (notez que Photos affiche aussi les vidéos).

Lorsque vous affichez une photo, vous retrouvez les fonctions déjà rencontrées avec l'appareil photo (Retoucher, Partager et Supprimer), ainsi qu'un bouton Informations (orné d'un i) qui affiche une série de détails sur le cliché. Ces données sont enregistrées dans le fichier lui-même.

Les vidéos disposent bien entendu d'un lecteur dédié qui se contente de quelques contrôles simples et classiques (voir la Figure 11.16).

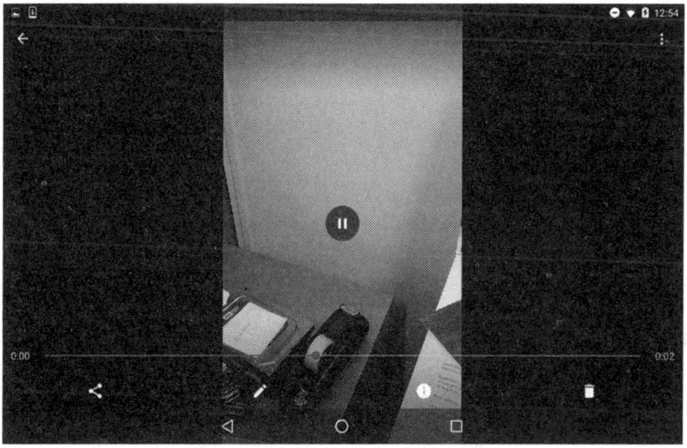

Figure 11.16 : Afficher une vidéo dans l'application Photos.

Le menu, en haut et à droite, propose une série d'actions plus ou moins intéressantes :

- **Diaporama :** Fait simplement défiler le contenu de vos images. Touchez l'écran pour stopper le diaporama.
- **Ajouter à l'album :** Photos vous permet de créer des albums servant à regrouper vos photos et vidéos par thème ou par date. Pour créer ou compléter un album, faites un appui long sur une première image pour passer en mode Sélection. Touchez alors les photos que vous voulez placer dans votre album de manière à faire apparaître une coche (en cas d'erreur, touchez pour faire disparaître la coche). Quand vous avez terminé, touchez le signe Plus (le second en haut et à droite de l'écran), puis un type

de contenant (Album, Film, Histoire...). Pour n'afficher que le contenu voulu, choisissez Collections dans le menu principal de l'application. Choisissez un album et profitez de la visite guidée (voir la partie droite de la Figure 11.17).

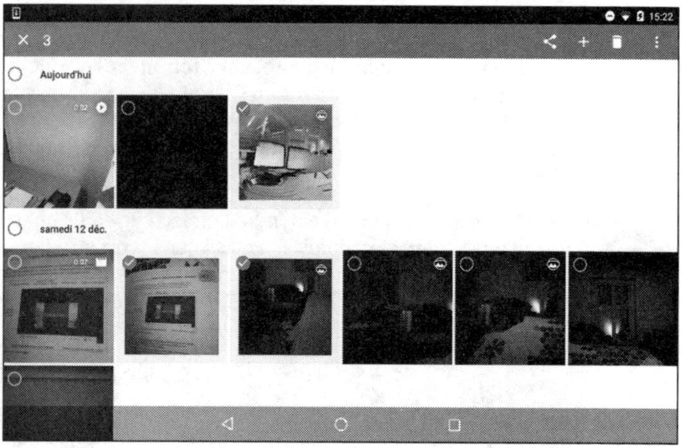

Figure 11.17 : L'application Photos et ses albums.

Une photo affichée à partir d'un album dispose d'options supplémentaires. En particulier, vous pouvez l'utiliser comme photo de couverture de l'album auquel elle appartient.

Une photo réalisée avec Photo Sphere ne peut pas être placée dans un album. Dans ce cas, le mode Sélection ne propose que les outils Partager et Supprimer.

- **Utiliser comme :** Pour utiliser l'image courante comme profil, photo de contact ou fond d'écran. Vous devrez le cas échéant recadrer le sujet principal (voyez aussi le Chapitre 5 à ce sujet).
- **Imprimer :** Comme son nom l'indique. Nous reviendrons sur ce sujet dans le Chapitre 15.
- **Supprimer copie de l'appareil :** Pour effacer la photo de l'espace de stockage de la tablette.

Photos est un gestionnaire assez limité, dont le but est clairement de vous lier encore plus à Google, et qui fait regretter l'application Galerie des anciennes versions d'Android.

Voyez sur Play Store si vous trouvez d'autres applications qui vous semblent plus adaptées à vos besoins. Pour plus d'informations, reportez-vous aux Chapitres 14 et 22.

N'OUBLIEZ PAS

Photos fait partie des choix dont vous disposez automatiquement lorsque vous voulez par exemple joindre une pièce à un message. Voyez à ce sujet le Chapitre 6.

Chapitre 12

Quand la musique est bonne (et le reste aussi)

Dans ce chapitre :

- Votre tablette et le multimédia
- Écouter une chanson
- Copier de la musique depuis son ordinateur
- Acheter de la musique
- Organiser sa musique en listes de lecture
- Acheter, charger et regarder des vidéos
- Acheter, charger et lire des livres

Votre tablette Android peut jouer de la musique. Elle est capable de faire office de lecteur MP3, d'écran vidéo, de liseuse ou encore de radio en ligne. Non seulement votre tablette est capable de diffuser tout cela, mais elle met en plus à votre disposition des fonctions de gestion de vos bibliothèques. Finis les vieux gramophones, les tourne-disques et même peut-être bientôt les lecteurs de CD !

Des tubes à portée d'oreilles

Votre tablette Android dispose de tout ce qu'il faut pour remplir vos loisirs audiophiles. Pour cela, connectez si vous le souhaitez un casque ou des oreillettes à votre tablette, démarrez l'application Play Musique, et choisissez la chanson à écouter.

TRUC

Bien sûr, comme vous n'allez pas promener en permanence votre tablette dans une poche, qui serait d'ailleurs vite déformée, l'idéal est d'avoir un casque ou des enceintes Bluetooth. Voyez à ce sujet le Chapitre 16.

TRUC

Si Play Musique est la centrale musicale par défaut d'Android, ce n'est évidemment pas la seule. D'une part, il est possible que votre tablette contienne déjà une application maison proposée par son constructeur. D'autre part, vous trouverez sur Play Store de nombreuses applications dédiées à l'écoute musicale, à la lecture de vidéos ou encore à celle de livres électroniques. En dehors de tout critère de qualité, il y a une différence majeure : c'est que Google, lui, veut vous vendre des titres et des albums, des films ou encore des livres...

Parcourir la bibliothèque des musiques

L'application Play Musique est le quartier général de vos musiques. Pour la démarrer, touchez son icône dans le panneau Applications ou celle du raccourci placée sur l'écran d'accueil.

Une fois passée l'incitation tentatrice de la boutique de vente en ligne de Google, la Figure 12.1 illustre la page principale de Play Musique.

ATTENTION !

Quand il le peut, Play Musique affiche une image des albums que vous avez enregistrés ou achetés. Sinon, il affiche à la place un cadre grisé.

Si vous touchez le bouton des options principales, en haut et à gauche de l'écran, puis le lien Ma bibliothèque, vous constaterez que Play Musique organise vos titres selon différentes catégories, dont les suivantes :

- **Playlists :** Regroupe les playlists (ou listes de lecture) de votre bibliothèques musicale. Nous y reviendrons un peu loin dans ce chapitre.
- **Genres :** Chaque artiste, album ou morceau est associé à un genre musical plus ou moins judicieux. C'est une autre voie pour localiser tel ou tel titre.
- **Artistes :** Les musiques enregistrées dans la mémoire de la tablette sont classées dans l'ordre des noms des artistes ou des interprètes.
- **Albums :** Les musiques enregistrées dans la mémoire de la tablette sont rangées dans l'ordre des noms d'albums.

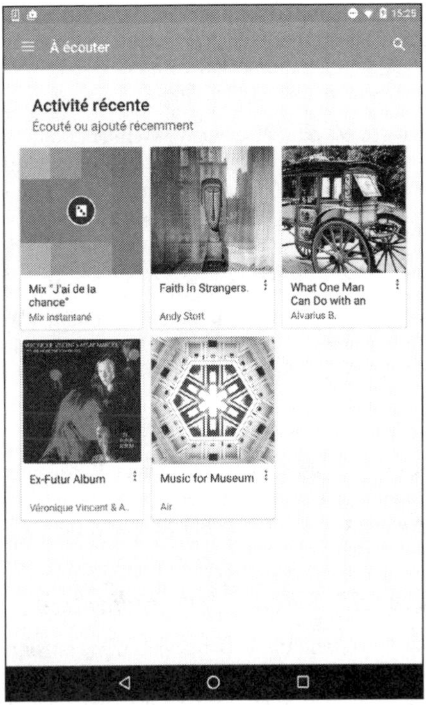

Figure 12.1 : La bibliothèque des musiques.

- **Titres :** C'est le même principe, mais titre par titre. Ce n'est sans doute pas le plus simple pour repérer une chanson particulière…
- **En cours de lecture :** Cet élément, que vous retrouvez en bas de l'écran, n'est pas une catégorie, mais un lien vers la chanson en cours de lecture ou en pause.

Ces catégories permettent d'organiser la musique. Vous retrouvez ainsi facilement une chanson quand vous ne connaissez plus le nom d'un album ou d'un artiste.

- La musique est stockée dans la mémoire interne de la tablette et sur la carte MicroSD (s'il y en a une, évidemment).
- La capacité de stockage limite le nombre de titres installés dans votre tablette.
- Lorsque votre tablette ne parvient pas à identifier un artiste, elle applique la mention Artiste Inconnu. Cela arrive généralement

> quand vous copiez manuellement des titres sur votre tablette. La musique que vous achetez, que vous importez, ou que vous synchronisez avec un ordinateur contient généralement des informations sur l'artiste et l'album.

Comme votre tablette est peut-être encore vierge de toute musique, voyons de plus près comment installer votre propre bibliothèque et comment acheter des titres ou des albums en ligne.

En avant la musique !

Le lecteur MP3 préinstallé sur votre tablette, c'est donc Play Musique, dont vous avez bien compris qu'il sert d'interface non seulement vers votre collection musicale, mais aussi (et surtout ?) vers la boutique en ligne Play Store. Cette application vous permet d'écouter vos contenus musicaux et audio dans de bonnes conditions.

La méthode d'installation de fichiers musicaux décrite dans la section qui suit vaut tout aussi bien pour tout autre type de fichier : vidéo, images, documents de travail, et ainsi de suite.

Copier de la musique depuis son ordinateur

Comment remplir votre tablette de bonnes et belles musiques ? La première méthode consiste à y copier tout ou partie de votre audiothèque personnelle depuis votre ordinateur ou depuis un disque externe relié à celui-ci :

1. **Reliez le câble fourni avec votre tablette à un port USB de votre ordinateur.**

2. **Déroulez la barre des notifications et touchez la ligne qui indique Recharge par USB. Touchez Transférer des fichiers (MTP) pour activer cette option. Si c'est déjà le cas, tant mieux.**

   Sinon, votre tablette risque fort de n'être prise que pour un simple appareil photo, ce qui ne vous aidera pas pour la musique.

3. **Ouvrez l'Explorateur Windows et repérez l'icône de votre tablette (elle devrait figurer en bas de la fenêtre). Faites un double clic pour l'ouvrir.**

4. **Faites un double clic sur l'icône qui dit Mémoire de stockage interne (ou toute autre appellation désignant une unité de stockage externe).**

5. **Vous devriez voir un dossier appelé Music. Faites un double clic dessus pour l'ouvrir.**

   Pour l'instant, c'est bon du côté de la tablette.

6. **Ouvrez dans une nouvelle fenêtre le dossier ou l'unité de disque qui contient votre bibliothèque musicale. Commencez votre sélection d'albums ou de titres, puis choisissez la commande Copier.**

7. **Revenez au dossier Music de la mémoire de la tablette, puis choisissez la commande Coller.**

   N'OUBLIEZ PAS

   Cette méthode est non seulement simple, mais c'est aussi de loin la plus rapide.

8. **Si une fenêtre vous demande de confirmer la copie, cochez la case Faire ceci pour tous les fichiers et cliquez sur Oui (voir la Figure 12.2).**

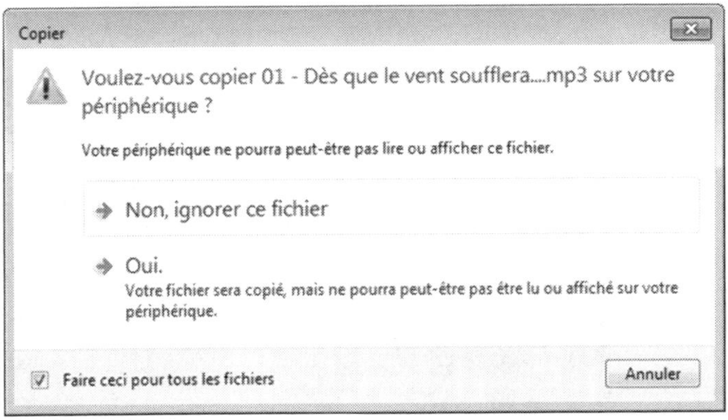

Figure 12.2 : Copier de la musique vers la tablette.

9. **Recommencez les Étapes 5 à 7 autant de fois que nécessaire.**

Vous pourrez plus tard reprendre ces étapes pour compléter votre collection, mais aussi pour supprimer ce dont vous ne voulez plus.

TRUC

En organisant bien votre collection musicale dans des séries de sous-dossiers classés par artiste et par album, vous faciliterez votre existence de mélomane.

ATTENTION !

La mémoire de votre tablette est limitée. Si votre tablette le permet, la possibilité d'ajouter une carte MicroSD de belle taille est évidemment un plus important. Mais n'espérez tout de même pas y copier des centaines et des centaines d'albums entiers ! Où stockeriez-vous ensuite toutes vos vidéos ?

Accéder à la musique sans câble

Vous, ou quelqu'un d'autre, avez stocké de la musique que vous avez envie de récupérer, mais seul(s) le Wi-Fi et/ou le Bluetooth sont disponibles. Vous voulez donc effectuer un transfert sans fil. Voyons rapidement différents cas possibles :

- **Appareils accessibles en réseau ou en Wi-Fi :** Il vous faut pour cela installer un gestionnaire de fichiers capable de retrouver les disques, dossiers et contenus partagés sur votre réseau. File Manager est une bonne solution. Vous sélectionnez l'outil Réseau, puis Analyser. Un peu de patience, et vous pourrez accéder aux contenus disponibles. Localisez votre musique. Touchez un titre pour l'écouter directement (voir la Figure 12.3). Sinon, faites un appui long dessus et choisissez Copier dans la liste des commandes qui apparaît (comme sur la partie droite de la Figure 12.3). Revenez à votre tablette. Touchez le bouton Accueil de l'application, puis le dossier Music pour l'ouvrir, et enfin le bouton Coller de l'application. En un rien de temps, le morceau se retrouve dans la mémoire de l'appareil.

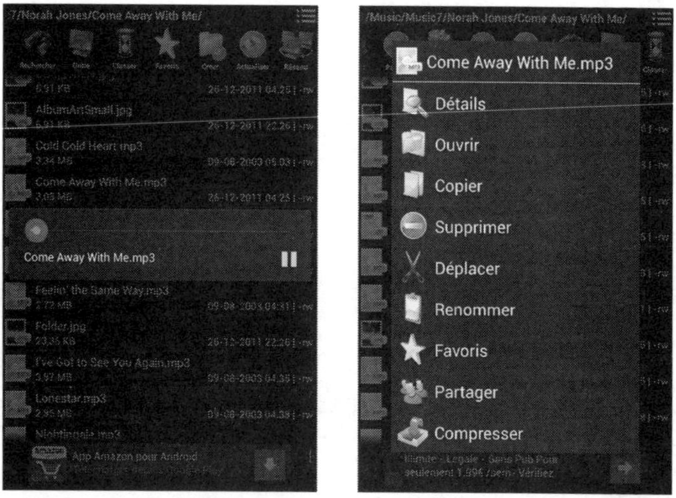

Figure 12.3 : Copier de la musique en réseau (avec File Manager).

TRUC

Pour en savoir plus sur un morceau, touchez le bouton Détails.

- **Appareils disponibles en Bluetooth :** Une fois vos tablettes/smartphones ou autres équipements appareillés (voyez à ce sujet le Chapitre 16), vous pouvez faire un appui long d'un côté sur un titre puis choisir Partager, Bluetooth et enfin sélectionner l'appareil qui va recevoir le fichier (en l'occurrence votre tablette préférée, bien sûr). Acceptez sur celle-ci la réception du morceau, et c'est parti.

Selon la marque et le système installé sur l'appareil source, les noms et la procédure peuvent légèrement varier.

- **Chargement depuis le nuage Internet :** Si vos fichiers sont stockés sur un nuage Internet quelconque, il vous suffit d'ouvrir l'application correspondante sur votre tablette (par défaut, puisque vous avez un Compte Gmail, vous disposez également d'un espace de stockage sur Drive, le bébé de Google, mais Dropbox, par exemple, c'est très bien aussi). Il vous suffit alors de sélectionner ce que vous voulez copier, puis de choisir une option du genre Télécharger, Partager ou encore Exporter.

  Un fichier musical (ou une photo, ou un autre type de fichier reconnu par au moins une application) n'a pas besoin d'être recopié sur votre tablette pour être ouvert. Vous pouvez le lancer directement en *streaming*, c'est-à-dire en le lisant depuis Internet. Bien entendu, votre débit Wi-Fi doit être suffisant pour supporter le transfert sans secousses.

Selon votre équipement, il est possible que vous disposiez d'autres options, comme le Wi-Fi Direct. Évidemment, il reste toujours la possibilité de joindre un ou des fichiers à un e-mail et de le récupérer ensuite sur le système qui reçoit le message, mais ce n'est sans doute pas une solution idéale.

De nos jours, disposer d'un espace de stockage gratuit sur Internet est facile, et même intégré. Envoyer des fichiers sur ce nuage, puis communiquer à ses correspondants un lien pour le téléchargement est bien plus simple et efficace que l'utilisation de pièces jointes. En effet, vous ne transférez qu'une seule fois le fichier (placer un simple lien dans un message ne coûte rien), et les destinataires ne sont pas encombrés avec des pièces jointes qu'ils n'ont peut-être pas envie de télécharger…

Acheter de la musique

C'est la méthode légale pour se procurer des albums ou simplement des titres. Des géants comme Amazon, Google, FNAC, Virgin, Deezer et autres ont des catalogues énormes. Et les prix sont, du fait de la concurrence, pratiquement les mêmes partout.

Les titres individuels sont généralement vendus entre 0,99 € et 1,29 €. Le prix des albums tourne en moyenne autour de 9 € ou 10 €, à plus ou moins 3 € et hors promotions. Et on trouve même parfois des titres ou des albums gratuits.

La méthode d'accès peut légèrement varier, mais le principe est pratiquement le même partout. En particulier, l'opération peut généralement être réalisée depuis votre ordinateur, tout en vous permettant d'accéder à vos achats/téléchargements sur tous vos appareils connectés.

Pour ce qui suit, nous allons prendre en exemple la boutique Play Store (mais vous pouvez tout aussi bien installer par exemple l'application d'Amazon pour acheter votre musique en ligne).

Suivez donc ces étapes :

1. **Ouvrez l'application Play Store, et touchez le bouton Menu, puis l'option Musique.**

   Souvenez-vous que vous pouvez réaliser la même opération sur votre ordinateur. Les titres achetés étant synchronisés en ligne, ils vous suivront dans vos déplacements. D'autre part, nous supposerons ici que vous avez déjà configuré votre « portefeuille » pour payer vos achats Google. Sinon, voyez la procédure à suivre dans le Chapitre 14.

   Vous pouvez aussi accéder à Play Store depuis l'application Play Musique. Touchez le bouton en haut et à gauche de l'écran, puis choisissez l'option Acheter.

2. **Touchez une des propositions de la sélection, ou bien faites défiler l'écran vers la gauche ou vers la droite pour changer de page. Il est possible de choisir un genre particulier, un « top » quelconque, ou bien encore de lancer une recherche, exactement comme si vous vouliez trouver une application.**

3. **Quand vous avez trouvé le titre ou l'album voulu, touchez la vignette correspondante.**

   La page associée au titre ou à l'album va s'afficher. Consultez les informations générales, puis faites défiler l'écran vers le bas pour accéder aux titres (voir Figure 12.4).

4. **Pour écouter un extrait, touchez le bandeau d'un titre, que ce soit dans un album ou pour un *single*. Génial, non ? Si vous piaffez déjà d'impatience, touchez le bouton orange qui affiche le prix, puis le bouton Continuer suivi d'Acheter dans la page qui suit.**

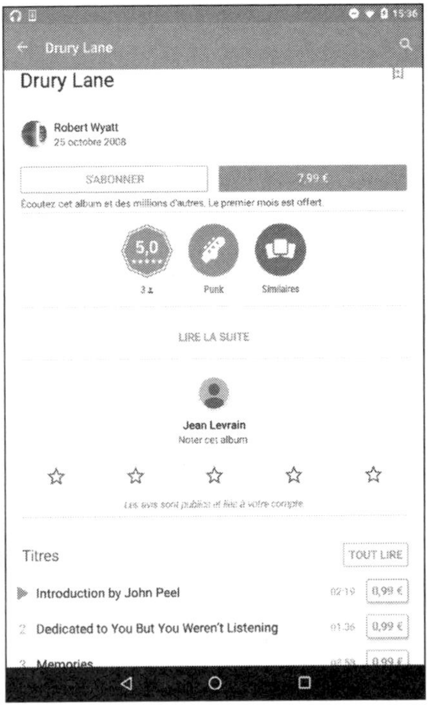

Figure 12.4 : Écoutez avant d'acheter.

Vous allez vraisemblablement avoir à confirmer votre compte (ou créer votre portefeuille Google). Touchez ensuite le bouton OK pour confirmer.

5. **C'est fait ! Vous pouvez maintenant écouter tout de suite votre morceau avec l'application Play Musique de votre tablette, ou sur votre ordinateur en vous connectant au site** `play.google.com` **option Musique puis Ma musique (voir la Figure 12.5), ainsi que sur tout autre appareil Android où votre compte Gmail est déjà enregistré.**

N'OUBLIEZ PAS

L'application Play Musique reconnaît immédiatement votre achat. De plus, vous pouvez du coup écouter vos morceaux un peu partout, à condition de pouvoir vous connecter avec votre compte Gmail et de disposer d'un accès Wi-Fi.

N'OUBLIEZ PAS

Un site comme Amazon propose une procédure comparable, si ce n'est que vous devez installer un programme supplémentaire sur votre ordinateur pour pouvoir y écouter le contenu de votre bibliothèque.

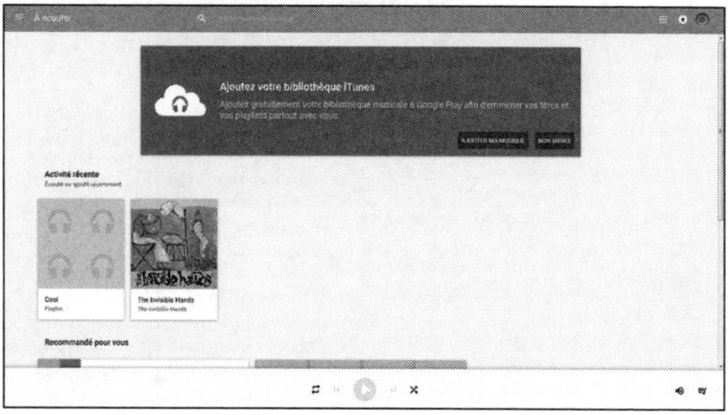

Figure 12.5 : La musique, c'est aussi sur l'ordinateur !

Supprimer des morceaux

Vous pouvez supprimer de votre tablette toutes les musiques que vous n'écoutez plus. Voici comment procéder :

1. **Dans Play Musique, afficher le titre que vous voulez supprimer de la mémoire de la tablette.**

2. **Touchez le bouton de menu (les trois points) qui apparaît à droite du titre.**

3. **Exécutez la commande Supprimer.**

   Dans le message de confirmation qui apparaît, appuyez sur OK pour procéder à la suppression, ou sur Annuler pour faire avorter l'opération.

   Dès que vous confirmez, le fichier correspondant à cette chanson est supprimé de votre tablette.

La suppression de chansons libère de l'espace de stockage. En revanche, vous ne pouvez pas récupérer les titres que vous avez ainsi supprimés. Pour restaurer une chanson, vous devez la réimporter dans votre tablette.

Écoute-moi (une histoire de playlist)

Votre bibliothèque audio étant remplie, il ne vous reste plus qu'à lancer Play Musique et à vous laisser porter par la musique.

Écouter un morceau (ou plusieurs)

Dans Play Musique, vous voyez par défaut s'afficher les titres et/ou albums de votre bibliothèque considérés comme récents, y compris vos derniers achats en date (reportez-vous à la Figure 12.1). Si nécessaire, touchez le bouton du menu, en haut et à gauche de l'écran, et choisissez l'option Ma bibliothèque.

Pour écouter un titre, il vous suffit de faire défiler la liste vers la gauche ou vers la droite, vers le haut ou vers le bas, et de toucher la vignette ou la ligne voulue.

Qu'il s'agisse d'un titre unique ou d'un album entier, la manière de procéder est pratiquement la même. En fait, soit vous choisissez directement un titre, soit vous sélectionnez un album que vous ouvrez, puis vous touchez le nom du titre que vous voulez écouter.

Vous remarquerez que certains titres affichent la pochette de leur album, tandis que d'autres n'offrent qu'une image générique. Dans un cas, il a été possible de récupérer cette image (tout simplement parce qu'elle est enregistrée dans les fichiers MP3 eux-mêmes, ou récupérable par des liens Internet), tandis que dans l'autre l'appareil se débrouille avec ce qu'il pense être le genre musical du morceau. Malheureusement, il n'existe pas de moyen simple de personnaliser ces illustrations.

Le morceau courant s'affiche dans un bandeau en bas de l'écran. Vous trouvez à sa droite un classique bouton Lecture/Pause. Mais vous pouvez changer l'affichage pour qu'il soit plus « festif ». Pour cela, touchez tout simplement le bandeau du titre actuel. Vous obtenez alors un écran semblable à celui qui est illustré sur la Figure 12.6.

Vous disposez en bas de l'écran d'une série de boutons tout à fait classiques pour gérer votre heure musicale. En allant de gauche à droite :

- **Répétition :** Relance en boucle la lecture du titre ou de la liste d'écoute.
- **Mode aléatoire :** Joue au hasard les titres d'une liste de lecture.
- **Piste précédente :** Joue le morceau précédent dans un album ou une liste de diffusion.
- **Lire/Pause :** Comme sur tous les lecteurs audio.
- **Piste suivante :** Joue le morceau suivant dans un album ou une liste de diffusion.

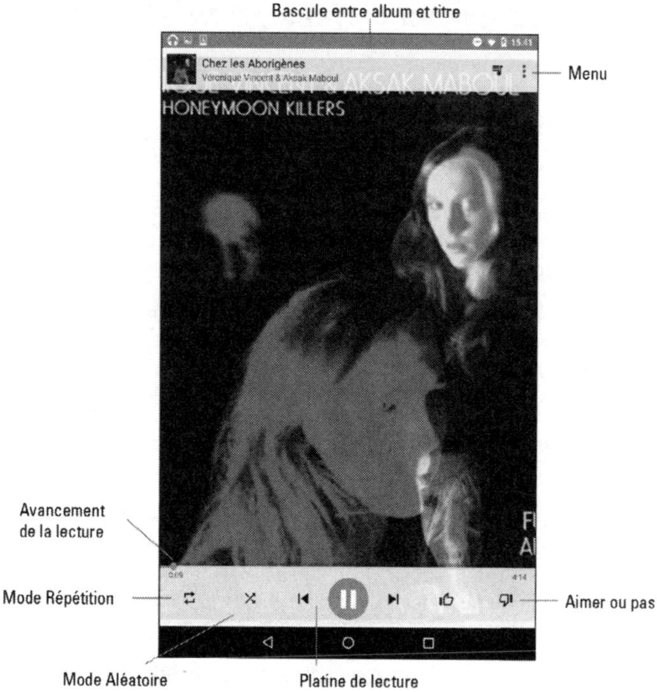

Figure 12.6 : Une platine MP3 visuelle sur votre tablette.

- **Appréciation :** C'est juste pour dire si vous aimez ou non. Entre nous, on se demande bien pourquoi vous iriez copier sur votre tablette des titres que vous n'aimez pas…

TRUC

Pour avancer ou reculer plus vite dans un morceau, faites glisser vers la gauche ou vers la droite la barre de couleur qui se trouve au-dessus de la rangée de boutons.

TRUC

La lecture continue même si vous quittez Play Musique. Un bandeau supplémentaire apparaît alors dans la barre des notifications. Vous y retrouvez les boutons Précédent, Lire/Pause et Suivant, et une croix pour arrêter. Touchez simplement le bandeau pour revenir à Play Musique.

TRUC

Lorsque votre tablette entre en veille, la diffusion musicale se poursuit, écran éteint. Ranimez-le pour afficher l'écran de verrouillage et vous constatez que l'image de la pochette de disque s'affiche (voir la Figure 12.7). Pour gérer directement la musique, il vous suffit de faire glisser vers le bas la barre des notifications.

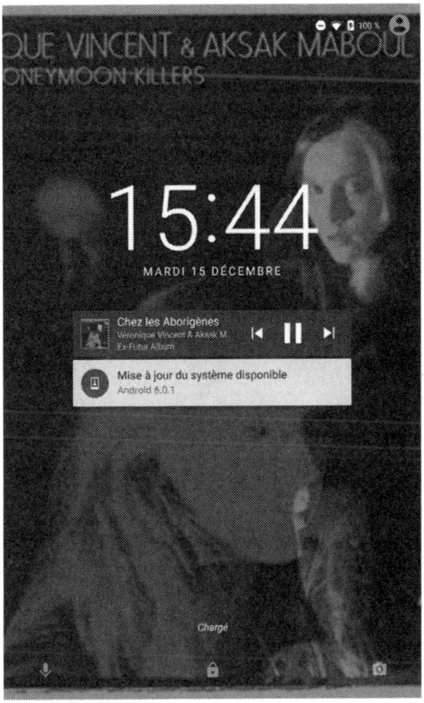

Figure 12.7 : La musique, c'est aussi sur l'écran de verrouillage.

Pour basculer entre l'affichage plein écran du morceau courant et l'affichage des titres d'un disque ou d'une liste, touchez le bouton représentant une portée, en haut de l'écran. Il vous suffit alors de toucher le nom d'un autre titre pour changer de musique, ou encore au menu Ma bibliothèque pour passer à un autre album.

Créer et gérer des listes de lecture

Une liste de lecture, ou *playlist*, est un ensemble de titres provenant d'un ou plusieurs albums. Autrement dit, c'est ce qui vous permet de composer vos propres programmes musicaux.

En plus des playlists, Play Musique vous propose aussi de créer des *mix* instantanés. Un mix, c'est une sorte de playlist automatique censée correspondre à vos préférences musicales. Personnellement, je préfère décider tout seul…

Pour créer ou compléter une playlist, le plus simple consiste à afficher un titre ou album. Touchez le bouton de menu situé sur la droite de l'écran, au-dessus du premier titre de l'album ou à droite d'un titre. Choisissez alors l'option Ajouter à la playlist (voir la Figure 12.8).

Figure 12.8 : Créer ou compléter une playlist.

Vous noterez en passant que Play Musique vous propose un peu partout de découvrir les autres albums d'un(e) artiste, et surtout de les acheter. Commerce oblige !

Il vous suffit alors soit de choisir une liste déjà existante, soit de toucher le bouton Nouvelle playlist. Donnez un nom à celle-ci, validez en touchant le bouton OK, et le tour est joué.

Vous pouvez aussi enchaîner les morceaux sans passer par une playlist. Il vous suffit pour cela d'ouvrir un album, puis de choisir dans son menu l'option Ajouter à la file d'attente. Par défaut, votre sélection sera jouée dans l'ordre, mais ne sera pas mémorisée.

Et maintenant :

- **Pour écouter une liste de lecture :** Ouvrez le menu principal de Play Musique et choisissez l'option Ma bibliothèque, puis Playlists. Touchez ensuite simplement le nom de la liste que vous voulez écouter.
- **Pour supprimer une liste de lecture :** Touchez le bouton de menu qui se trouve juste au-dessus et à droite du nom de la playlist. Choisissez alors l'option Supprimer. Confirmez via le bouton OK.
- **Pour supprimer un titre d'une liste de lecture :** Ouvrez la playlist. Localisez le titre à retirer, et touchez le bouton de menu placé à sa droite. Choisissez l'option Supprimer de la playlist.

  La suppression d'un titre d'une playlist se fait sans confirmation de votre part. En cas d'erreur, vous devrez reprendre la procédure d'ajout du morceau à votre liste.
- **Pour copier des titres sur votre tablette :** Touchez de même le bouton de menu associé à un titre, un album ou encore une playlist accessible uniquement en Wi-Fi. Choisissez alors l'option Stocker sur l'appareil. Pratique si vous partez en vacances, mais évitez tout de même de surcharger votre mémoire !

Bien entendu, une chanson (ou un album entier) peut appartenir à plusieurs listes de lecture. Cette opération ne duplique pas physiquement les fichiers MP3. Vous ne faites que répertorier un ou plusieurs titres dans diverses listes de lecture.

Tout ce que vous pouvez faire sur votre tablette est également possible sur votre ordinateur. Il vous suffit pour cela d'ouvrir Play Store dans votre navigateur Web (`play.google.com`). Connectez-vous avec votre compte Gmail, puis choisissez successivement Musique et Ma musique. Vous allez alors retrouver votre bibliothèque ainsi que vos playlists personnelles et celles qui ont été créées automatiquement par Play Musique.

Comme vous pouvez avoir plusieurs comptes Gmail définis sur votre tablette, Play Musique vous permet de choisir depuis son bouton Menu celui que vous voulez utiliser. Cependant, cela se traduit par un inquiétant message qui vous informe que les titres téléchargés vont être supprimés de l'appareil. Compréhensible, mais angoissant !

Vidéo, s'il vous plaît !

La vidéo, c'est d'abord l'affaire de la caméra de votre tablette (voir le Chapitre 11). Bien. Ensuite, c'est surtout une question de commerce, puisque le seul lecteur préinstallé (sauf avis contraire du constructeur de votre tablette) est Play Films, qui est aux films ou aux séries TV ce que Play Musique est à la… musique.

Dans le cas des films, il s'agit généralement de locations limitées dans le temps, plus rarement d'achats. Ne confondez cependant pas location effectuée sur un ordinateur, et location réalisée directement sur votre tablette ! L'une n'est pas forcément compatible avec l'autre. En particulier, Google vous propose les deux mondes, mais vous ne pourrez relire vos films qu'avec l'application maison Play Films.

Play Films fonctionne selon le même principe (très commercial !) que Play Musique. Il vous propose essentiellement deux options : les films que vous louez sur Play Store et les vidéos personnelles stockées dans la mémoire de la tablette, qu'elles soient prises avec la caméra de l'appareil ou transférées depuis votre ordinateur via le câble USB (voir la Figure 12.9). Choisissez ce que vous voulez faire dans l'un ou l'autre des deux menus qui vous sont proposés en haut de l'écran, à gauche et à droite de celui-ci.

Figure 12.9 : Play Films.

La lecture des vidéos se fait via un module spécifique attaché à Play Films. Vous disposez de contrôles extrêmement minimalistes : une ligne de temps sur laquelle vous pouvez faire glisser le curseur, et un mode Lecture/Pause qui apparaît quand vous touchez l'écran. Il est aussi possible de partager une vidéo personnelle. Et c'est tout.

Évidemment, il est plus confortable de regarder une vidéo en tenant l'appareil horizontalement, en mode Paysage.

Le format vidéo préférentiel de Play Films, c'est le MP4. D'autres formats, classiques sur les appareils portables, comme le 3GP, sont également acceptés. En revanche, n'espérez rien du côté de la concurrence : pas de MOV, pas d'AVI et encore moins de MKV !

Pour aller plus loin, c'est-à-dire pour diffuser réellement de la vidéo sur votre tablette, notamment en Wi-Fi, vous avez absolument besoin d'applications bien plus généralistes et évoluées que Play Films.

Il y a Play Musique, Play Films… et donc évidemment aussi Play Livres (d'accord, pour faire bon poids, ajoutons-y Play Jeux et Play Kiosque, que je vous laisse découvrir). Play Livres est abordé dans le Chapitre 13.

Chapitre 13

La reine des magiciennes

Dans ce chapitre :

- Tablette Android, réveille-moi !
- Faire des calculs avec votre tablette
- Gérer votre agenda
- Programmer de nouveaux événements
- Raconte-moi une histoire
- Google, c'est maintenant
- Regarder des vidéos sur YouTube
- Louer ou acheter des films et des séries

La plupart des appareils électriques et électroniques sont conçus pour résoudre un unique problème. Un blender râpe, presse et découpe de la nourriture, mais il ne joue pas de musique et ne vous passe pas votre série TV préférée pendant que vous préparez à manger (enfin, pour ce que j'en sais). La tondeuse est parfaite pour couper l'herbe de la pelouse, mais elle n'a pas vocation à vous donner l'heure. Et si vous avez un synthétiseur sophistiqué, il sera peut-être capable de jouer tout seul une sonate de Brahms, mais pas de vous aider à calculer vos impôts. Et c'est très bien ainsi.

Votre tablette Android, de son côté, est totalement conçue pour faire plein de choses différentes. En fait, ses capacités, dans son registre à elle, ne sont limitées que par ce que vous y installez comme applications. Vous savez depuis le début de ce livre qu'elle est fournie avec un certain nombre d'applications made in Google. Elles vous donnent déjà une idée de ce dont votre tablette est capable de faire, mais elles ne sont finalement qu'une porte ouverte sur un univers entier d'applications couvrant tous les domaines possibles et imaginables.

C'est aussi une horloge !

Votre tablette Android sait rester à l'heure avec une précision presque diabolique. Elle vous le montre d'ailleurs aussi bien dans la barre des notifications que sur l'écran de verrouillage. C'est pratique, mais insuffisant. C'est pourquoi la tablette est fournie avec une application appelée Horloge.

Ouvrez la page Applications et touchez l'icône Horloge. Aussitôt, une sorte de grand réveil envahit votre écran. Petit bonus, vous avez aussi droit à la date du jour et à l'indication de la prochaine alarme. Eh oui, il y a aussi une alarme, comme dans un vrai réveil.

Pour configurer une alarme, touchez le petit symbole de réveil, en haut et à droite de l'écran. Vous allez voir une série de sonneries ainsi qu'un bouton « + » pour en créer de nouvelles (voir la Figure 13.1).

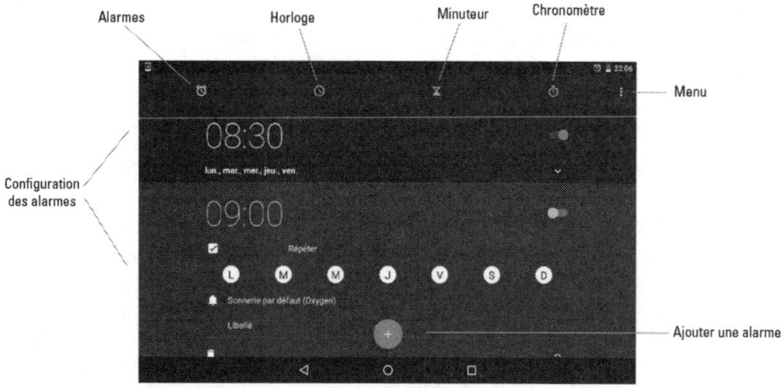

Figure 13.1 : L'application Horloge.

Voici comment les choses se passent :

1. **Dans la fenêtre des alarmes, touchez le bouton « + », en bas de l'écran.**

Une nouvelle zone apparaît ainsi qu'une fenêtre pour saisir l'heure de l'alarme.

2. **Pour définir l'heure du réveil (ou d'un rendez-vous), touchez le chiffre des heures ou des minutes.**

3. **Faites glisser l'aiguille sur le cadran de droite pour définir visuellement heures et minutes (voir la Figure 13.2).**

Figure 13.2 : Configurer une alarme.

4. **Touchez le bouton OK.**

   Votre nouvelle alarme apparaît. Elle propose plusieurs options.

5. **(Facultatif) Si vous vous êtes trompé d'heure, touchez tout simplement celle-ci et corrigez.**

6. **Touchez le mot Répéter pour définir la fréquence de l'alarme.**

   La liste des jours de la semaine s'affiche. Les jours actifs sont soulignés d'un trait coloré. Il suffit de toucher un jour pour l'activer (« Au boulot ! ») ou le désactiver (« C'est la grasse mat' ! »).

   Une alarme peut parfaitement être active sans aucune répétition. Tout simplement, elle ne sonnera qu'une fois.

7. **Touchez la ligne suivante, celle qui sert à choisir le style de sonnerie.**

8. **Choisissez le cas échéant Stockage multimédia pour accéder à la collection des sonneries préenregistrées sur la tablette. Touchez la ligne voulue (en même temps, vous testez les sons), puis validez en touchant le bouton OK (voir la Figure 13.3).**

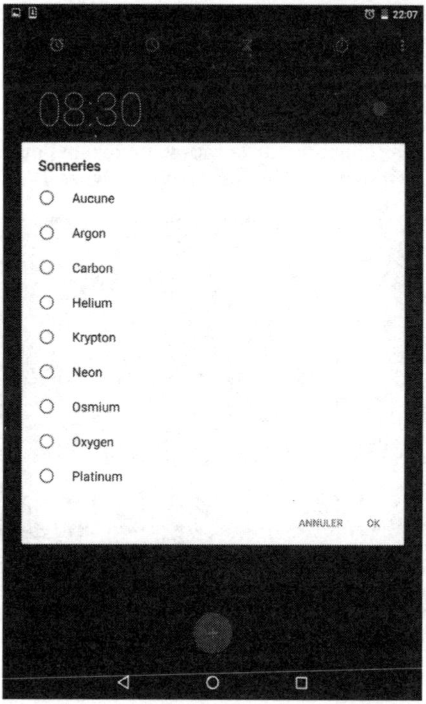

Figure 13.3 : Choisir une sonnerie pour votre alarme.

9. **Si vous voulez donner un nom plus parlant à votre alarme, touchez le mot Libellé, puis tapez quelque chose de descriptif.**

   C'est cette légende qui apparaîtra sur votre tablette lorsque l'alarme se déclenchera. Vous devez donc faire preuve d'intelligence et de subtilité. Par exemple, « Tu vas encore être en retard ! », ou bien « Donner un coup de coude à ma femme pour la réveiller », ou encore « Tu as oublié de me désactiver alors que c'est ton jour de repos » font partie des possibilités à envisager.

10. **Une alarme qu'on ne met pas en marche ne sert à rien. N'oubliez donc pas de vérifier que le bouton placé à droite de l'heure de l'alarme est bien activé (donc poussé vers la droite).**

    Vous pouvez bien sûr désactiver temporairement une alarme sans pour autant l'effacer.

11. **Quand vous avez terminé, touchez l'icône de l'horloge, en haut et vers la droite de l'écran, pour réafficher la date et l'heure courantes.**

Lorsque l'alarme se déclenche, vous pouvez toucher le bouton de réveil et le faire glisser vers le haut pour dire à la tablette « C'est bon ! Je me lève ! » Ou encore, le faire glisser vers la droite pour lui dire : « Pitié, laisse-moi encore dix minutes ! »

- Une alarme active se déclenche quelles que soient les circonstances, donc y compris sur l'écran d'une application ou même l'écran de verrouillage.
- Lorsqu'une alarme est configurée, un petit symbole apparaît vers la droite de la barre des notifications. C'est un rappel visuel de sa présence amicale, qu'il ne faut donc pas prendre comme une punition.
- La durée de répétition est par défaut de dix minutes. Pour la modifier, touchez le bouton de menu, en haut et à droite de l'écran de l'horloge, et choisissez la commande Paramètres. Touchez la ligne Durée de la répétition et choisissez la valeur voulue.
- Désactiver une alarme ne la supprime pas !
- Pour supprimer une alarme, revenez à l'application Horloge, puis touchez l'icône de corbeille associée à la définition que vous voulez retirer. Aucune confirmation ne vous est demandée.
- ATTENTION ! Évidemment, aucune alarme ne sera déclenchée si la tablette est éteinte ! En revanche, la surveillance reste opérationnelle si elle est seulement en phase de sommeil.
- Vous pouvez alterner entre Alarmes, Horloge, Minuteur et Chronomètre en effleurant l'écran vers la gauche ou vers la droite.

Une calculatrice qui se remarque

Les calculatrices font certainement partie des premiers programmes qui ont été conçus pour les ordinateurs. Même mon tout premier téléphone portable, dans les années 1990, avait une calculatrice. C'est dire !

Pour lancer la calculatrice de votre tablette Android, il vous suffit d'ouvrir la page Applis et de toucher son icône. Elle apparaît immédiatement sur votre écran (voir la Figure 13.4).

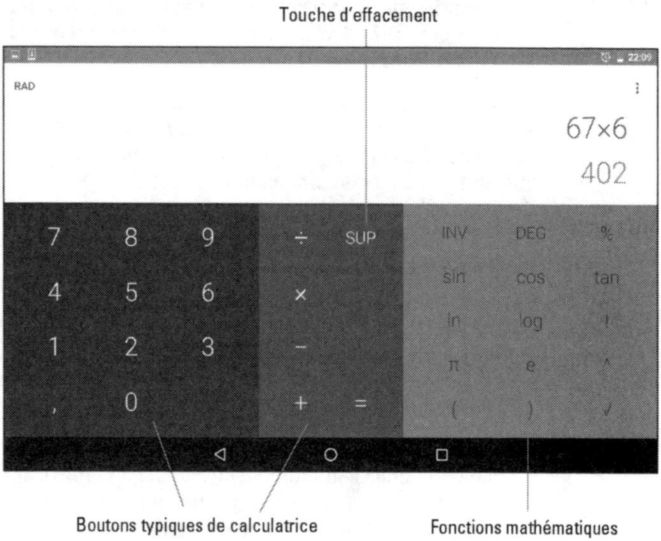

Figure 13.4 : La calculatrice.

Tapez vos calculs, vos opérations ou vos formules en touchant les boutons du clavier. Comme vous le savez depuis toujours, les parenthèses servent à définir des priorités dans les formules un peu complexes. Si vous faites une erreur de saisie, touchez le bouton d'effacement pour corriger.

- Faites un appui long sur une opération ou un résultat pour copier ou couper ce qui est affiché.
- Le bouton d'effacement change d'aspect lorsque vous touchez le signe « = » afin d'obtenir le résultat dans l'opération. Il indique maintenant EFF au lieu de SUP. C'est quoi la différence ? Il sert maintenant à effacer le résultat entier, et non plus le dernier chiffre ou symbole entré.
- J'ai l'habitude de me servir de la calculatrice de ma tablette pour vérifier le ticket de caisse lorsque je vais faire des courses. La grande taille du clavier me permet en effet de saisir rapidement les prix de chaque article. D'ailleurs, les vendeuses me détestent depuis que j'ai ma tablette…

C'est aussi un agenda !

Vous pouvez jeter votre agenda papier. Vous n'en avez plus besoin. Votre tablette Android est en effet un outil idéal pour gérer son emploi du temps, ne plus oublier sa date d'anniversaire de mariage, les anniversaires des enfants, et ainsi de suite. Remerciez le constructeur de votre tablette, Google et Internet réunis : vous ne serez plus jamais perdu dans le temps.

- L'agenda Google est jumelé avec votre compte Google (bien sûr !) pour mémoriser en permanence vos rendez-vous et événements. Vous pouvez aussi le retrouver sur le Web :

  ```
  calendar.google.com
  ```

- Vous disposez automatiquement d'un agenda Google : il est livré avec votre compte Gmail.
- Je vous conseille d'utiliser en priorité l'application Agenda de votre tablette. D'abord, elle est bien faite, et en second lieu elle est beaucoup plus facile à lancer qu'un passage sur le Web par Chrome.
- Avant de jeter votre vieil agenda papier, copiez dans votre nouvel agenda électronique les événements répétitifs, comme les anniversaires, et toutes les informations concernant votre avenir proche ou lointain.

Naviguer dans l'agenda

Pour savoir ce qui va se produire dans le futur, qu'il s'agisse d'événements importants ou simplement de savoir quel jour on est, lancez l'application Agenda. Vous la trouverez en haut de la première page des applications. Je vous conseille vivement de placer son icône sur votre page d'accueil (ou même son widget).

La Figure 13.5 vous montre les quatre vues de l'agenda : Planning, Jour, Semaine ou Mois. Vous sélectionnez le mode voulu en touchant le bouton de menu qui se trouve en haut et à droite de l'écran.

- Utilisez d'abord la vue Mois pour avoir une vision globale des semaines qui viennent, puis Semaine, Jour ou Planning pour retenir votre agenda à venir.
- Pour changer de période, faites glisser l'écran vers la gauche ou vers la droite.

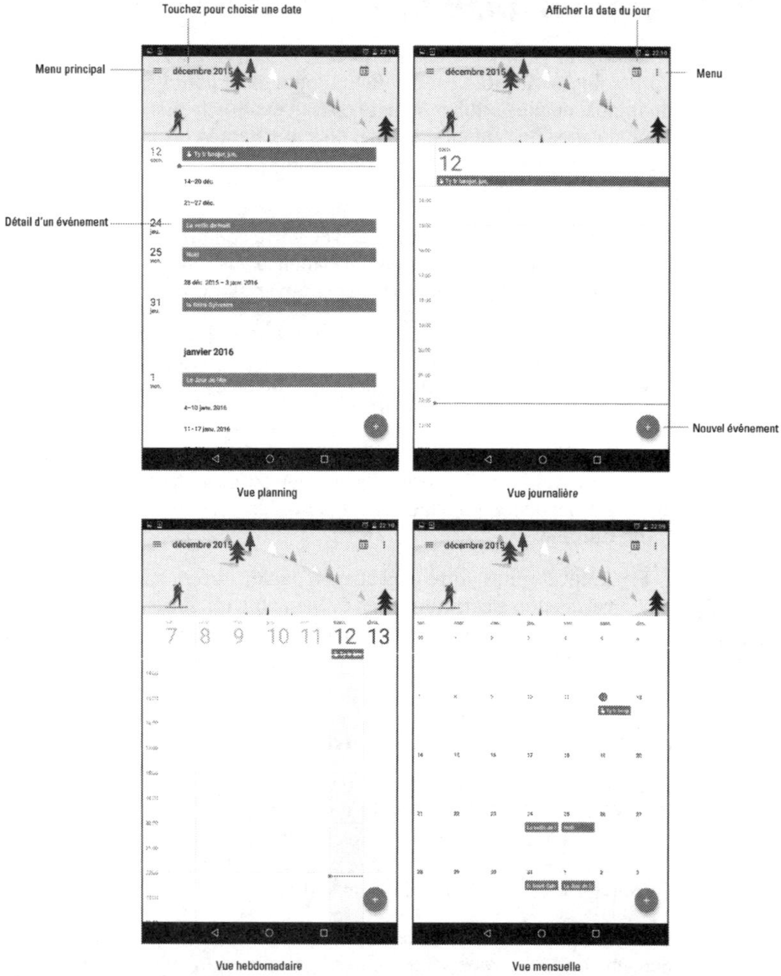

Figure 13.5 : L'application Agenda.

- Pour visualiser le reste d'une journée ou faire défiler votre planning, faites glisser l'écran vers le haut ou vers le bas.
- Pour revenir à la date courante, touchez le bouton qui affiche le numéro du jour actuel, en haut de la fenêtre.

- Une barre ou un encadré matérialise l'heure actuelle ou le jour courant selon le type de vue.
- Pour créer ou modifier un rendez-vous, voyez plus loin la section « Créer un nouvel événement ».
- Différents types d'événements sont signalés par des couleurs différentes. Celles-ci servent à signaler les catégories auxquelles ces événements sont associés. Nous reviendrons sur ces catégories dans la section « Créer un nouvel événement ».

Consulter un événement

Pour voir le détail d'un événement, il suffit de le toucher. Si, notamment en mode Mois, l'application a du mal à vous comprendre, elle affichera une vue agrandie des événements du jour. Touchez ensuite sur la case d'un événement pour afficher sa définition (voir la Figure 13.6).

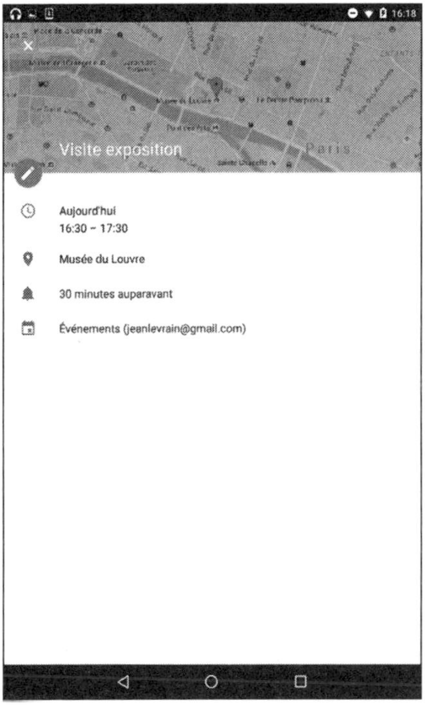

Figure 13.6 : Détails d'un événement.

Ce que vous voyez dépend des informations qui ont été saisies lors de la création de l'événement. Certains champs ne contiennent qu'un minimum de détails. D'autres sont plus développés, par exemple pour préciser l'adresse d'un rendez-vous. Dans ce cas, vous pouvez toucher la ligne correspondante pour visualiser ce lieu dans l'application Maps.

Il faut remplir pour cela deux conditions : que la localisation soit activée dans les paramètres, et que la ligne de l'adresse soit soulignée dans les détails de l'événement.

Pour revenir à l'agenda sans rien modifier, touchez le bouton Retour de la tablette, ou la croix affichée en haut et à gauche de l'écran.

- Certains événements, comme des anniversaires, peuvent être extraits à partir de l'application Contacts, ou même de certains réseaux sociaux. Ce qui explique d'ailleurs pourquoi certaines entrées sont affichées en double : elles proviennent tout simplement de deux sources.
- La meilleure manière d'avoir un aperçu global des prochains événements consiste à choisir l'option Planning dans le menu des vues.
- L'agenda dispose non seulement d'une icône dans la page des applications, mais aussi d'un widget plus grand (trois colonnes sur trois lignes). Il affiche uniquement une liste des prochains événements, et renvoie à l'application Agenda lorsque vous touchez la date. Pour savoir comment ajouter des widgets à l'écran d'accueil, voyez le Chapitre 18.
- Si l'application Agenda est capable de déterminer la nature d'un événement, elle affiche un dessin adapté (essayez avec « dentiste », par exemple...).

Créer un nouvel événement

Comme il se doit, tout agenda qui se respecte a pour rôle premier de vous permettre d'ajouter des événements divers et variés : rendez-vous professionnels ou personnels, réunions, ou encore événements associés à une journée entière, comme un anniversaire ou une excursion.

Pour créer un nouvel événement, lancez l'application Agenda et suivez ces étapes :

1. **Sélectionnez le jour de l'événement.**

Si vous activez la vue Jour, vous pouvez même toucher directement la ligne correspondant à l'heure de début de l'événement.

2. **Touchez le bouton « + » qui apparaît à l'emplacement choisi.**

Vous pouvez bien entendu toucher directement le bouton rouge marqué d'un signe plus, en bas et à droite de l'écran.

La fenêtre de création d'événements apparaît (voir la Figure 13.7). Votre travail va maintenant consister à en remplir les différents champs.

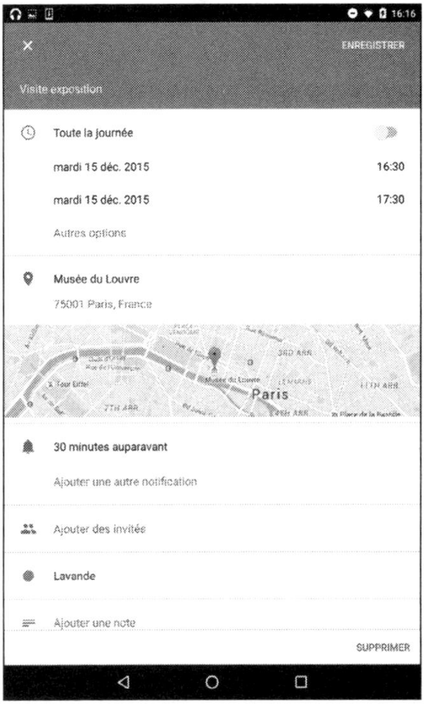

Figure 13.7 : Créer un nouvel événement.

Plus vous fournirez d'informations, plus la définition de l'événement sera détaillée, et plus vous pourrez en tirer parti sur votre tablette, mais aussi sur votre agenda Google accessible sur le Web.

3. **Tapez un nom pour l'événement.**

Parfois, je me contente d'écrire le nom de la personne avec qui j'ai rendez-vous.

4. **Choisissez le compte auquel l'événement sera associé.**

   Chaque compte est associé à son propre code de couleur. Celui peut être modifié dans cette page (voir plus loin).

   J'utilise plusieurs catégories/agendas pour mon travail, la famille, les associations auxquelles j'appartiens, etc. Typiquement, le plus simple consiste à créer une adresse Gmail différente pour chaque activité et à ajouter chacune de ces adresses via l'option Ajouter un compte de l'écran des paramètres.

5. **Définissez la durée de la réunion (ou du type d'événement que vous enregistrez).**

   Si vous avez suivi l'Étape 1 comme je vous l'ai demandé, la date de début devrait déjà être correctement renseignée. Sinon, touchez la première date affichée pour faire apparaître un calendrier et choisir le bon jour.

   Pour changer de date, faites défiler le calendrier vers le haut ou vers le bas.

   La date de la seconde ligne (la fin de l'événement) est automatiquement mise à jour. Vous pouvez bien entendu en changer de la même manière si vous devez partir huit jours en croisière.

   Touchez le champ de l'heure de début ou de fin pour la préciser. Faites glisser l'aiguille pour choisir l'heure, puis touchez le chiffre des minutes et recommencez. Touchez le bouton OK pour confirmer.

   Le cadran horaire affiche un double cycle de douze heures. Faites glisser l'aiguille vers l'intérieur pour aller d'une heure du matin à midi, et vers l'extérieur pour un événement se situant entre treize heures et minuit.

6. **Pour un anniversaire, par exemple, touchez la case Journée entière pour l'activer. Dans ce cas, la définition des heures disparaît.**

7. **Le cas échéant, touchez le champ Heure avancée d'Europe centrale. Spécifiez alors le pays concerné par l'événement et confirmez.**

   Ceci permet de tenir compte d'un décalage horaire ainsi que du jeu des heures d'été et d'hiver.

8. **Si nécessaire, touchez la ligne Une seule fois et indiquez si l'événement va se répéter.**

Par défaut, un événement est défini comme étant ponctuel, c'est-à-dire ne se reproduisant qu'une fois. En touchant cette ligne, vous affichez une liste qui vous permet d'être plus précis. Si, par exemple, vous enregistrez une réunion qui se tient toutes les deux semaines le vendredi, choisissez Personnaliser puis compléter les informations demandées : fréquence, jour et date de fin (voir la Figure 13.8).

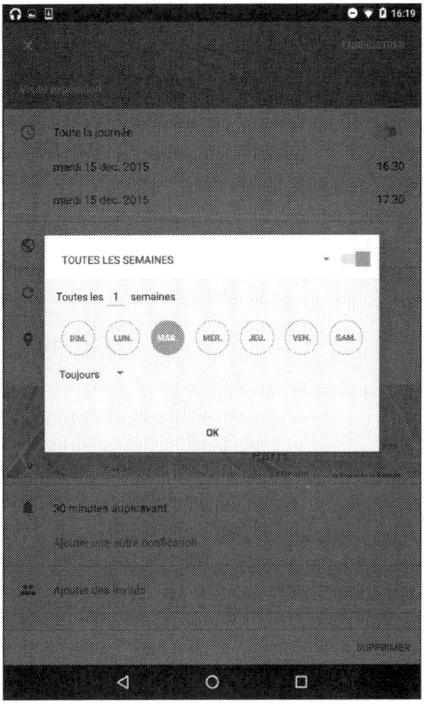

Figure 13.8 : Définir la périodicité d'un événement.

Si votre réunion est par exemple bimensuelle, disons le premier et le troisième vendredi de chaque mois, sauf en juillet en en août, vous devrez créer *deux* événements distincts, l'un se terminant en juin et l'autre débutant en septembre.

9. **Saisissez ensuite le lieu où se produit l'événement.**

Soyez précis. Non seulement cela ne peut que vous aider à ne pas vous tromper d'endroit, mais en plus ce champ permet d'associer cet événement à l'application Maps. À mon avis, le mieux est d'entrer cette localisation exactement comme vous le feriez pour la rechercher dans Maps. Lorsque l'événement va s'afficher, le lieu va apparaître sous la forme d'une carte. Touchez l'adresse, et Maps vient à votre rescousse !

10. **Définissez maintenant si une notification de rappel devra être émise avant le déclenchement de l'événement.**

    Vous pouvez ajouter des rappels en touchant l'option Ajouter une notification. Vous pouvez choisir une des options par défaut, ou utiliser le bouton Personnaliser pour spécifier le délai. Touchez la case Notification pour un rappel sonore, ou Par e-mail si vous préférez que le rappel vous soit envoyé sur votre messagerie (à l'adresse correspondant au compte Gmail sélectionné).

    Dans le cas d'une notification par e-mail, un lien vous permettra d'accéder directement à l'application Maps (si, bien sûr, vous avez saisi l'adresse de l'événement).

11. **Si vous le souhaitez, remplissez tout ou partie des autres champs.**

    Vous pouvez ainsi saisir des noms dans vos contacts, ou encore des adresses de messagerie pour inviter les personnes concernées à participer à l'événement (qu'il s'agisse d'une réunion de travail ou du mariage de votre petite sœur…).

    Il est également possible de redéfinir la couleur associée à l'événement et d'ajouter une note. Vous pouvez enfin donner ou non une portée publique et vous déclarer comme étant occupé, afin de ne pas être dérangé pendant une importante réunion.

12. **Quand vous avez terminé, touchez le bouton Enregistrer, en haut et à droite de l'écran.**

Le nouvel événement va apparaître dans votre agenda. C'est fait, vous savez que vous allez avoir à faire telle ou telle chose tel ou tel jour.

- Vous pouvez modifier à tout moment un événement : dans la fenêtre de l'agenda, touchez la case colorée correspondant à l'événement voulu, puis touchez le bouton d'édition, celui qui ressemble à un crayon (reportez-vous à la Figure 13.6).
- Pour effacer un événement, procédez comme ci-dessus, mais touchez cette fois le bouton Supprimer, en bas de l'écran. Touchez le bouton OK pour confirmer.
- Pour gérer plus facilement vos différents agendas, je vous conseille de les ouvrir dans un navigateur Web, de préférence sur un ordinateur qui vous offrira une plus grande surface d'affichage. Dans l'application Agenda associée à Gmail, indiquez par

exemple si les jours fériés et les numéros de semaine doivent ou non être affichés. Vous n'avez pas besoin de répéter ces informations pour tous vos comptes !

- Si un événement est reporté à une date ou une heure ultérieure, il vous suffit de l'éditer, de changer uniquement l'information voulue, puis de l'enregistrer.

- Les rappels vous permettent de demander à la tablette de vous avertir à l'avance de l'arrivée d'un événement. Ils peuvent être définis sous la forme d'une notification qui générera une petite icône en haut de la barre des notifications. Faites glisser celle-ci vers le bas pour retrouver l'information voulue. Vous pouvez également choisir de recevoir un rappel sur votre messagerie. Et il est même possible de cumuler les deux méthodes si vous êtes du genre anxieux ou oublieux.

- Les paramètres de l'application Agenda sont assez restreints. Ils concernent essentiellement pour chaque compte défini une couleur ainsi que des notifications par défaut. Évidemment, vous laisserez validée l'importation des événements de Gmail, puisque c'est ce qui vous permet de rester synchronisé entre votre ordinateur et votre tablette. Notez enfin qu'il est aussi possible d'ajouter un ou plusieurs calendriers personnels qui, eux, ne sont pas synchronisés par défaut. Ceci permet de définir des événements « secrets » qui ne seront enregistrés que sur votre tablette.

C'est aussi une liseuse !

Votre tablette Android est fournie avec une application appelée Play Livres. C'est ce que l'on appelle un lecteur de livres électroniques (e-books), ou encore une *liseuse*.

- Play Livres est accompagné de quelques extraits de livres gratuits pour que vous puissiez l'essayer. Si vous avez déjà acheté des livres sur Play Store, vous les retrouverez également sur votre tablette.

- Il y a les livres payants (hélas bien souvent à des prix comparables aux publications papier) mais aussi des livres gratuits, généralement des textes tombés dans le domaine public.

- Bien entendu, Play Livres est une application Google qui a pour but de vous faire acheter des livres sur Play Store… Pour en savoir plus sur cette boutique en ligne, voyez le Chapitre 14.

Utiliser l'application Play Livres

Avant de vous lancer dans vos lectures avec Play Livres, acceptez d'activer la synchronisation si la question vous est posée. Cela vous permet de retrouver toutes vos lectures à partir de votre compte Gmail sur chaque appareil où vous installez la liseuse de Google.

L'application organise vos livres dans une bibliothèque tout en vous faisant des propositions d'achats. En fait, tout cela ressemble d'assez près à l'interface de Play Store (décrypté dans le Chapitre 14).

Pour visualiser plus confortablement votre pile de bouquins, touchez le bouton du menu, en haut et à droite de l'écran, et choisissez l'option Ma bibliothèque. Dans ce mode, vous avez la possibilité de restreindre votre choix, comme l'illustre la Figure 13.9.

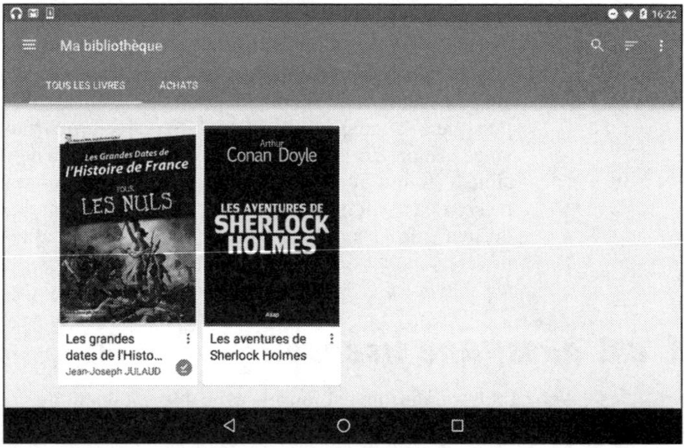

Figure 13.9 : La bibliothèque de Play Livres.

- Si vous ne retrouvez pas un livre que vous avez acheté ou chargé, touchez le bouton Menu, en haut et à droite de l'écran, et choisissez la commande Actualiser.
- Dans la vue Ma bibliothèque, chaque couverture affiche en plus le titre et le nom de l'auteur, ainsi qu'un petit bouton de menu marqué de trois points. Celui-ci vous permet de supprimer le titre de la bibliothèque, ou encore de le stocker sur la tablette afin de pouvoir tranquillement le lire même sans connexion. Dans ce cas, une petite épingle bleue apparaît en bas de la vignette. Servez-vous du même menu pour retirer le livre de la mémoire.

- La synchronisation vous permet de conserver des copies de vos livres version Google sur tous vos dispositifs Android, ainsi que sur la plate-forme Web `books.google.com`.

Lire un livre électronique

Le livre que vous tenez entre vos mains est un *vrai* livre sur papier. L'expérience de lecture sur votre tablette Android ne devrait pas trop vous dépayser, même si, évidemment, les sensations physiques et le toucher sont très différents. Bien sûr, avec un véritable livre, vous pouvez lire en plein soleil, et vous n'avez pas besoin de recharger la batterie pour terminer un roman...

Pour commencer votre lecture, ouvrez Play Livres et touchez la couverture d'un ouvrage présent dans votre bibliothèque. Si cela a déjà été fait, vous revenez tout simplement à la page courante. Sinon, c'est la première page qui s'affiche.

Avec Android Marshmallow, vous bénéficiez d'un mode d'affichage dit « immersif ». En d'autres termes, les pages s'affichent sur la totalité de la surface de l'écran, ce qui est vraiment plus agréable pour la lecture. Pour retrouver la barre des notifications et la barre des favoris, effleurez simplement l'écran du haut vers le bas (ou l'inverse). Touchez l'écran pour vous replacer en immersion.

La Figure 13.10 illustre les opérations de base proposées par l'application Play Livres. Pour faire tourner les pages, vous pouvez au choix toucher le bord droit ou gauche de l'écran, ou encore balayer celui-ci de droite à gauche ou de gauche à droite. Dans le premier cas, vous passez à la page suivante. Dans le second, vous revenez en arrière.

Vous disposez également d'une option qui vous permet de tourner les pages à l'aide des touches du bouton de volume.

Play Livres peut s'utiliser horizontalement comme verticalement. En mode Paysage, vous affichez deux pages à la fois, et une seule en mode Portrait.

- Le bouton Aa sert à ajuster l'affichage. Il affiche une palette d'options vous permettant notamment de régler la luminosité de l'écran, de changer la couleur du « papier » et de choisir un style de caractères.
- Pour revenir à la bibliothèque, touchez le bouton fléché, en haut et à gauche de l'écran. Vous pouvez aussi utiliser le bouton Retour de la barre de navigation.

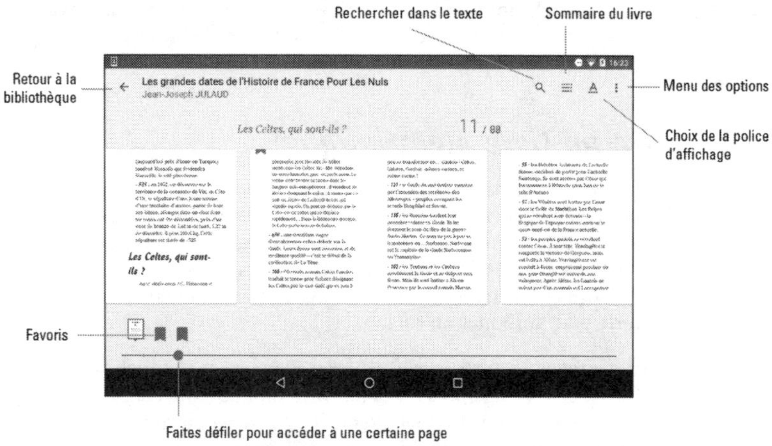

Figure 13.10 : Lire un livre électronique dans Play Livres.

Le coin du passionné

Lecteur assidu (ou plus probablement lectrice assidue), vous aimez marquer vos livres, placer des signets, voire surligner des passages. Tout cela est possible avec Play Livres. Voici comment :

1. **Faites un appui long sur un mot que vous voudriez marquer. Des curseurs apparaissent de chaque côté. Déplacez-les pour ajuster votre sélection.**

2. **Servez-vous de la barre d'outils qui apparaît sur l'écran pour effectuer la ou les actions voulues.**

Ces actions sont illustrées sur la Figure 13.11.

- Pour annuler le marquage d'un passage, procédez comme ci-dessus, mais touchez cette fois la croix qui remplace le godet de couleur.

Et voici maintenant Google Now !

Quand vous voyez un symbole de micro, vous pouvez le toucher pour dicter au lieu de saisir du texte. Et cela fonctionne plutôt bien. Mais est-ce que la dame de la tablette Android vous comprend vraiment ?

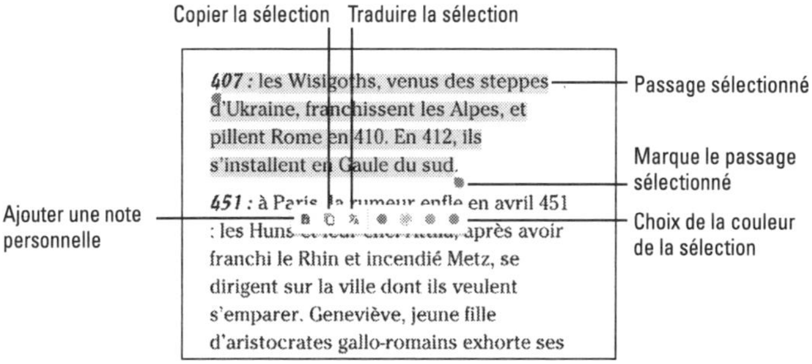

Figure 13.11 : Sélectionner, surligner ou copier du texte et autres fonctions avancées.

Est-ce qu'elle sait interpréter vos pensées ? Et est-ce que vous trouveriez une telle chose extrêmement pratique ou au contraire totalement terrifiante ?

Ne vous inquiétez pas ! Votre tablette n'a aucune intelligence ni aucune subtilité insidieuse. La révolution des robots, c'est toujours de la science-fiction. En attendant, vous pouvez aussi utiliser le sens de l'écoute de votre tablette pour profiter d'une fonctionnalité appelée Google Now. Ce n'est pas comme avoir son maître d'hôtel, son assistant et sa secrétaire personnels, mais vous voyez l'idée.

À la découverte de Google Now

Le moyen le plus simple pour accéder à Google Now consiste à effectuer un appui long sur le bouton Accueil de la tablette.

La Figure 13.12 montre l'écran principal de Google Now une fois la série d'explications préliminaires passée. Sous le champ de recherche, vous allez trouver des *cartes*. La diversité et le nombre de ces cartes dépendent de l'usage plus ou moins régulier que vous faites de Google Now. Plus l'application apprend de choses sur vous, et plus il y a de cartes.

Vous pouvez utiliser Google Now pour faire des recherches sur le Web, exactement comme si vous utilisiez la page principale du moteur de recherche Google. Mais, ce qui est plus intéressant, vous pouvez aussi lui poser des questions, et il vous répondra. Voyez la prochaine section.

- Il y a encore un autre moyen d'activer Google Now : vous ouvrez la page affichant toutes vos applications, et vous touchez l'icône Google. Eh oui, elle s'appelle Google, pas Google Now !

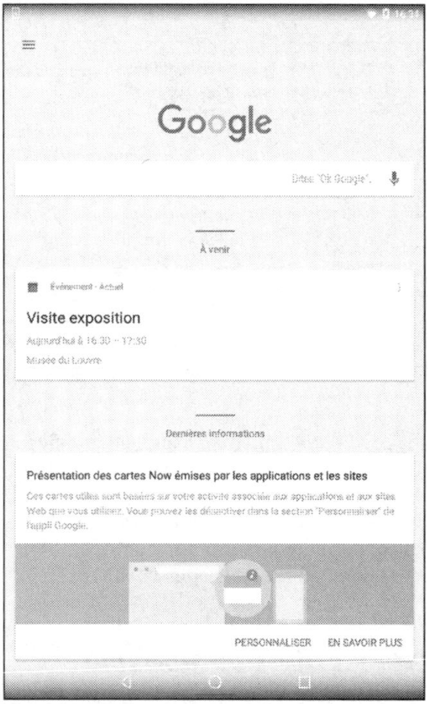

Figure 13.12 : Google Now est prêt à vous accompagner.

- Vous ne pouvez pas ajouter vous-même des cartes à l'écran de Google Now. La seule manière d'y arriver, c'est précisément d'utiliser Google Now.

Passer commande à Google Now

Vous pouvez, par exemple dans Chrome, toucher le champ affiché en haut de l'écran et taper un critère de recherche sur le clavier virtuel, ou encore toucher le symbole de microphone et énoncer votre demande à voix haute.

Les questions que vous posez à Google Now peuvent être relativement plus complexes. Voici quelques exemples que vous pourriez essayer afin de mesurer votre niveau de chance :

- Trouver des images sur la ville d'Annecy.
- Quel temps fait-il à Bogota, Colombie ?

- Va-t-il pleuvoir demain ?
- Quelle heure est-il à Tokyo ?
- Combien font 127 divisés par 6 ?
- Aller avenue d'Italie à Paris.
- Quel est le restaurant chinois le plus proche ?
- Quel est le sens de la vie ?

N'OUBLIEZ PAS

Plus vous posez de questions à Google Now, plus vous l'utilisez, et mieux il vous connaît, ce qu'il traduit en affichant davantage de cartes correspondant à vos pratiques habituelles.

Pour retrouver un contact, saisissez son nom. Lorsqu'une liste de propositions commence à apparaître, touchez le lien qui indique Rechercher dans la tablette.

Et la vidéo ?

Certes, il est possible de regarder la « vraie » télévision sur votre tablette en téléchargeant une application adaptée. En revanche, vous disposez en standard de l'application YouTube qui permet de visualiser des vidéos en direct ou non, de regarder des chaînes, et ainsi de suite. D'accord, il y a une part de hasard, de mode, de rumeur et de tout ce que voulez d'autre dans ce que vous découvrirez sur YouTube, mais vous y échapperez difficilement.

À la conquête de YouTube

YouTube, c'est le phénomène Internet qui permet à la « vraie vie » de s'exprimer en dehors des circuits de communication habituels. Au point d'ailleurs que ceux-ci tentent de reprendre la main sur tout cela… Quoi qu'il en soit, vous pouvez accéder à YouTube en touchant son icône dans votre page d'applications.

Pour retrouver une certaine vidéo, touchez en haut de l'écran l'icône Rechercher. Tapez ensuite un nom, un sujet ou n'importe quel genre de critère pour afficher les propositions disponibles parmi des millions et des millions de possibilités (voir la Figure 13.13).

L'application YouTube affiche des suggestions pour toutes les chaînes auxquelles vous vous abonnez, ce qui vous permet de suivre des thèmes favoris ou des fournisseurs de contenus.

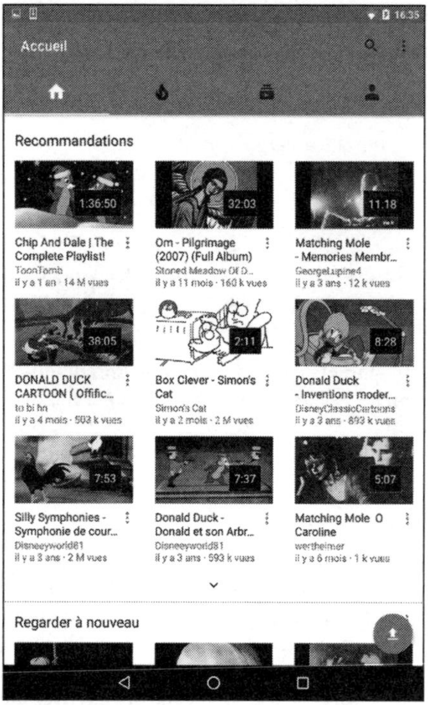

Figure 13.13 : L'application YouTube.

Pour visualiser une vidéo, il vous suffit de toucher son nom ou l'aperçu correspondant.

Touchez le bouton de zoom pour afficher une vidéo en mode Plein écran. Vous pouvez aussi tout simplement basculer la tablette en mode Paysage (horizontalement).

- Vous pouvez immédiatement partager des vidéos YouTube avec d'autres utilisateurs d'appareils Android si ceux-ci supportent la fonctionnalité appelée Android Beam. Pour cela, mettez les deux appareils dos à dos. Lorsqu'un écran de partage apparaît, touchez pour envoyer la vidéo ou encore la page Web à votre ami(e).

N'OUBLIEZ PAS

- Utilisez l'application YouTube de votre tablette Android plutôt que de chercher à passer par le site Internet de YouTube.
- Puisque vous disposez d'un compte Google, vous avez également un compte YouTube. D'ailleurs, l'application vous demande d'entrer ce compte lors d'une première utilisation. Vous

pouvez ensuite à tout moment toucher le bouton Menu, puis choisir Déconnexion ou Connexion.

- Toutes les vidéos YouTube ne sont pas visualisables sur votre tablette ou d'autres appareils mobiles.
- YouTube propose également de nombreuses chaînes musicales, pour faire concurrence à Deezer ou Spotify…

Louer ou acheter les films

L'application Play Store vous permet non seulement de charger et d'installer des applications, ou encore d'acheter des livres, mais aussi de louer des films. Vous pouvez pour cela ouvrir l'une des applications Play Store ou Play Films (touchez si nécessaire le bouton Applis).

Louer un film n'est pas plus compliqué qu'acheter une application. Une fois le film voulu localisé, touchez le bouton Louer qui indique le prix en format classique ou encore HD, et suivez la procédure de règlement.

Une fois la transaction validée, la location est valable pour une durée de trente jours. Quand la lecture est commencée, vous disposez de vingt-quatre heures pour la terminer, ce qui vous permet de la mettre en pause pour vaquer à d'autres occupations.

- Dans l'absolu, l'idéal serait de pouvoir connecter la tablette à un téléviseur pour regarder les films sur grand écran. Mais, à défaut d'avoir une télé dite *connectée*, la solution à ce problème est tout sauf simple… Sauf si votre tablette est conçue pour pouvoir être connectée en HDMI, et à condition de se procurer le câble adéquat. Voyez à ce sujet le Chapitre 16.

Chapitre 14

Encore plus d'applications

Dans ce chapitre :

- Utiliser l'application Play Store
- Rechercher des applications, des livres, et des films
- Télécharger une application gratuite
- Acheter une application
- Afficher les applications téléchargées
- Partager une application
- Mettre à jour une application
- Gérer vos applications
- Utiliser Play Store sur un ordinateur

Votre tablette Android dispose certainement d'applications préinstallées aussi diverses qu'intéressantes. Sachez qu'il en existe encore beaucoup, beaucoup d'autres qui couvrent des domaines très variés comme la productivité, des outils, des jeux et j'en passe. Tous ces petits programmes sont proposés sur une centrale d'achat spécialisée dans les applications Android et qui porte le nom de Play Store. Bien entendu, cette plate-forme est la créature tentatrice que Google jette dans les bras de votre tablette pour vous faire dépenser le plus d'argent possible…

Bienvenue dans le Store !

Play Store est plus qu'une boutique en ligne proposant des applications pour Android. Vous y découvrirez aussi de la musique, des livres, et des vidéos (films ou encore séries télévisées).

- Visitez Play Store même si vous pensez n'avoir besoin de rien. Parcourez ses rayons du bout des doigts !
- Vérifiez que vous êtes bien connecté à un réseau sans fil pour télécharger des applications, des livres, ou des films. Sans le Wi-Fi, point de salut !
- Pour des chargements autres que les applications Android, voyez en particulier les Chapitres 12 et 13.
- On utilise couramment le terme *app* pour désigner une application Android. C'est tout simplement un programme, un logiciel, disons quelque chose qui vous permet de jouer, vous informer, vous distraire, travailler, et ainsi de suite.
- Comme votre tablette utilise le système d'exploitation Android, elle peut exécuter l'immense majorité des applications conçues pour ce système d'exploitation. Mais pas toutes : certaines sont conçues exclusivement pour les smartphones, tandis que d'autres ne sont pas capables de fonctionner sous Android Marshmallow. Il faudra alors attendre une éventuelle mise à niveau.
- L'application Play Store est fréquemment mise à jour. La version que vous utiliserez risque d'être différente de celle présentée dans ce chapitre.

Visiter le Store

Des applications, des musiques, des livres, et des vidéos attendent d'être téléchargés sur votre tablette. Pour les découvrir, vous devez toucher l'icône Play Store présente sur l'écran d'accueil de votre tablette, ou accessible via le bouton Apps.

Après avoir ouvert l'application, vous accédez à l'écran principal de Play Store, illustré sur la Figure 14.1. Vous y découvrez les applications et jeu du moment. Faites défiler l'écran vers le bas pour accéder à d'autres recommandations, et servez-vous des boutons Plus pour approfondir la question.

Choisissez une catégorie en haut de l'écran d'accueil pour en découvrir le contenu. Touchez disons, au hasard, le bouton Jeux. Là encore, vous découvrez en faisant défiler l'écran toute une série de propositions et de recommandations (voir la Figure 14.2).

Faites glisser la barre de navigation, en haut de l'écran, pour découvrir les applications réputées être les plus populaires, à défaut parfois d'être les meilleures, dans leur domaine. Vous disposez de ces

Figure 14.1 : Découvrir Play Store.

options : Meilleurs classements, Catégories (pour affiner vos choix), Jeux, Famille et Choix de l'équipe.

Si vous savez exactement ce que vous cherchez, il est plus rapide de taper l'objet de votre requête. Pour cela, touchez la zone de recherche affichée dans le bandeau supérieur de l'écran tactile. Tapez le nom d'une application, le titre d'un film ou d'un livre, ou une courte description. Ensuite, touchez la suggestion la plus appropriée faite par Play Store.

Pour obtenir davantage d'informations sur un élément, touchez-le ! Faites défiler le contenu de la page pour en découvrir une description, ses nouveautés, et pour lire les commentaires des utilisateurs (voir la Figure 14.3). Vous accédez également à des captures d'écran du programme, et souvent à une vidéo qui en explique les grands principes.

Play Store propose également des films, musiques, livres et magazines. Touchez le bouton Menu en haut à gauche de la fenêtre de Play Store, puis sélectionnez une autre catégorie de produits : Films et séries,

Figure 14.2 : La page des jeux de Play Store.

Musique, Livre ou Kiosque. Ces catégories de produits possèdent leurs propres applications avec boutique intégrée (Play Films, Play Musique, Play Livre et Kiosque), qui permettent également de consulter les musiques, les livres, les magazines et les vidéos que vous téléchargez depuis le Store. Reportez-vous aux Chapitres 12 et 13.

Trouver des applications sur Play Store

Les utilisateurs de tablettes recherchent prioritairement de nouvelles applications pour leur bel appareil. Il en existe des centaines et des centaines de milliers sur Play Store, dont un grand nombre sont gratuites.

- Une application peut avoir l'air gratuite, mais ne pas l'être réellement. Vérifiez si la mention Achats via l'application figure sous le bouton Installer. Oui ? Vous êtes prévenu !

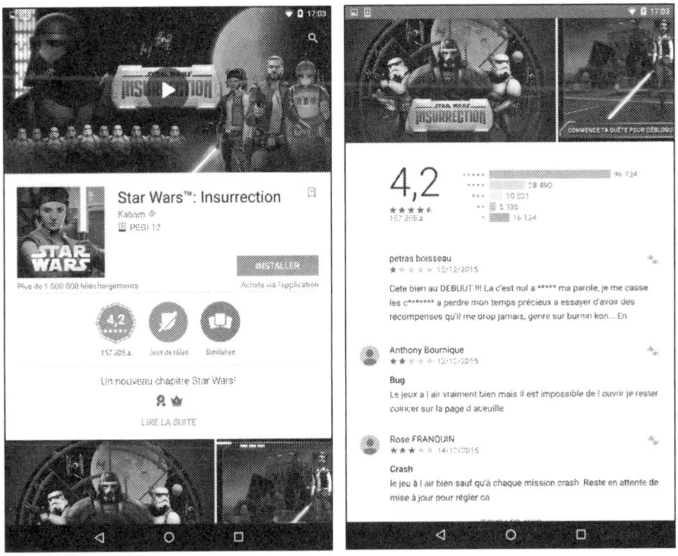

Figure 14.3 : Sur Play Store, les pages des applications sont toujours organisées de la même manière.

- Les applications que vous téléchargez apparaissent dans le panneau Applications de votre tablette.
- Toutes les applications proposées sur Play Store fonctionneront sur votre tablette. Du moins en principe. En fait, une application qui ne serait pas compatible avec votre appareil ne devrait même pas vous être proposée.
- Consultez les notes (étoiles) attribuées aux applications. Elles témoignent du niveau de satisfaction de leurs utilisateurs. Une application qui a reçu beaucoup d'étoiles est donc censée être d'excellente qualité. Vous pouvez (et devriez) également lire les commentaires laissés par les utilisateurs.
- Un autre indicateur de qualité est le nombre de téléchargements d'une application. Pour autant, une très bonne application peut être tellement spécialisée qu'elle a peu d'utilisateurs.
- Regardez également la date de sortie de la dernière version de l'application. Si elle est trop ancienne, c'est que son développeur l'a sans doute abandonnée. Prudence !
- Vous pouvez également télécharger des widgets et des fonds d'écran pour l'écran d'accueil de votre tablette. Lancez simplement une recherche sur ces termes. Vous pouvez aussi, dans

la rubrique Catégories, choisir l'une des options Fonds d'écran animés et Widgets.

- Consultez le Chapitre 18 pour plus d'informations sur les widgets et les arrière-plans dynamiques.

Télécharger une application gratuite

Une fois que vous avez localisé l'application qui vous intéresse, téléchargez-la en suivant ces quelques étapes :

1. **Si nécessaire, vérifiez que le Wi-Fi est bien opérationnel sur votre tablette.**

   Les opérations de connexion sans fil sont décrites au Chapitre 15.

2. **Ouvrez l'application Play Store.**

3. **Localisez l'application à télécharger.**

   Parcourez les applications ou bien utilisez la fonction Rechercher de Play Store.

4. **Touchez le bouton Installer.**

   Ce bouton se situe dans la partie supérieure droite de la fiche de l'application que vous souhaitez acquérir. Comme le programme choisi est gratuit, vous n'avez rien à payer.

5. **Consultez la liste des autorisations dont a besoin l'application (on n'est jamais trop prudent) puis touchez le bouton Accepter pour démarrer le téléchargement de l'application (voir la Figure 14.4).**

   Une flèche clignotante affiche la progression du téléchargement dans la barre des notifications.

6. **Une fois l'installation terminée, appuyez sur le bouton Ouvrir.**

   Si vous utilisez votre tablette pendant l'installation, vous trouverez le programme en touchant le bouton Apps, à moins qu'une icône de raccourci ne soit automatiquement ajoutée à votre écran d'accueil.

Suite à l'installation d'une application, plusieurs petites choses peuvent intervenir. Bien souvent, vous devez accepter ses conditions d'utilisation, voire créer un compte gratuit.

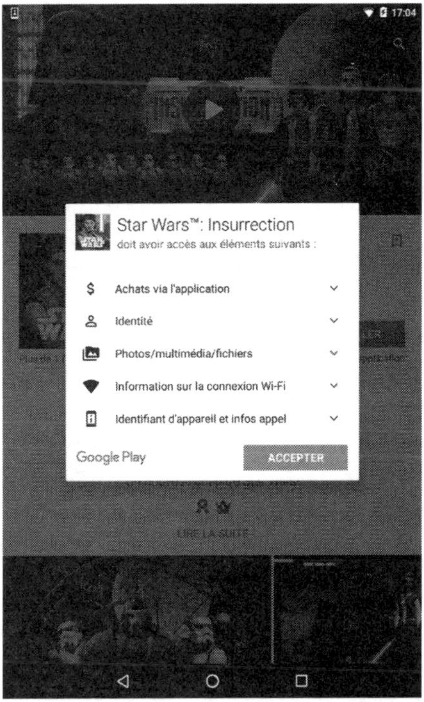

Figure 14.4 : Il faut accepter pour télécharger.

Une fois la configuration initiale réalisée, vous pouvez utiliser votre application.

- L'icône du programme est disponible dans le panneau Applications. Elle peut être placée à la suite de toutes les applications existantes, ou bien venir s'insérer dans l'ordre alphabétique de celles-ci.
- ATTENTION ! Consultez la liste des services utilisés par une application pour voir si elle ne risque pas de perturber le fonctionnement de certains autres programmes de votre tablette. Par exemple, une application d'alarme qui utilise la liste de vos contacts est pour le moins suspecte. Méfiez-vous de son comportement.
- Vous pouvez placer sur l'écran d'accueil un raccourci vers votre application, comme cela est expliqué au Chapitre 18.

Acheter une application

Les applications les plus sophistiquées sont payantes. Les tarifs pratiqués sont sans commune mesure avec le prix des logiciels conçus pour les ordinateurs.

En fait, un bon nombre d'applications gratuites sont des versions limitées d'applications payantes, à moins qu'elles ne soient financées par des publicités plus ou moins envahissantes.

Pour vous familiariser avec la procédure de téléchargement des applications, commencez avec des programmes gratuits.

Une application peut avoir l'air gratuite, mais ne pas l'être réellement. Vérifiez si la mention Achats via l'application figure sous le bouton Installer. D'accord, je vous avais déjà prévenu !

Une fois la technique acquise, tournez-vous, si nécessaire, vers des applications payantes :

1. **Si nécessaire, vérifiez votre connexion Wi-Fi.**
2. **Touchez l'icône Play Store.**
3. **Naviguez parmi les applications ou bien lancez une recherche. Sélectionnez celle qui vous intéresse pour en afficher la description et lire les commentaires des utilisateurs.**

   Consultez le prix du programme.

4. **Touchez le bouton affichant le prix.**

   Par exemple, si l'application coûte 1,99 €, le bouton affiche cette somme au lieu d'Installer.

5. **Touchez le bouton Accepter.**

   C'est le moment de sortir votre carte bancaire.

   Pour un premier achat, vous devrez « ajouter une carte » qui sera utilisée par Play Store pour débiter votre compte à chacun de vos achats.

6. **Touchez le bouton Continuer, puis Ajouter une carte de paiement.**

   Si vous disposez d'un compte Paypal, il est également possible de l'utiliser pour acheter des applications. L'avantage est que vous n'avez pas besoin de saisir votre numéro de carte bancaire, puisque vous l'avez déjà fait dans Paypal.

7. **Saisissez les informations de votre carte, et appuyez sur Enregistrer.**

   La carte sera alors ajoutée et Play Store utilisera son numéro chaque fois que vous achèterez une application, de la musique, un jeu, un livre, ou un film.

8. **Touchez le bouton d'acceptation et d'achat.**

   Dès que le numéro de la carte est autorisé, l'application est téléchargée et installée.

   Vous venez de changer d'avis ? Tant qu'un achat n'est pas validé, vous pouvez toujours abandonner la procédure en appuyant plusieurs fois sur le bouton Retour de la tablette.

Vous trouverez l'application dans le panneau éponyme de votre tablette. Si vous êtes toujours dans Play Store et si vous êtes pressé de découvrir votre dernier petit bijou, touchez le bouton Ouvrir.

Google vous adressera un courriel de confirmation de la transaction. En fonction du type d'application que vous avez achetée, vous disposez souvent d'un temps de réflexion de 15 minutes à 24 heures pour renoncer à votre achat. Dans ce cas, vous êtes remboursé, et le programme est désinstallé de votre tablette.

Consultez également la section « Supprimer des applications », plus loin dans ce chapitre.

Ne payez pas deux fois une application

Vous pouvez consulter la liste des applications téléchargées depuis Play Store en touchant la barre de menu, en haut et à gauche de l'écran. Touchez ensuite l'option Mes applications.

Faites défiler le contenu de cette liste pour voir les applications à mettre à jour, celles que vous avez déjà installées, et celles qui pourraient être en attente de téléchargement.

Gérer les applications

Play Store est à la fois le lieu d'achat et de gestion de vos applications. C'est dans cet espace que vous mettrez à jour des programmes, les organiserez, et les supprimerez.

Consulter les applications téléchargées

Comme tout utilisateur de tablette qui se respecte, vous téléchargerez de nombreuses applications, ne serait-ce que pour les tester. Pour consulter la liste des applications téléchargées, conformez-vous aux étapes suivantes :

1. **Lancez l'application Play Store.**
2. **Touchez le bouton Menu (les trois barres en haut et à gauche de l'écran) ou faites défiler le bord gauche de l'écran vers le centre. Choisissez l'option Mes jeux et applications.**
3. **Faites défiler la liste des applications téléchargées.**

La liste répertorie toutes les applications téléchargées et installées sur votre tablette. Certaines sont indiquées comme bénéficiant d'une mise à jour.

Partager une application

Lorsque vous adorez une application, partagez-la avec vos amis ! Voici comment procéder :

1. **Affichez la liste de vos applications *via* la commande Mes jeux et applications.**
2. **Touchez l'application que vous souhaitez partager.**
3. **Touchez l'icône Partager (voir la Figure 14.5). Vous devriez la trouver à la fin des commentaires.**

   Le menu Partager apparaît.
4. **Choisissez une méthode de partage.**

   Par exemple, vous pourriez opter pour Gmail ou Facebook afin de partager cette application via un message électronique ou un statut.
5. **Utilisez l'application ainsi choisie pour envoyer un lien vers le Play Store.**

   La suite de la procédure dépend entièrement de la méthode de partage sélectionnée.

Le destinataire du partage touchera le lien directement sur sa tablette ou sur tout autre périphérique utilisant le système Android. Il sera alors connecté à Play Store et pourra y télécharger l'application et l'installer.

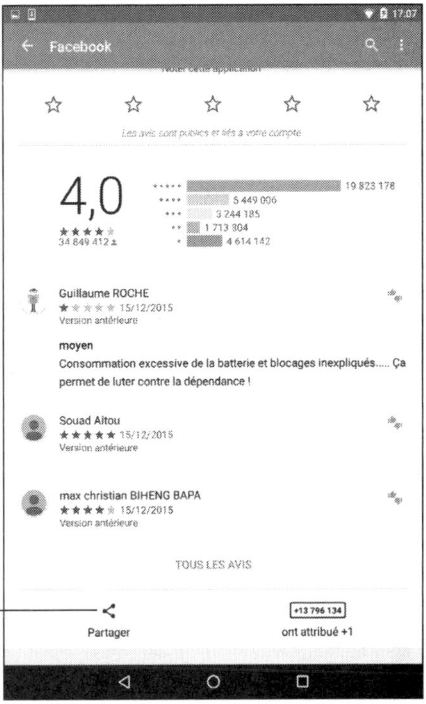

Icône de partage

Figure 14.5 : Quand on aime, il faut savoir partager.

Les diverses méthodes de partage sont étudiées tout au long de ce livre dans les chapitres correspondant aux éléments concernés.

Mettre à jour une application

Lorsque vous avez installé une application téléchargée depuis Play Store, le site envoie, mais pas toujours, une notification lorsqu'une mise à jour est disponible. Pour savoir ce qu'il en est, il suffit d'afficher la liste des applications téléchargées. Les programmes bénéficiant d'une mise à jour de leur version apparaissent dans la section Tout mettre à jour.

Pour actualiser d'un seul coup vos applications, touchez simplement le bouton Tout mettre à jour. Acceptez les conditions d'utilisation, puis laissez le système se débrouiller.

TRUC

Toute mise à jour ne signifie pas amélioration Pour des applications qui peuvent être sensibles, il est souvent préférable d'effectuer manuellement la mise à jour (ou de conserver la version actuelle). Pour cela, touchez simplement la ligne de l'application concernée. Lisez ce qui est dit sur les nouveautés, et consultez les derniers avis laissés par d'autres utilisateurs. Si vous y voyez des récriminations du genre : « Plus rien ne marche depuis la mise à jour ! », passez votre chemin

Pour effectuer les mises à jour automatiquement, touchez le bouton de menu, en haut et à gauche de Play Store (ou faites défiler le bord gauche de l'écran vers la droite), puis l'option Paramètres. Dans l'écran qui apparaît, touchez la ligne qui indique Mise à jour automatique des applis. Je vous conseille d'oublier la proposition par défaut, et d'opter pour un mode uniquement manuel (voir la Figure 14.6).

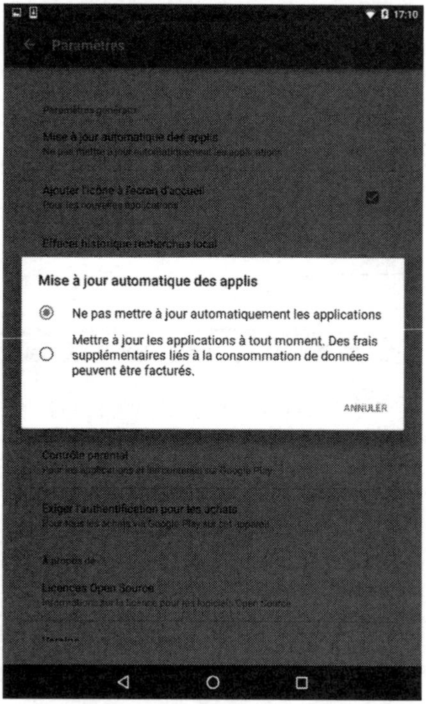

Figure 14.6 : Play Store et ses paramètres.

- La procédure de mise à jour induit un téléchargement et une installation de la nouvelle version de l'application.
- La disponibilité des mises à jour peut également être affichée dans la barre des notifications au moyen d'une icône. Touchez-la

pour effectuer la mise à jour de vos applications selon la procédure décrite dans cette section.

- Comme l'illustre la Figure 14.7, les paramètres de Play Store proposent d'autres options. Ainsi, vous pouvez demander (ou non) à être systématiquement informé des mises à jour lorsqu'elles sont disponibles, ou encore ajouter automatiquement l'icône d'une nouvelle application à l'écran d'accueil.

Supprimer des applications

Vous pouvez supprimer des applications devenues obsolètes. Pour cela, conformez-vous aux étapes suivantes :

1. **Démarrez l'application Play Store.**
2. **Touchez le bouton Menu, en haut et à gauche de l'écran (ou faites défiler le bord gauche de la fenêtre vers la droite), et choisissez l'option Mes jeux et applications.**
3. **Touchez l'application que vous souhaitez supprimer.**
4. **Touchez le bouton Désinstaller.**
5. **Confirmez la désinstallation en appuyant sur le bouton OK.**

   L'application est supprimée de votre tablette.

Malgré sa suppression, il se peut qu'une application apparaisse toujours dans le volet Toutes de la page Mes applications. Dans ce cas, touchez simplement la croix qui se trouve en haut et à droite de son bandeau pour retirer cette référence périmée.

- Play Store rembourse les applications payantes que vous désinstallez dans les 15 minutes à 24 heures suivant leur achat.
- Vous pouvez toujours réinstaller des applications payantes que vous avez désinstallées. Vous ne serez pas débité une seconde fois.
- Certaines applications ne peuvent pas être supprimées de votre tablette. Il s'agit en général des applications propres au système Android.

Contrôler ses applications

Votre tablette Android possède un espace technique où vous consultez et gérez toutes ses applications. Voici comment procéder :

1. **Affichez l'écran d'accueil, et touchez le bouton Applis.**
2. **Localisez l'icône Paramètres. Touchez-la, puis choisissez l'option Applications.**

   En faisant défiler l'écran, vous pouvez voir notamment la liste de toutes vos applications classées par ordre alphabétique (voir la Figure 14.7).

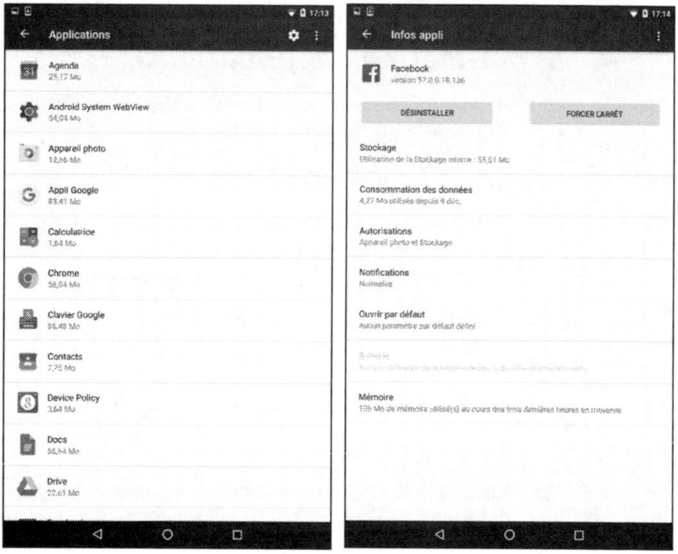

Figure 14.7 : Gérer les applications depuis les paramètres de la tablette.

3. **Touchez le nom d'une application.**

   Un écran d'informations apparaît.

En fonction des applications et de leur fonctionnement actuel, un certain nombre de boutons vont ou non être disponibles :

- **Forcer l'arrêt :** Touchez ce bouton lorsque vous souhaitez arrêter l'application coûte que coûte, par exemple si elle ne fonctionne pas correctement.
- **Désinstaller :** Touchez ce bouton pour supprimer l'application. Cette technique est une alternative à celle décrite dans la précédente section.
- **Afficher notifications :** Cochez cette case si vous voulez, par exemple, que l'application vous signale ses mises à jour, ou encore qu'elle vous communique certaines informations.

- **Déplacer carte SD :** Touchez ce bouton pour transférer l'application de l'espace de stockage interne de la tablette vers sa carte Micro SD.

  Cette opération n'est possible qu'avec certaines tablettes.

- **Déplacer vers mémoire :** Effectue l'opération inverse de la précédente fonction. En d'autres termes, l'application stockée sur la carte SD est transférée dans la mémoire interne de la tablette.

  Même remarque que ci-dessus : cette opération n'est possible qu'avec certaines tablettes.

  Personnellement, je préfère stocker les applications dans la mémoire interne de l'appareil. Ainsi, elle y reste de manière permanente. De plus, les raccourcis des applications stockées en interne ne disparaissent pas à chaque fois que vous accédez à la carte MicroSD depuis un ordinateur.

- **Effacer les données :** Vide l'espace de stockage permanent de l'application. Celui-ci peut garder la trace de vos actions, mémoriser une adresse de messagerie et un mot de passe, etc. Dans le cas d'un jeu, par exemple, effacer les données vous fera repartir de zéro.

- **Vider le cache :** Vide uniquement l'espace de stockage temporaire de l'application. C'est moins violent que l'option précédente.

- **Lancer par défaut :** Quelques applications permettent d'enregistrer des paramètres qui seront appliqués automatiquement lors du démarrage du programme.

Play Store, avec la souris aussi

Si vous trouvez l'écran de votre tablette trop petit, il ne vous reste plus qu'à vous mettre devant l'écran de votre ordinateur pour choisir, installer et gérer vos applications :

1. **Ouvrez votre navigateur Web habituel et ouvrez la page d'accueil du site de Play Store (`play.google.com`).**

   Vous constatez immédiatement que le site fonctionne exactement sur le même modèle que l'application Play Store de votre tablette (voir la Figure 14.8).

2. **Cliquez sur le bouton Connexion, et saisissez votre adresse Gmail ainsi que votre mot de passe.**

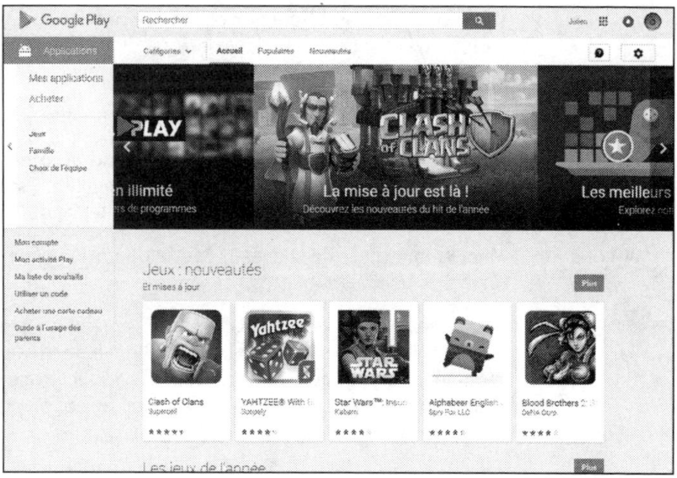

Figure 14.8 : Play Store, c'est aussi sur votre ordinateur.

3. **Choisissez une catégorie et faites une recherche ou laissez-vous guider. Lorsque vous avez trouvé quelque chose qui vous intéresse (une application ou un jeu pour ce qui nous concerne ici), cliquez dessus pour ouvrir la page correspondante.**

4. **Suivez la procédure d'installation : elle se présente exactement comme sur votre tablette.**

N'OUBLIEZ PAS

En fait, il y a quelques différences. En effet, il est parfaitement possible que vous soyez l'heureux possesseur de plusieurs appareils sous Android (tablette et smartphone, par exemple). Dans ce cas, vous pourrez vérifier la compatibilité de l'application avec vos divers outils communicants, puis choisir le dispositif de destination au moment de l'installation (certaines applications sont conçues exclusivement pour les smartphones et refuseront de s'installer sur une tablette, ou l'inverse).

TRUC

Vous remarquerez que l'option Mes applications est également présente ici.

5. **Quand vous avez terminé, il ne vous reste plus qu'à vous déconnecter et à vous précipiter sur votre tablette pour profiter de vos nouvelles applications…**

Quatrième partie

Des écrous et des boulons

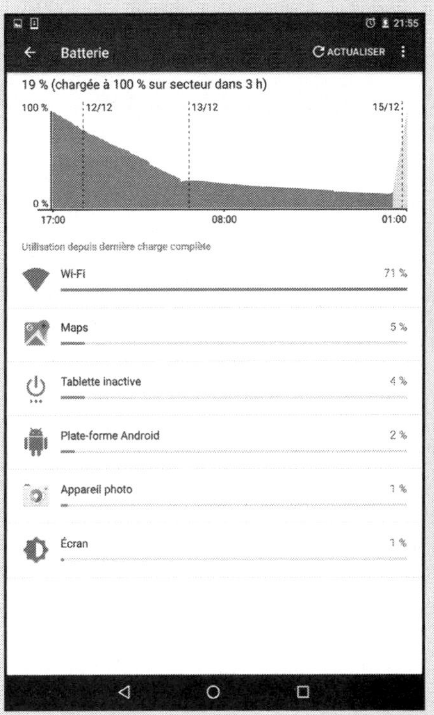

Dans cette partie…

Les publicités sur les tablettes Android ne montrent que la face visible de l'iceberg en insistant sur une fonctionnalité au détriment de toutes les autres. Ainsi, votre tablette est capable de choses que vous ne verrez probablement jamais dans des annonces publicitaires comme l'utilisation des connexions Wi-Fi et Bluetooth, les fonds d'écran animés, et toute une myriade d'activités que je vous propose de découvrir ici.

Chapitre 15

Péter un câble !

Dans ce chapitre :

- Comprendre les réseaux sans fil
- Utiliser le Wi-Fi dans tous ses états
- Configurer et utiliser une connexion Bluetooth
- Imprimer depuis votre tablette Android
- Transférer des informations avec Android Beam

Il existe divers degrés de mobilité. La notion de *portable* suppose que vous puissiez déplacer un objet facilement sur quelques dizaines de mètres. Par exemple, ma première télévision était portable. Elle disposait d'une poignée me permettant de la déplacer d'une pièce à une autre de mon appartement. Son poids ne m'aurait pas permis de me balader en forêt avec elle, car outre ses dimensions, sans prise de courant et sans antenne à proximité, il aurait été bien difficile de capter des images. Le *sans fil* implique un degré de liberté supérieur, mais qui nécessite une station d'accueil toujours connectée à une prise de courant. Au-delà de la portée de cette station, le périphérique sans fil ne peut pas fonctionner. Toutefois, il existe aussi une dimension supplémentaire qui porte le nom de *réseau sans fil*. Il s'agit de la mobilité la plus aboutie que nous connaissions actuellement. Elle suppose une absence totale de câble, une importante miniaturisation des composants, et une légèreté proverbiale.

Par conséquent, votre tablette Android est un pur produit sans fil au sens de *réseau non câblé* (bien sûr, vous devez quand même la brancher sur une prise de courant électrique pour recharger sa batterie). Le plus important ici est que, pour exécuter la plupart de ses tâches, votre tablette est capable de se connecter au réseau Wi-Fi de votre réseau local ADSL ou câblé.

Ce chapitre explique comment profiter pleinement de ces fonctionnalités sans fil.

Le réseau sans fil Android

Bien que vous ne puissiez pas les voir, les communications sans fil sont tout autour de vous. Il suffit qu'un tel signal soit intercepté par un périphérique compatible tel qu'un téléphone cellulaire, une tablette, ou un ordinateur portable pour en apprécier l'existence. Votre tablette utilise ces signaux pour vous permettre de discuter et de communiquer *via* Internet et par l'intermédiaire d'autres réseaux.

Utiliser un réseau numérique

Dans cette section, nous allons surtout nous intéresser aux tablettes capables de servir en même temps de smartphone, autrement dit qui peuvent accéder aux réseaux de données cellulaires, téléphoniques. Certes, peu d'acquéreurs de tablettes font ce choix. Il faut dire qu'une tablette de 10 pouces de diagonale dans une poche de veste, ou même dans un sac à main, c'est tout sauf pratique ! Les autres, donc l'immense majorité d'entre vous, peuvent passer directement à la section « Comprendre le Wi-Fi », puis filer vers le Bluetooth.

Pour utiliser toutes les fonctionnalités d'un appareil cellulaire, vous payez un abonnement auprès d'un opérateur. En général, son prix couvre deux secteurs bien spécifiques : le premier concerne le service de téléphonie en lui-même, et le second un service de gestion des données que votre tablette/smartphone Android obtient par l'intermédiaire d'Internet. On parle alors de *réseau de données cellulaires*.

Il existe plusieurs types de réseaux de données cellulaires. Lorsque votre appareil Android en utilise un, une icône apparaît dans la partie supérieure de l'écran tactile. Elle permet de savoir à quel réseau accède votre système. Voici quelques explications :

- **4G :** Identifie la quatrième génération des réseaux de données cellulaires dont la vitesse est approximativement égale à celle d'un accès Internet Wi-Fi. Force est de constater que ce type de réseau est particulièrement rapide. Il permet de transmettre simultanément la voix et des données.
- **H+ :** Pour HSPA+. C'est normalement plus rapide que la 3G et que la 3G+.
- **3G+ :** Comme la 3G, mais plus…

- **3G :** Identifie la troisième génération des réseaux de données cellulaires, beaucoup moins rapide que l'actuel 4G. Il permet cependant de surfer sur le Web, de regarder des vidéos sur YouTube et de télécharger des informations depuis Internet. Toutefois, la régularité du débit des données n'est pas assurée.
- **E :** Pour Edge. Il s'agit de la connexion la plus lente.

Votre appareil Android utilisera toujours la meilleure technologie avec laquelle il est compatible. Par conséquent, si vous utilisez un appareil 4G, il utilisera le réseau 4G disponible (à condition bien entendu d'avoir souscrit le bon abonnement). Si, dans la zone géographique où vous vous situez, ce réseau est indisponible, il utilisera alors un réseau 3G, 3G+ ou HSPA, à moins que vous ne soyez particulièrement défavorisé et que vous en soyez réduit à communiquer en Edge (ou, pire encore, qu'aucun réseau ne soit accessible).

- Les icônes identifiant la vitesse du réseau peuvent varier d'un constructeur à un autre, voire même d'un opérateur à un autre.
- Quand aucun réseau de données n'est disponible, vous ne voyez pas d'icône dans la barre des notifications. Dans ce cas, vous risquez fort d'être limité aux numéros d'urgence !
- Sur certains matériels, les icônes des réseaux de données cellulaires existent en deux couleurs. Bleu (ou encore vert) indique que l'appareil peut se connecter à Internet et aux services Google tels que Gmail et Maps. Lorsque les icônes sont grises (ou blanches), la connexion Internet est disponible, mais vous ne pouvez pas utiliser les services Google.
- L'accès au réseau de données cellulaires n'est pas gratuit. Il nécessite un abonnement spécifique. La plupart des opérateurs de téléphonie mobile proposent des forfaits adaptés aux besoins des utilisateurs. Comparez bien les offres pour choisir celle répondant à vos pratiques personnelles.
- Votre opérateur peut limiter le nombre de mégaoctets téléchargeables via le réseau de données cellulaires. De ce fait, vous êtes surfacturé au-delà de la limite pour laquelle vous avez souscrit votre abonnement.

Comprendre le Wi-Fi

Le Wi-Fi est devenu le standard du réseau sans fil. Il est utilisé par des ordinateurs pour communiquer entre eux et pour accéder à Internet. Pour que votre tablette Android utilise ce type de réseau, vous devez suivre une procédure à deux étapes. La première consiste à activer la fonctionnalité Wi-Fi ; et la seconde à vous connecter à un réseau sans fil.

Activer le Wi-Fi

Voici comment activer l'accès au réseau Wi-Fi de votre tablette Android :

1. **Ouvrez l'application Paramètres.**

   Cette procédure ne devrait plus avoir de secret pour vous.

2. **Dans l'écran Paramètres, repérez la rubrique Sans fil et réseaux (c'est normalement la première).**

3. **Appuyez sur la ligne Wi-Fi, puis touchez si nécessaire le bouton qui se trouve en haut et à droite de l'écran de manière à ce qu'il affiche Oui, ou bien une marque colorée (généralement verte ou bleue).**

   La fonctionnalité Wi-Fi de votre tablette est maintenant active.

L'étape suivante consiste à vous connecter à un réseau Wi-Fi détecté par cette fonctionnalité.

TRUC

Vous pouvez généralement accéder aux icônes et aux widgets d'activation Wi-Fi dans le panneau des notifications. Pour cela, il suffit de le faire glisser vers le bas pour afficher un ensemble de boutons, dont l'activation Wi-Fi, comme le montre la Figure 15.1 (en l'occurrence sur une tablette Google Nexus).

Le bouton Wi-Fi permet d'activer et de désactiver cette fonctionnalité. Lorsque l'icône est de couleur vive (blanche, verte ou bleue), l'accès aux réseaux sans fil est possible. Lorsque cette icône est grisée, l'accès en question est impossible.

N'OUBLIEZ PAS

- Lorsque vous vous connectez à Internet par une connexion Wi-Fi, vous ne passez par aucun réseau de données cellulaires. C'est donc l'idéal pour surfer sur Internet, transférer des fichiers ou encore mettre à jour les applications installées sur la tablette.
- L'activation du Wi-Fi consomme de l'énergie, notamment pour rechercher des réseaux disponibles à proximité. Par conséquent, lorsque vous êtes dans une zone où le Wi-Fi n'est pas accessible, désactivez cette fonctionnalité.

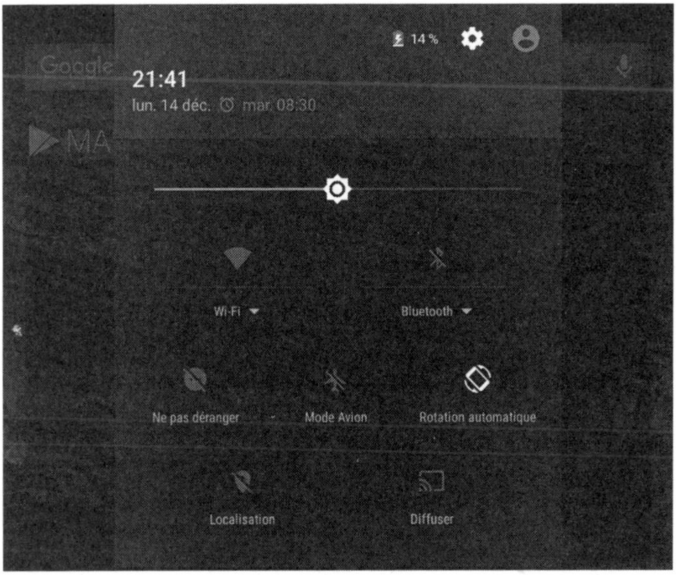

Figure 15.1 : Les widgets de contrôle des fonctionnalités sans fil.

Accéder à un réseau Wi-Fi

Une fois que vous avez activé la fonctionnalité Wi-Fi de votre tablette Android, vous devez vous connecter à un réseau sans fil disponible pour pouvoir profiter d'Internet et des périphériques réseau de votre domicile, ou d'ailleurs de tout autre endroit où vous avez la possibilité d'accéder au Wi-Fi. Voici comment procéder :

1. **Si vous avez quitté la page de connexion au Wi-Fi, reprenez les étapes de la section précédente.**

   Comme le montre la Figure 15.2, la section réseau Wi-Fi liste les réseaux sans fil détectés dans votre zone géographique.

2. **Appuyez sur le nom du réseau auquel vous désirez vous connecter.**

3. **Si l'accès au réseau est sécurisé, vous devez taper le mot de passe voulu (il est de type WPA ou WEP).**

   Si vous ne connaissez pas ce mot de passe, vous ne pourrez pas l'inventer. Cela évite d'entrer dans le réseau local d'une personne habitant votre zone géographique, et qui ne vous a pas autorisé à vous connecter à son réseau.

Figure 15.2 : La chasse aux réseaux sans fil est ouverte.

Ce mot de passe ou clé de sécurité vous est communiqué par votre fournisseur d'accès Internet. *A priori*, vous seul en avez connaissance.

TRUC

Dit autrement, si vous êtes chez vous, il vous suffit de saisir la clé WPA ou WEP de votre propre box Internet.

4. **Touchez le bouton Connexion (ou Se connecter).**

Dès que vous êtes connecté à un réseau sans fil, l'icône Wi-Fi s'affiche dans la barre des notifications.

Si votre réseau ne figure pas dans la liste, appuyez dans le menu accessible en haut et à droite de l'écran sur la commande Ajouter un réseau (ou son équivalent). Vous devez alors entrer le SSID du réseau, c'est-à-dire le nom sous lequel vous ou quelqu'un d'autre l'avez créé. Parfois, ce nom vous a été communiqué par votre fournisseur d'accès Internet. (Mais sachez qu'il est possible d'en changer.) Ensuite, indiquez son mode de sécurisation. Il s'agit en général d'une clé WPA.

- Tous les réseaux sans fil n'exigent pas un mot de passe. Dans ce cas, on dit que le réseau n'est pas sécurisé. Si c'est le cas du vôtre, sachez que c'est une *très* mauvaise idée.
- Certains réseaux sans fil publics sont ouverts à tous. Il suffit de vous y connecter pour accéder à Internet.
- ATTENTION ! Les problèmes de sécurité sont très importants lorsque vous vous connectez à des réseaux Wi-Fi publics, c'est-à-dire ouverts à tous. C'est souvent le cas dans des bibliothèques, des restau-

rants, ou encore des cafés. Ne communiquez *jamais* d'informations personnelles lorsque vous accédez à ce type de réseau.

- La tablette garde en mémoire les réseaux sans fil auxquels vous vous êtes connectés. Vous n'avez donc fort heureusement pas à entrer la clé de sécurité à chaque fois.
- Pour vous déconnecter d'un réseau sans fil, désactivez cette fonctionnalité sur votre tablette. Vous pouvez aussi demander à retirer, ou oublier, un point d'accès de la liste.
- Contrairement à un réseau de données cellulaires, le signal Wi-Fi est très limité en distance (en général, une centaine de mètres autour du point d'accès).

Partager la connexion

Si votre tablette ne connaît et ne reconnaît que le Wi-Fi, et donc qu'elle ne sait rien des réseaux de données cellulaires, je vous autorise bien volontiers à passer directement à la section « Connexion Bluetooth », voire à « Connexion Internet directe par câble ».

Il y a eu les téléphones, puis les smartphones, les tablettes, maintenant les phablettes Quel nouveau mot pourrions-nous inventer ? Tabphone, smartlette ?

Dès que vous utilisez le signal cellulaire numérique de votre opérateur, votre tablette/smartphone Android peut accéder à Internet où que vous vous trouviez. Mais *quid* de ce pauvre ordinateur portable qui vous regarde jalousement ?

Eh bien, cette jalousie ne va pas durer très longtemps. En effet, il est possible de partager votre signal cellulaire numérique de deux manières. La première consiste à créer un point d'accès portable qui permet à tous les périphériques compatibles Wi-Fi d'accéder à Internet *via* votre appareil. La seconde est une connexion directe entre celui-ci et un autre périphérique.

En fonction de votre abonnement, vous risquez une surcharge tarifaire en partageant ainsi votre connexion. En effet, il est fort probable que vous dépassiez la limite du nombre de mégaoctets ou de gigaoctets autorisés dans le cadre de votre forfait téléphonique.

Créer un point d'accès portable

Comme expliqué ci-dessus, la fonction de point d'accès mobile de votre système Android permet de partager sa connexion de données cellulaires en créant une sorte de réseau Wi-Fi local. Ainsi, d'autres matériels comme des ordinateurs, des portables, ou des périphériques mobiles, accéderont à ce réseau Wi-Fi et utiliseront le réseau de données cellulaires de la tablette/smartphone Android.

Cette procédure peut varier d'un constructeur à un autre, d'un modèle à un autre, voire même évidemment ne pas être disponible...

Voici comment configurer un point d'accès mobile avec votre tablette/ smartphone :

1. **Désactivez la connexion Wi-Fi.**

   En effet, il n'y a aucune utilité à créer un point d'accès Wi-Fi s'il est déjà disponible sur place.

2. **Connectez votre tablette à une prise secteur.**

   Les fonctionnalités de point d'accès mobile consomment beaucoup d'énergie.

3. **Dans le panneau Applications, ouvrez l'application Mobile Hotspot.**

   Elle peut porter un autre nom tel que 4G Hotspot ou 3G Hotspot.

   Selon le cas, la configuration du point d'accès peut s'effectuer par les paramètres Sans fil et réseaux (l'accès à ces paramètres est expliqué un peu plus haut dans ce chapitre). Par exemple, vous pourriez avoir à passer dans les paramètres par le lien Plus, suivi de Partage de connexion. Activez l'option Point d'accès Wi-Fi mobile, puis suivez la procédure ci-dessous. Ailleurs, le même cheminement pourrait s'appeler Paramètres supplémentaires et Point d'accès et modem.

4. **Cochez l'option Point d'accès Wi-Fi portable, ou toute autre dénomination équivalente.**

5. **Si un message vous avertit que cette fonctionnalité consomme beaucoup d'énergie, appuyez sur le bouton OK.**

6. **Si nécessaire, acceptez les termes et conditions d'utilisation de ce service.**

7. **Si nécessaire aussi, donnez un nom au point d'accès mobile, et modifiez son mot de passe.**

Des informations complémentaires peuvent vous être demandées comme le nom du point accès et son mot de passe. Vous êtes le seul juge de l'opportunité d'apporter ces modifications.

Notez le mot de passe. Vous en aurez besoin à chaque connexion au point d'accès portable.

8. **Touchez le bouton OK ou Enregistrer pour conserver vos paramètres et démarrer l'activité du point d'accès.**

   C'est fini !

Lorsque le point d'accès portable est actif, une icône particulière devrait s'afficher dans la barre des notifications. Vous pouvez accéder à ce point d'accès à partir de n'importe quel ordinateur ou périphérique mobile disposant d'une fonctionnalité Wi-Fi.

Pour désactiver le point d'accès, ouvrez l'application ou les paramètres de votre appareil Android, et décochez l'option Point d'accès Wi-Fi portable (ou l'appellation équivalente).

- La portée d'un point d'accès mobile est d'environ 10 mètres.
- Si vous dépassez la limite de téléchargement des données autorisées par votre abonnement, votre opérateur de téléphonie mobile appliquera une surcharge tarifaire.
- Lorsque vous n'utilisez plus un point d'accès portable, désactivez-le.

Connexion Internet directe par câble

Vous pouvez partager la connexion cellulaire numérique de votre tablette/smartphone en la branchant directement à un ordinateur et en activant cette fonctionnalité.

Cette connexion directe n'est pas toujours possible.

Je sais ! Il est très étrange de parler d'une connexion câblée alors que l'on traite des réseaux sans fil. Toutefois, il s'agit là d'un moyen très intéressant pour que d'autres équipements puissent accéder à Internet par l'intermédiaire de votre tablette Android. Voici comment procéder à ce partage de connexion Internet câblé :

1. **Connectez la tablette à un autre périphérique mobile en utilisant un câble USB.**
2. **Ouvrez l'application Paramètres.**
3. **Touchez la ligne Wi-Fi.**

4. **Recherchez l'option Wi-Fi Direct (par exemple dans le menu de la page ou dans les options avancées) et touchez-la.**

   Le nom de cette option diffère d'un système à un autre.

5. **La tablette va rechercher les appareils disponibles. Touchez le nom voulu pour lancer la connexion.**

   Le Wi-Fi Direct est alors activé.

L'autre appareil identifie la tablette comme étant un modem lui donnant accès à Internet. Une configuration avancée peut être nécessaire. Tout dépend du périphérique utilisé pour cette connexion directe. Par exemple, il peut être demandé à un PC de localiser et d'installer un logiciel spécifique pour identifier votre tablette.

- L'activation de cette connexion directe n'impose pas la désactivation du Wi-Fi.
- Certaines imprimantes sont compatibles avec le mode Wi-Fi Direct, ce qui permet de lancer un tirage sans brancher aucun câble.

Connexion Bluetooth

Il existe un autre type de réseau informatique qui peut prêter à confusion, je veux parler ici du Bluetooth. Il n'a absolument rien à voir avec la couleur bleue et une quelconque hygiène dentaire. (Si vous ne comprenez rien à l'anglais, cette blague va irrémédiablement tomber à plat.)

Bluetooth est un protocole sans fil qui permet de communiquer entre deux ou plusieurs périphériques mobiles équipés de cette technologie. Comme la nature même d'une tablette Android est d'être équipée en Bluetooth, elle est donc capable d'utiliser des périphériques compatibles. Il peut s'agir par exemple d'une oreillette permettant d'écouter de la musique dans la rue en montrant ostensiblement sa tablette, et de passer pour un parfait idiot ou un frimeur patenté. Ou tout bêtement de se faire agresser

Activer le Bluetooth

Avant d'utiliser une oreillette Bluetooth (ou tout autre dispositif compatible), vous devez activer ce protocole de communication sur votre tablette. Voici comment procéder :

1. **Ouvrez l'application Paramètres.**

2. **Dans la rubrique Sans fil et réseaux, touchez la ligne Bluetooth.**

3. **Touchez le bouton qui se trouve en haut et à droite de l'écran pour l'activer. Il indique alors Oui, ou bien il apparaît dans une couleur vive.**

   Vous venez d'activer la fonction Bluetooth.

Il est en fait plus simple et plus rapide d'activer la fonctionnalité Bluetooth depuis la barre des notifications. Il suffit pour cela de faire glisser le panneau des notifications pour en afficher les icônes et de toucher le bouton Bluetooth (reportez-vous à la Figure 15.1). Pour désactiver ce protocole de communication, répétez cette procédure.

- Quand le Bluetooth est activé, son icône apparaît dans la zone de notification.
- Le Bluetooth consomme une quantité non négligeable d'énergie. Par conséquent, n'utilisez cette fonctionnalité que si elle est vraiment indispensable.

Utiliser une oreillette Bluetooth

Le Bluetooth permet à votre tablette de communiquer avec un grand nombre de périphériques comme un smartphone, un ordinateur, des enceintes, voire des imprimantes embarquant cette technologie. Toutefois, l'oreillette Bluetooth est un accessoire classique, et donc un bon exemple générique.

Voici comment établir une connexion Bluetooth entre votre tablette et une oreillette :

1. **Vérifiez que le Bluetooth est bien actif sur votre tablette.**
2. **Allumez votre oreillette Bluetooth.**
3. **Ouvrez l'application Paramètres.**
4. **Choisissez Sans fil et réseaux, puis Bluetooth.**
5. **Appuyez sur l'option Analyser, ou encore Rechercher appareils, ou bien Rechercher des périphériques.**
6. **Pour que la recherche soit opérationnelle, vous devrez vraisemblablement toucher le nom de votre tablette, en haut de l'écran, pour qu'elle accepte d'être visible par tous les appareils Bluetooth qui se trouvent à proximité.**

7. **Si nécessaire, appuyez sur le bouton principal de votre accessoire Bluetooth.**

   Il est souvent nécessaire de maintenir ce bouton enfoncé pour établir la connexion avec votre tablette.

8. **Sélectionnez le périphérique.**

9. **Si nécessaire, tapez le code du périphérique.**

   Ce code se limite généralement à quatre chiffres très simples tels que 1234.

Lorsque le périphérique est connecté (on dit en fait *appairé*), vous pouvez mettre en place l'oreillette et appuyer sur le bouton permettant de l'activer. Après quoi, vous pourrez par exemple ouvrir votre *playlist* préférée sur votre tablette, et écouter de la musique tout en vaquant à d'autres occupations.

Pour ne plus utiliser l'oreillette Bluetooth, touchez simplement le bouton Bluetooth sur l'écran d'accueil afin de désactiver cette fonctionnalité.

- Tant que la fonctionnalité Bluetooth est active, la tablette identifie automatiquement l'oreillette (ou n'importe quel autre dispositif) Bluetooth.
- Pour interrompre la communication avec un périphérique Bluetooth, localisez-le dans la page Bluetooth. Appuyez sur le bouton des paramètres correspondant (la roue dentée). Dans certains cas, vous devez appuyer sur le nom du périphérique jusqu'à ce qu'apparaisse un menu local. Exécutez alors une commande du style Supprimer, Déconnecter ou Dissocier.
- N'oubliez pas d'éteindre votre périphérique Bluetooth quand vous ne l'utilisez plus. N'oubliez pas qu'il continue à consommer de l'énergie s'il reste constamment allumé même sans l'utiliser.
- Parmi les appareils qu'il est possible de connecter à une tablette, il faut mentionner en particulier les claviers et souris Bluetooth. Si vous n'êtes pas à l'aise avec le clavier virtuel pour saisir vos multiples emails, SMS, statuts et autres posts, c'est un achat que vous devriez sérieusement envisager.

Imprimer depuis la tablette

Voilà peut-être une des innovations les plus intéressantes des dernières versions d'Android. Certes, auparavant, il était déjà tout à fait possible de lancer une sortie vers une imprimante accessible d'une manière ou d'une autre en réseau, le tout via le service Google Cloud Print, mais il n'y avait aucune option permettant d'accéder directement à cette fonctionnalité. Il existait bien des applications dédiées à ce genre de travail, mais elles étaient payantes et nécessitaient le cas échéant l'installation de pilotes spécifiques à tel ou tel matériel.

Depuis Android KitKat (autrement dit, à partir de la version 4.4 d'Android, et donc bien entendu sous Marshmallow), il est possible d'imprimer directement sur pratiquement n'importe quel dispositif connecté à votre ordinateur, ou encore d'enregistrer une page Web, une photo ou un document au format PDF. Voyons cela de plus près :

1. **Ouvrez l'application Paramètres.**
2. **Faites défiler l'écran vers le bas pour accéder à la rubrique Système. Touchez l'option Impression.**
3. **Dans la page qui s'affiche, touchez Google Cloud Print.**
4. **Vérifiez que le service est bien activé (touchez si nécessaire le bouton qui se trouve en haut et à droite de l'écran).**

   La page devrait proposer comme dispositif de sortie Google Drive, plus le cas échéant quelques autres appareils déjà reconnus.

5. **Touchez le bouton Menu et choisissez l'option Ajouter une imprimante.**

   Vous avez plusieurs comptes Gmail définis sur votre tablette ? Choisissez celui dont vous voulez vous servir via l'option Paramètres du bouton Menu.

6. **Comme vous débutez, vous allez faire vos premiers pas avec Google Cloud Print (voir la Figure 15.3). Touchez le bouton Ajouter une imprimante standard (la vôtre, bien sûr !).**
7. **Suivez pas à pas les instructions qui vous sont données.**

   Elles consistent essentiellement à ouvrir sur votre ordinateur le navigateur Chrome (et donc si nécessaire à le télécharger et l'installer), puis à choisir l'option des paramètres avancés.

   Vous devrez au préalable ouvrir une session dans Chrome en utilisant la même adresse de messagerie et le même mot de passe que ceux que vous avez définis sur votre tablette Android.

   Dans la section Google Cloud Print, cliquez sur Gérer, puis Ajouter des imprimantes. Très vite, la liste des matériels et/ou pilotes disponibles devrait vous être proposée. Il ne vous reste plus qu'à valider tout cela (voir la Figure 15.4).

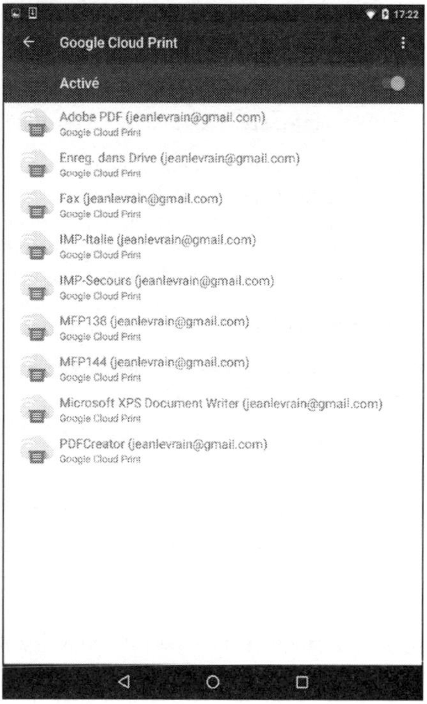

Figure 15.3 : Débuter avec Google Cloud Print.

8. **C'est fait ? Immédiatement, votre tablette est prévenue. Il ne vous reste plus qu'à ouvrir une application, effectuer les actions voulues, puis à choisir la commande Imprimer depuis le bouton Menu.**

9. **Dans la fenêtre qui s'affiche, choisissez d'abord les options d'impression : nombre de copies, format du papier, orientation, etc. (voir la Figure 15.5).**

   La liste des formats disponibles dépend évidemment des capacités du dispositif de sortie.

10. **Touchez maintenant la première ligne, celle qui devrait indiquer par défaut quelque chose comme Enregistrer dans. La liste des imprimantes déclarées dans Google Cloud Print apparaît. Touchez la ligne qui correspond à la destination voulue, ou bien l'option Enregistrer au format, qui va créer une version PDF du document et la stocker dans le nuage Internet sur votre espace Google Drive.**

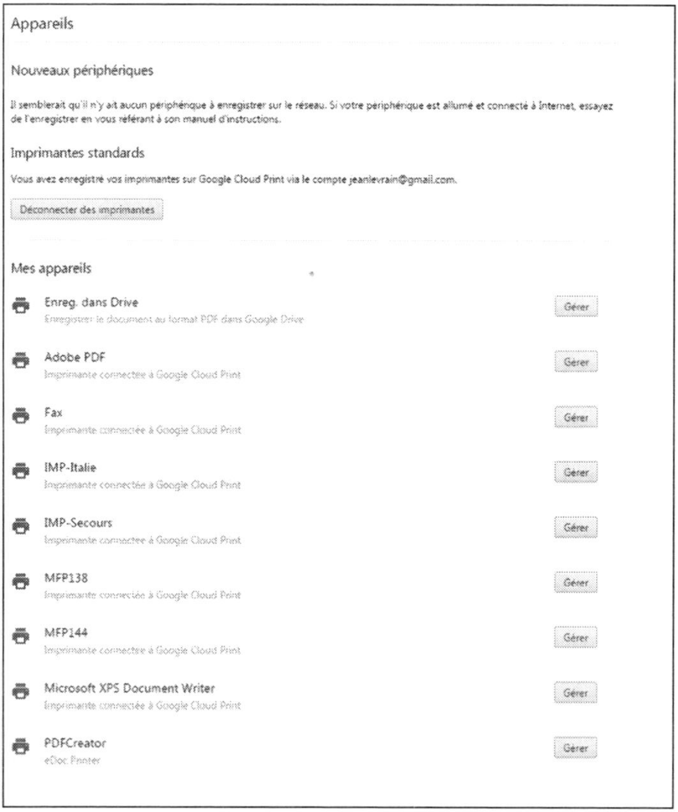

Figure 15.4 : Installer des imprimantes dans Google Cloud Print.

Pour un choix plus poussé, touchez le bouton Toutes les imprimantes, en bas de la liste.

11. **Touchez le bouton qui indique Enregistrer ou Imprimer, et c'est parti !**

C'est presque trop simple, non ?

Android Beam

Certaines tablettes contiennent un autre composant radio appelé NFC (*Near Field Communications*, ou « communications en champ proche »).

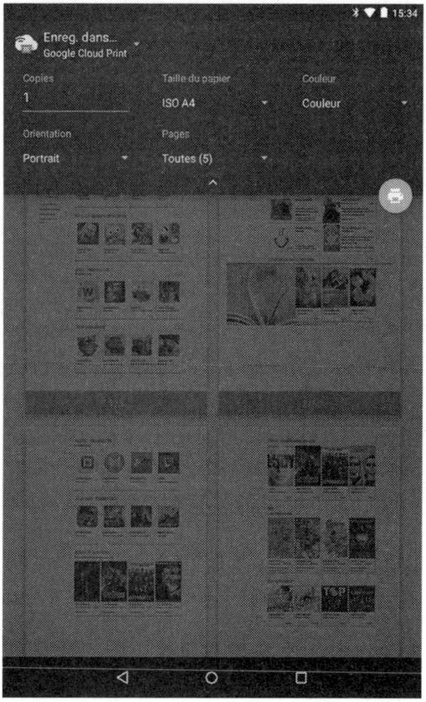

Figure 15.5 : Choisir les options d'impression.

Comme pour le Bluetooth, NFC permet à votre tablette de communiquer avec d'autres dispositifs également dotés d'une puce NFC afin de transférer rapidement des informations. Cette technologie est appelée Android Beam (elle peut aussi porter un autre nom chez certains constructeurs).

La technologie NFC devrait normalement être promise à un grand avenir, en particulier dans le domaine des paiements. Un jour, au lieu de sortir votre carte bancaire ou votre carnet de chèques dans une grande surface, vous approcherez votre tablette NFC d'un terminal, et le règlement sera automatiquement validé à partir des informations mémorisées sur l'appareil. Le grand problème, bien sûr, c'est la sécurité...

Activer NFC

Par défaut, la puce NFC devrait déjà être activée sur votre tablette (si elle en est équipée, évidemment). Sinon, suivez ces étapes :

1. **Touchez le bouton Apps.**
2. **Touchez l'icône Paramètres pour ouvrir cette application.**
3. **Dans la rubrique Sans fil et réseaux, touchez la ligne qui indique Plus.**
4. **Assurez-vous que l'option NFC est bien active.**

   Si ce n'est pas le cas, touchez le bouton correspondant pour qu'il devienne coloré.

   La ligne du dessous, Android Beam, devrait indiquer que l'appareil est prêt à partager des données.

Une fois NFC activé, votre tablette est capable d'échanger des données avec d'autres appareils également NFC (smartphones, tablettes ou encore systèmes de paiement).

Pour désactiver ce mode de transfert, il vous suffit de reprendre les étapes ci-dessus, mais cette fois pour désactiver l'option NFC.

NOTE TECHNIQUE

Vous pouvez laisser cette option active en permanence. Elle n'a que très peu d'impact en termes de consommation d'énergie.

Utiliser Android Beam

La manière dont fonctionne NFC est simple. Pour que la fonction Android Beam se déclenche, vous devez bien entendu mettre en relation deux appareils équipés en NFC. Il peut s'agir d'une autre tablette, mais aussi d'un smartphone.

Mettez les deux appareils dos à dos de manière à ce qu'ils se touchent. Vous allez alors voir s'afficher un message qui vous dit quelque chose comme Appuyer pour partager. Touchez l'écran, et ce que vous voyez à l'affichage est immédiatement envoyé à l'autre appareil. Plutôt pratique, non ?

- Lorsqu'ils sont mis dos à dos, les deux appareils affichent le même message. Si l'autre personne touche elle aussi l'écran, l'échange va pouvoir s'effectuer dans les deux sens.
- Il est possible d'utiliser Android Beam pour échanger des contacts, des pages Web, des lieux Maps, des photos et des tas d'autres données. D'un point de vue général, si l'autre appareil est compatible, et qu'une application possède un bouton ou une commande Partager, vous pourrez probablement utiliser Android Beam.

- Le champ NFC de la tablette se trouve au dos de celle-ci, et vers le haut.
- L'utilisation de la technologie NFC en tant que moyen de paiement n'est pas encore réellement développée chez nous. Mais le processus est déjà enclenché aux États-Unis. Pour autant, sachez tout de suite que Google mise gros là-dessus, puisque son objectif est de vous obliger à vous abonner (gratuitement bien sûr) à son offre Android Pay. C'est à suivre pour l'avenir…

Chapitre 16

Connecter, stocker, partager

Dans ce chapitre :

- Établir une connexion USB
- Configurer la connexion USB
- Transférer des contenus
- Les mystères du stockage
- Connecter une clé USB (et autres dispositifs)
- Se connecter à un écran en HDMI

Je ne pense pas que votre ordinateur soit jaloux de votre tablette. En revanche, celle-ci est certainement jalouse de mon imprimante laser, car elle refuse de communiquer avec elle. Mais qu'en est-il de l'ordinateur ? Eh bien, cette absence potentielle de communication peut être résolue par une connexion USB. Dès lors, les deux appareils pourront discuter comme de vieux amis et passer de longues heures l'un en compagnie de l'autre. Nous savons qu'une tablette Android dispose d'incroyables fonctionnalités de partage qu'elle pourra mettre au service d'un ordinateur. Ce chapitre en explique le fonctionnement.

La connexion USB

La manière la plus simple d'établir une communication entre une tablette Android et un ordinateur consiste à utiliser un câble USB. Ce type de connexion est parfait, et votre tablette est d'ailleurs livrée avec un câble USB.

Connecter la tablette à un ordinateur

La communication est bien plus rapide lorsque la tablette et l'ordinateur sont physiquement connectés l'un à l'autre par un câble USB. Ainsi, la prise USB la plus large et la plus plate se branche sur un port USB de l'ordinateur, tandis que le *connecteur micro USB* s'insère dans la prise femelle correspondante de la tablette.

La prise USB d'un ordinateur s'appelle un *port*.

Les câbles USB sont munis d'un détrompeur, c'est-à-dire d'un système qui évite de les insérer dans le mauvais sens.

- Si possible, connectez le câble USB à une prise idoine de votre ordinateur et non pas à un hub (concentrateur). En effet, la connexion directe sur un port USB de l'ordinateur facilite l'identification de la tablette et accélère le chargement de sa batterie.
- Si votre tablette est livrée sans câble USB autonome, achetez-en un auprès de votre revendeur de matériel informatique. Le coût est minime.
- Lorsque vous connectez une tablette Android à un PC, il est possible que vous voyiez une fenêtre affichant la progression de l'installation du pilote de votre tablette. Ce pilote permet à votre ordinateur d'identifier celle-ci comme une unité de stockage amovible. Cette procédure ne devrait se produire que lors du premier branchement.

Sur votre ordinateur, il est possible que vous voyiez s'afficher l'icône de votre tablette dans l'Explorateur de fichiers ou dans le Finder. Or si vous ouvrez le dossier de cette icône, son contenu est vide Pas de panique, c'est normal : lisez la section suivante pour savoir comment procéder pour retrouver vos fichiers.

Configurer la connexion USB

Dès que la connexion USB est établie, une notification est présente dans la zone de notification. Il est possible cependant qu'aucune icône ne s'affiche dans cette dernière. Pour l'afficher, ouvrez le panneau de la zone de notification en faisant glisser le haut de l'écran vers le bas, puis touchez Recharge par USB.

L'écran de configuration Utiliser la connexion USB pour s'affiche (voir Figure 16.1). Le nombre d'options varie d'un appareil à un autre. Voici celles les plus souvent utilisées par les constructeurs :

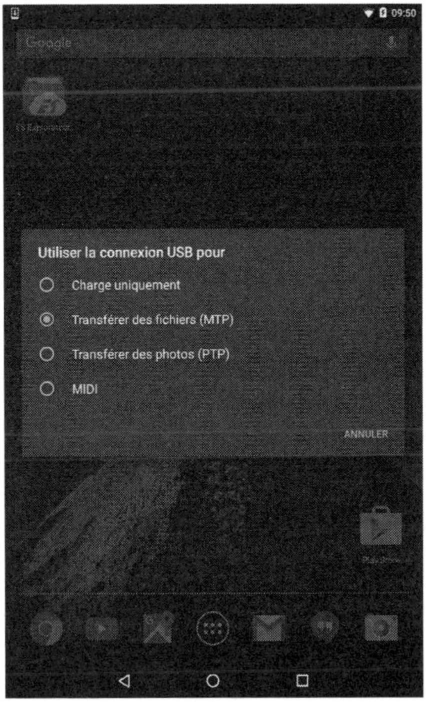

Figure 16.1 : Les options de configuration de la connexion USB.

- **Recharge par USB :** C'est l'option sélectionnée par défaut. Utilisez-la pour limiter l'utilisation de la connexion USB au chargement de la batterie de la tablette. En fait, cette option n'est que très rarement présente, car l'appareil bascule en mode chargement de la batterie dès qu'il est connecté à un ordinateur.
- **Transférer des fichiers (MTP) :** Lorsque vous choisissez cette option, l'ordinateur considère *de facto* la tablette comme une unité de stockage amovible, au même titre par exemple qu'une clé USB ou un disque dur externe. Cela vous permet d'accéder à la totalité du contenu de la tablette (mémoire interne et, si possible, carte MicroSD).
- **Transférer des photos (PTP) :** Avec cette option, un ordinateur fonctionnant sous Windows considère votre tablette comme un périphérique multimédia similaire à un appareil photo, à une caméra vidéo, voire à un lecteur MP3. Cette fonction permet surtout de synchroniser les photos de différents appareils. Seuls les

dossiers liés aux photos (typiquement DCIM et Pictures) vont (normalement) être accessibles.

- **MIDI :** Cette option s'adresse aux musiciens uniquement. Choisissez-la pour raccorder un clavier de synthétiseur MIDI à votre tablette.

En fonction de l'appareil que vous utilisez, le menu de connexion USB peut proposer d'autres options. En général, leur dénomination est assez précise pour en déduire les tâches qu'elles permettent de réaliser.

- Si vous utilisez un Macintosh, vous ne disposerez généralement que des options de mise en charge de la batterie et de stockage de masse USB.

  Le Macintosh ne reconnaît que le mode Appareil photo (dit PTP). Pour effectuer des transferts en mode multimédia (ou MTP), vous devez télécharger et installer sur l'ordinateur un programme gratuit appelé Android File Transfer. Voyez par exemple à ce sujet le site `http://www.android.com/filetransfer/`.

- Lorsque vous connectez la tablette à votre PC et sélectionnez l'option Transférer des fichiers (MTP), une boîte de dialogue Exécution automatique peut apparaître automatiquement. Il vous suffit alors de cliquer sur le lien Ouvrir pour afficher le contenu du périphérique. Celui-ci est alors considéré comme une unité de stockage externe amovible. En revanche, il est tout à fait possible de fermer cette boîte de dialogue sans exécuter de tâche.

- Une fois que vous avez terminé tout ce que vous vouliez faire, vous pouvez déconnecter la tablette de votre ordinateur, comme cela est expliqué à la prochaine section.

- Quelle que soit l'option de connexion USB choisie, la tablette devrait basculer en mode charge. Bien entendu, pour que sa batterie se recharge, votre ordinateur doit être sous tension. Et n'oubliez pas que rien ne vaut le chargeur livré avec votre appareil.

Déconnecter la tablette de l'ordinateur

Quel que soit votre mode de connexion USB, il est vivement recommandé de déconnecter correctement la tablette de votre ordinateur en vous conformant à la procédure suivante :

1. **Fermez tous les programmes et toutes les fenêtres affichés sur votre ordinateur et qui sont associés à la liaison avec votre tablette.**

   De cette manière, aucun fichier ne restera ouvert, et aucune tâche ne se fera surprendre.

2. **Déconnectez correctement la tablette du système de stockage de votre ordinateur.**

   Sur PC, vous devriez trouver une petite icône réservée aux connexions USB sur la droite de la barre des tâches. Faites un clic droit dessus, puis choisissez le nom de votre tablette et enfin l'option Éjecter ou Retirer en toute sécurité.

   Sur Mac, glissez-déposez l'icône de stockage de la tablette sur la Corbeille.

3. **Débranchez éventuellement le câble USB.**

Voilà qui devrait suffire à ce que tout se passe bien. Du côté de votre tablette, en effet, la connexion se coupe automatiquement et sans douleur.

Si aucune option ne vous propose d'éjecter ou de retirer le périphérique en toute sécurité, ne vous inquiétez pas. Contentez-vous de fermer toutes les fenêtres ouvertes sur votre ordinateur et qui affichent un contenu quelconque de votre tablette. Vous pourrez alors débrancher physiquement celle-ci sans vous poser trop de questions existentielles.

Échanger des contenus

La procédure de synchronisation suppose l'établissement d'une connexion entre votre tablette Android et un ordinateur afin d'échanger des informations. Cette tâche peut être exécutée automatiquement par un logiciel spécial, ou bien manuellement par vos petits doigts agiles. Toutefois, force est de constater que la méthode manuelle est fastidieuse, car relativement longue et génératrice d'erreurs.

Effectuer une synchronisation manuelle

Lorsque vous ne disposez pas d'un logiciel qui synchronise automatiquement votre tablette et votre ordinateur, vous devez recourir à la bonne vieille synchro manuelle. D'accord, c'est potentiellement assez lourd et fastidieux. Toutefois, c'est la méthode universelle pour échanger des informations entre une tablette et un système informatique.

Voici comment copier des fichiers entre votre ordinateur et votre tablette Android :

1. **Connectez la tablette à votre ordinateur en utilisant le câble USB.**

2. **Choisissez l'un des modes Transférer des fichiers ou Transférer des photos (voir plus haut).**

   Sur PC, la première option devrait être conservée en permanence, car elle vous donne accès à la totalité du contenu de votre tablette.

3a. **Sur PC, choisissez l'option Ouvrir dans la boîte de dialogue Exécution automatique. Si celle-ci n'apparaît pas, ouvrez tout simplement l'Explorateur de fichiers et faites un double clic sur le nom de votre tablette dans la fenêtre Ordinateur.**

   La fenêtre va afficher la ou les mémoires disponibles sur l'appareil, c'est-à-dire la mémoire interne, appelée Phone ou encore Mémoire de stockage interne dans l'Explorateur de fichiers, et l'éventuelle carte MicroSD, généralement dénommée Card. Faites un double clic sur l'une de ces deux unités de stockage pour afficher la liste de tous les dossiers qui y sont présents.

3b. **Sur un Mac, ouvrez l'icône du lecteur amovible pour accéder au contenu de la tablette.**

   Le Mac ouvre alors une occurrence du Finder qui affiche la totalité des dossiers stockés dans la mémoire interne du périphérique. Une seconde occurrence peut s'ouvrir pour donner accès à la carte MicroSD.

4. **Ouvrez le contenu d'un dossier.**

   Il peut s'agir d'un dossier de votre tablette afin d'en copier les fichiers sur votre ordinateur, ou bien inversement d'un dossier de votre ordinateur pour copier des fichiers sur votre tablette.

   Sous Windows, pour retrouver facilement des fichiers copiés de la tablette vers l'ordinateur, utilisez de préférence les dossiers standard `Images` pour les photos, `Vidéos` pour les vidéos, `Musique` pour la musique, et le dossier `Documents` pour tous les autres types de données.

5. **Glissez les icônes des fichiers de votre tablette vers le dossier de votre ordinateur (par exemple, des photos sauvegardées vers un sous-dossier de la bibliothèque Images).**

6. **Une fois l'échange de fichiers terminé, déconnectez correctement l'unité de stockage externe qu'est devenue votre tablette. Ensuite, débranchez le câble USB.**

N'OUBLIEZ PAS

Sur un ordinateur Macintosh, vous devez préalablement éjecter l'icône de stockage de la tablette avant de désactiver sa fonction de stockage de masse USB.

Bien entendu, il est possible de copier des fichiers de votre ordinateur vers votre tablette en appliquant la même procédure dans l'autre sens. Dans ce cas, les fichiers seront stockés dans la mémoire interne de celle-ci, ou le cas échéant sur sa carte MicroSD.

L'utilisation des fichiers dépend des raisons pour lesquelles vous les avez copiés : afficher des images ou des vidéos, transporter des documents, utiliser la galerie, importer des données vCard, utiliser l'application Contacts, écouter de la musique, *etc.*

TRUC

- L'emplacement de stockage des fichiers importe peu. Cependant, je conseille d'utiliser la carte MicroSD (si c'est possible), car la mémoire interne de la tablette risquerait d'être saturée plus vite que vous n'auriez cru.

  N'OUBLIEZ PAS

  En supposant que votre tablette possède une mémoire interne de 16 Go, et que le système d'exploitation a besoin d'un espace important, vous risquez fort de ne pas pouvoir y copier plus d'un film, disons au maximum deux !

- Peu de fichiers sont stockés en racine de la mémoire principale de la tablette ou de sa carte MicroSD. Par conséquent, vous devrez ouvrir au moins un dossier pour localiser des données à échanger entre tablette et ordinateur. Servez-vous par exemple des dossiers appelés DCIM ou Pictures pour des photos, Movies pour des vidéos, Music pour de la musique, Documents ou Download pour des documents, *etc.*

  ATTENTION !

  Ne « touchez » pas à un dossier dont le nom ne vous paraît pas très parlant. Il est vraisemblablement lié à Android lui-même, ou bien à une application installée sur votre tablette. En revanche, vous pouvez parfaitement créer depuis votre ordinateur un nouveau dossier dans la mémoire interne de la tablette (et si possible de préférence sur la carte MicroSD) et y stocker ce que vous voulez, dans la limite bien entendu du raisonnable.

- Pour transférer correctement les fichiers entre un ordinateur et une tablette, vous devez savoir copier, déplacer, renommer, et supprimer des fichiers. Si vous doutez de vos capacités, ou si vous débutez en informatique, d'excellents ouvrages consacrés à Windows et à Mac OS sont disponibles dans la collection *Pour les nuls*.

Où les fichiers de votre tablette se cachent-ils ?

Les fichiers stockés sur votre tablette ne se baladent pas aléatoirement sur l'écran tactile. En effet, à l'instar de votre ordinateur, ils sont organisés dans des dossiers. Certains d'entre eux sont adressés à des emplacements spécifiques aux systèmes Android. Voici quelques exemples à connaître :

`/download` : Ce dossier contient en particulier les fichiers téléchargés avec le navigateur Web.

`/dcim` : Dossier de stockage des photos et des vidéos.

`/documents` : Un bon endroit pour y placer des fichiers inclassables par ailleurs.

`/music` : C'est ici que devraient se trouver les fichiers audio de votre tablette. Parfois, le chemin d'accès à ce dossier est `<marque de votre tablette>/music`.

`/pictures` : C'est le cousin de /dcim.

Ces dossiers peuvent exister dans l'espace de stockage interne de la tablette, ou le cas échéant sur la carte MicroSD. Donc, lorsque vous ne retrouvez pas un fichier sur l'un de ces supports de stockage, cherchez-le sur l'autre.

Synchroniser avec un utilitaire

Nombre de constructeurs proposent un logiciel maison pour synchroniser les principales données de leurs tablettes Android avec un ordinateur, ou encore de stocker ces données sur un « nuage » Internet. Je ne peux que vous conseiller de visiter le site Web du constructeur de votre propre tablette, tant les solutions peuvent être diversifiées.

En particulier, si la synchronisation de vos contacts, de vos messages, de votre agenda ou encore de vos photos peut s'effectuer automatiquement en Wi-Fi grâce à votre compte Google, cela ne concerne en rien le stockage de vos données sur votre ordinateur ou encore sur un disque dur externe. Or, il est toujours important de conserver un double de ses données personnelles par mesure de sécurité.

Pour vous assurer de ce que vous voulez faire synchroniser *via* votre compte Google, ouvrez l'application Paramètres. Faites défiler les options pour trouver la ligne qui correspond aux comptes Google. Touchez-la. Touchez ensuite le nom de votre compte de manière à afficher l'écran Synchronisation. Il ne vous reste plus qu'à activer ou désactiver les lignes voulues pour choisir ce que vous voulez ou non synchroniser (voir la Figure 16.2).

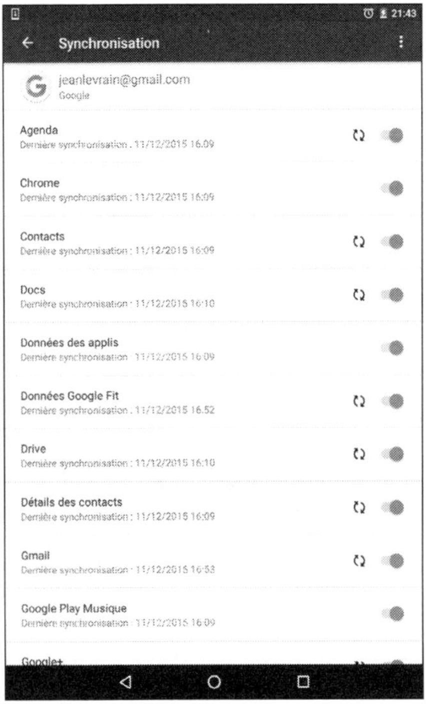

Figure 16.2 : Google peut synchroniser automatiquement l'essentiel de vos données. Mais ne restez pas sans cesse la tête dans le nuage Internet !

Il existe évidemment des applications tierces dont le but est de vous aider à mieux gérer vos fichiers et leur transfert entre tablette et ordinateur.

- La synchronisation des données musicales avec un ordinateur est traitée au Chapitre 12.
- Si vous voulez vous faire une idée de l'espace mémoire déjà consommé, et donc aussi de la place dont vous disposez encore,

ouvrez l'application Paramètres, puis touchez l'option Stockage et USB. La consommation courante vous est indiquée pour chaque type de données (voir la Figure 16.3).

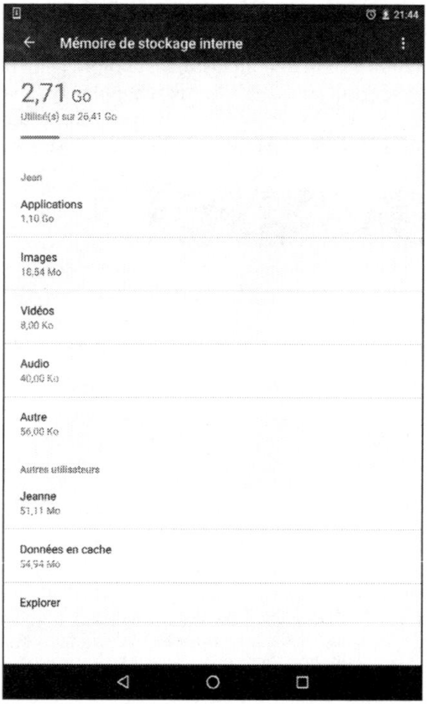

Figure 16.3 : La mémoire disponible diminue au fil du temps.

TRUC

Pour en savoir plus sur un certain type de contenu, touchez la ligne correspondante dans la page Mémoire de stockage interne. Par exemple, la rubrique Images donne directement accès aux contenus graphiques (photos, pochettes de disques, prises de vue avec l'appareil photo, images téléchargées sur Internet) stockés sur votre tablette.

Les mystères du stockage

Les données stockées sur votre tablette (image, vidéos, musique) sont localisées dans la mémoire interne de celle-ci, ou encore sur une carte MicroSD.

En général, vous utilisez des applications spécifiques pour afficher les données, telles que Galerie ou Photos pour les images, ou bien Play Musique pour vos chansons préférées. Au-delà de cette utilisation traditionnelle d'une tablette, des applications dédiées vous permettront de gérer des données qui leur sont spécifiques.

Par exemple, vous trouverez grâce au bouton Applis une icône nommée Téléchargements. Elle permet d'accéder à la liste de tous les fichiers que vous avez téléchargés depuis Internet, et cela *via* votre navigateur Web ou une pièce jointe à un courrier électronique.

Tout cela étant posé, la version 6 d'Android, dite Marshmallow, n'a pas simplifié la vie de ceux qui aiment farfouiller dans les entrailles de la mémoire. Vous ne trouverez donc pas de gestionnaire de fichiers classique. En revanche, il est possible d'accéder au contenu de la mémoire interne dans certaines applications capables d'ouvrir ou d'enregistrer des fichiers, par exemple Docs, Sheets ou Slides (c'est un peu les équivalents Google de Word, Excel et Powerpoint dans Microsoft Office).

En fait, il semble que Google n'aime pas les cartes MicroSD D'ailleurs, ses appareils n'en reçoivent pas. De plus, les applications ne peuvent plus écrire leurs données sur une carte externe, qui devient donc un simple emplacement de stockage personnel. Ce qui, après tout, n'est déjà pas si mal à condition d'être à l'aise avec les transferts entre tablette et ordinateur (voir plus haut).

Par exemple :

1. **Touchez le bouton Applis, puis localisez dans la liste de vos applications l'icône de Sheets (par exemple). Touchez-la.**
2. **Dans l'interface de l'application, touchez le bouton Ouvrir (c'est le dossier, en haut et à droite de l'écran).**
3. **Choisissez ensuite Mémoire interne, puis touchez le bouton Download, en haut et à gauche de la fenêtre qui apparaît.**

   Vous pouvez maintenant jeter un coup d'œil sur le contenu de la mémoire de stockage (voir la Figure 16.4). Mais, bien entendu, seuls les documents que l'application active est capable de traiter seront réellement accessibles.

Si vous voulez aller plus loin, il vous faut un vrai gestionnaire de fichiers qui ne soit pas issu des usines de Google.

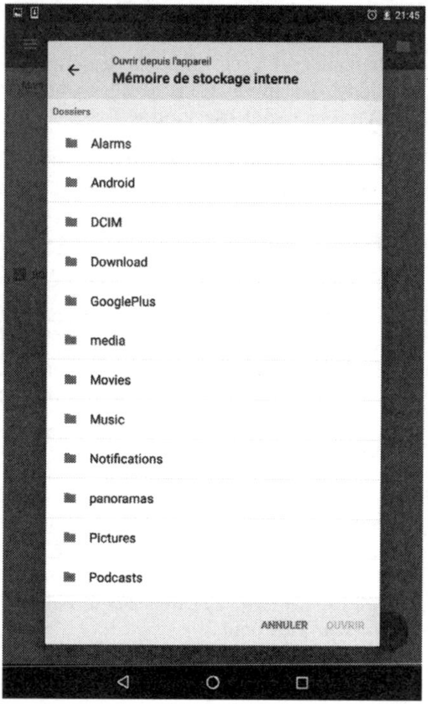

Figure 16.4 : Accéder à la mémoire de stockage.

Connecter une clé USB (et d'autres dispositifs)

La planète USB est vaste. On y trouve des tas de matériels en tous genres, dont les célèbres clés USB. Pratique pour transporter facilement des fichiers divers et variés, et pour les transférer vers et depuis son ordinateur.

Bien. Mais voilà, vous ne pouvez pas insérer une clé USB dans votre tablette. Non ? Et pourtant si. Enfin, presque. Voyons comment cela est possible.

TRUC

Si votre tablette n'accepte pas les cartes MicroSD, cette technique est réellement à prendre en considération.

1. **Achetez un câble dit OTG (*On The Go*) possédant d'un côté un connecteur micro USB qui va venir s'insérer sur votre tablette, et de l'autre un connecteur USB femelle.**

Un tel câble coûte quelques euros sur Internet, les modèles coudés étant préférables à l'usage. Bien entendu, encore faut-il que le connecteur de votre propre tablette respecte le standard micro USB !

2. **Une tablette telle que le modèle Nexus de Google ne sait pas reconnaître seule une unité externe. Rendez-vous alors sur Play Store, recherchez l'application appelée OTG disque Explorateur et installez-la (elle est gratuite). Si nécessaire, reportez-vous au Chapitre 14 pour plus d'informations sur Play Store.**

   Chaque constructeur est différent, et chaque modèle de tablette est aussi différent. Il n'est donc pas possible d'indiquer une règle générale. Si nécessaire, vous devrez donc rechercher des conseils auprès d'un technogourou de vos amis ou sur Internet.

3. **Branchez le câble OTG sur la tablette, et insérez votre clé USB de l'autre côté.**

4. **Si nécessaire, lancez l'application OTG disque Explorateur, et confirmez vos intentions dans le message qui s'affiche.**

Vous pouvez maintenant parcourir et visualiser le contenu de votre clé ou encore le copier vers un dossier de votre convenance.

TRUC

Oui, cette application est en anglais, mais comprendre ses options ne réclame pas d'avoir fait de hautes études.

Sachez enfin que votre câble OTG peut rendre bien d'autres services :

- Connectez une souris USB et vous pourrez cliquer comme sur votre ordinateur.
- Connectez un clavier USB, et vous pourrez écrire avec de vraies touches.
- Connectez un hub USB offrant plusieurs ports, et vous pourrez connecter à la fois une souris, clavier, mais aussi une clé USB et ainsi de suite (pour un appareil photo numérique, cela peut être plus délicat).
- Désolé d'avoir à vous le rappeler : toutes les tablettes ne supportent pas la présence d'un câble OTG…

Établir une connexion HDMI

Le HDMI est l'une des fonctions les plus populaires disponibles sur certains appareils Android.

Pour ceux qui l'ignorent, HDMI est une prise Péritel numérique transportant une image HD et un son de haute qualité. HDMI est le sigle de *High Definition Multimedia Interface* (« interface multimédia haute définition »).

En établissant une telle connexion, vous pouvez diffuser sur un écran informatique ou une télévision les images ou les vidéos stockées sur votre tablette.

Voici comment établir une connexion HDMI (bien entendu, si c'est possible pour votre modèle de tablette) :

1. **Raccordez le câble HDMI à un moniteur ou un téléviseur disposant d'une prise idoine.**

   Si vous effectuez ce raccordement sur un téléviseur, notez le numéro du canal afin d'y accéder facilement depuis la télécommande de votre appareil. Sinon, vous risquez de chercher un long moment le canal sur lequel peut être diffusé le contenu de votre tablette. En effet, les téléviseurs modernes sont équipés de nombreuses prises en tout genre.

2. **Connectez le câble HDMI au jack HDMI de la tablette.**

   Ce jack HDMI est similaire au connecteur micro USB (s'il existe, évidemment). Il est simplement plus long.

3. **Indiquez ce que vous souhaitez diffuser par cette connexion HDMI.**

   Voici les options les plus communément rencontrées :

   - *Galerie :* L'application Galerie (ou Photos) s'ouvre. Vous pouvez alors diffuser un diaporama du contenu de la galerie en exécutant la commande correspondante du menu contextuel qui apparaît lorsque vous appuyez sur le bouton Menu.
   - *Musique :* L'application Play Musique s'exécute. Choisissez une liste de lecture, un artiste, un album, et profitez de l'affichage sur grand écran de cette application. Le son sera diffusé par les haut-parleurs du téléviseur ou de votre chaîne Hi-Fi, du moins si vous pouvez brancher votre câble HDMI sur un connecteur de celle-ci.
   - *Dupliquer l'affichage* (ou option équivalente) : L'écran de la tablette Android est affiché sur le téléviseur ou le moniteur informatique. Vous choisirez cette option pour diffuser en plein écran un film loué (par exemple).

En fait, c'est ce que vous devriez obtenir par défaut si votre tablette peut être connectée à une entrée HDMI de votre téléviseur. Dès que vous avez trouvé le bon canal de diffusion, vous devriez voir apparaître une image de votre écran tactile. Il ne vous reste plus qu'à gérer le pilotage de l'appareil

Une connexion HDMI peut être directe ou s'effectuer *via* la connexion USB de votre tablette (si celle-ci en est capable, évidemment). Vous devrez dans ce cas vous procurer un câble adapté de type SlimPort ou MHL selon votre tablette. Dans le second cas, la bonne question est : norme MHL (le câble doit être branché sur une alimentation séparée) ou MHL 2 (l'alimentation de la tablette reste indépendante). Une recherche sur le Web sera certainement la meilleure garantie que vous n'aurez pas acheté un câble pour rien

Les normes étant d'essence communicative, sachez qu'un câble MHL devrait fonctionner avec un appareil MHL 2 (il suffit de ne pas brancher le câble d'alimentation). En revanche, l'inverse sera faux.

4. **Dès que vous avez fini d'utiliser les fonctionnalités HDMI de votre tablette, débranchez le câble.**

   Si vous changez d'avis à l'Étape 3, faites glisser vers le bas le panneau des notifications et appuyez sur l'élément spécifiant la connexion HDMI. Dans le menu qui apparaît, choisissez une autre option.

Cette technique possède aussi ses variantes, comme la liaison en Wi-Fi entre la tablette et une clé dédiée, de type Chromecast ou équivalente, ou bien encore un dispositif comme le Push 2 TV de Netgear. La fonction à activer sur la tablette s'appelle alors Caster l'écran ou encore Screen Mirroring. Dans tous les cas, l'objectif est le même : partager le contenu de la mémoire, ou encore diffuser certains contenus, du petit écran vers le grand.

Tout le monde n'est pas compatible avec tout le monde Par exemple les tablettes Google adorent les clés Chromecast de Google, mais beaucoup moins les dispositifs proposés par d'autres marques.

Chapitre 17

En route, mauvaise troupe !

Dans ce chapitre :

- Basculer en mode Hors ligne (Avion)
- Une tablette délocalisée
- Échapper à l'itinérance

Dans l'espace, personne ne vous entend crier ! Je suppose que cette exclamation vous rappelle l'accroche publicitaire d'un film. Mais lequel ? Comme ce livre n'est pas un quizz sur le cinéma, effectuez quelques recherches sur Internet pour trouver cette référence. (Indice : il s'agit du second long métrage de Ridley Scott.) Se pose alors la question de savoir pourquoi je fais référence à un film de science-fiction ? Eh bien tout simplement pour aborder un sujet susceptible de fâcher les utilisateurs d'un appareil mobile : je veux parler de son utilisation à l'étranger ou tout simplement en voyage.

Itinéraire d'un Android gâté

N'OUBLIEZ PAS

Votre tablette ne connaît que le Wi-Fi ? Les réseaux de données mobiles la laissent totalement indifférente ? Vous devriez pouvoir passer ce chapitre sans problèmes. Mais, après tout, autant y jeter un coup d'œil. Qui sait ce qui se passera demain ?

Jusqu'où pouvez-vous aller avec votre tablette ? En fait, très exactement là où vous voulez. Bien entendu, la manière dont elle fonctionne dépend de votre environnement, et en particulier de votre possibilité ou non dc vous connecter à un réseau Wi-Fi. Voire plus si affinité (pour le cas où votre tablette ne se contenterait pas de cet unique mode de communication).

Mettez votre ceinture, nous allons décoller !

Si vous avez récemment pris l'avion, vous savez qu'il est interdit d'utiliser des appareils électroniques au décollage et à l'atterrissage de l'appareil et d'utiliser une connexion réseau (Wi-Fi ou cellulaire) durant la totalité du vol.

Il est en revanche possible d'utiliser votre tablette ou smartphone comme un lecteur MP3 ou une console de jeux durant le vol, sans pour autant porter atteinte à la sécurité des passagers et de l'équipage. Le secret consiste à basculer votre appareil en mode Avion ou Hors ligne :

1. **Déroulez la zone des notifications en faisant glisser le haut de l'écran de la tablette vers le bas.**
2. **Touchez la barre du haut pour afficher le widget de configuration des connexions réseau.**
3. **Touchez l'icône Mode Avion afin de l'activer (elle doit passer du gris au blanc).**

Vous disposez également d'une autre méthode pour basculer en mode Avion :

1. **Depuis l'écran Accueil, appuyez sur le bouton Applis.**
2. **Choisissez Paramètres, puis touchez l'option Plus dans la rubrique Sans fil et réseaux.**
3. **Touchez l'option Mode Avion pour l'activer (son bouton doit devenir vert).**

Lorsque l'appareil est en mode Avion (ou Hors ligne), l'icône d'un avion apparaît généralement dans la barre des notifications. L'écran de verrouillage peut également mentionner qu'aucun service n'est disponible. Pour quitter ce mode, répétez les étapes précédentes.

N'OUBLIEZ PAS

- Officiellement, vous devriez généralement éteindre tout appareil électronique capable de communiquer en Wi-Fi lorsque l'avion décolle ou atterrit. Mais la situation évolue rapidement. Renseignez-vous avant le décollage en questionnant l'hôtesse.
- En fait, de plus en plus de compagnies aériennes proposent un service de connexion Wi-Fi dans leurs avions. Mais, là encore, il vaut mieux se renseigner à l'avance pour savoir comment ce service fonctionne, et surtout s'il est payant. Dans ce cas, il vous

Quelques conseils en avion

Bien que je ne prenne pas souvent l'avion, voici quelques petits conseils sur l'utilisation de votre appareil mobile dans cet environnement particulier :

- **Effectuez un chargement complet de la batterie avant votre départ.** En effet, vous serez bien content de pouvoir utiliser votre petit bijou pendant toute la durée du vol.
- **Emportez un chargeur.** Certains aéroports permettent de recharger votre tablette ou votre smartphone. Parfois, des bornes USB sont à votre disposition.
- **Procurez-vous des raccords pour votre chargeur.** Le format des prises de courant n'est pas standardisé, y compris dans l'Union européenne. Vous devrez donc vous renseigner au préalable, et, si nécessaire, faire l'acquisition d'un kit vous permettant de brancher votre chargeur sur les prises du ou des pays où vous vous rendez. Mais, bien sûr, l'USB est le même partout.
- **Au contrôle de sécurité, mettez votre appareil électronique dans le panier.** Ceci vaut pour tous les matériels électroniques que vous emportez. Dans le cas contraire, vous risquez de faire sonner le portail, attirant ainsi vers vous des agents de sécurité très dissuasifs.
- **Obéissez toujours à l'ordre des membres d'équipage d'éteindre votre tablette, votre téléphone cellulaire ou tout autre appareil électronique au décollage ou à l'atterrissage.** Ne vous contentez pas de basculer en mode Avion/Hors ligne. Éteignez vos petits compagnons communicants !
- **Utilisez l'application Agenda de votre tablette pour connaître les horaires de vos vols.** En règle générale, j'ajoute l'heure de décollage et d'atterrissage. Pour le lieu, j'utilise les codes des aéroports. N'oubliez pas d'indiquer l'heure locale.
- **Vous pouvez utiliser certaines applications Android spécialement conçues pour les aéroports.** Par exemple, vous pouvez scanner votre carte d'embarquement.
- **Certaines applications d'organisation des détails de votre voyage sont plus sophistiquées que l'utilitaire Agenda de votre tablette Android.** Visitez Play Store et faites des recherches sur les termes *avion* ou *voyage* (*airline* ou *travel*). Le plus rapide consiste à ouvrir directement la catégorie Voyages et infos locales.

suffira d'activer le Wi-Fi sur votre tablette, comme l'explique le Chapitre 15. Vous n'aurez plus ensuite qu'à saisir le code qui vous aura été communiqué une fois le signal disponible.

- Vous pouvez également basculer votre tablette Android en mode Veille pendant toute la durée du vol. Ainsi, elle redeviendra opérationnelle bien plus vite que si vous l'éteignez. À ce sujet, reportez-vous au Chapitre 2.
- Il est possible que le protocole Bluetooth soit désactivé en mode Avion/Hors ligne. La connexion Bluetooth est étudiée au Chapitre 15.
- Le mode Avion/Hors ligne n'empêche pas de créer des courriers électroniques. Bien entendu, le message ne sera envoyé qu'après désactivation de ce mode.
- De nombreuses compagnies aériennes proposent une connexion réseau sans fil à bord de leurs appareils. Pour en profiter, basculez en mode Avion/Hors ligne et (ré)activez la fonctionnalité Wi-Fi comme cela est expliqué au Chapitre 15.

Consulter des pages Internet quand vous n'êtes pas en ligne

D'accord, Chrome ne va pas beaucoup vous aider pendant vos déplacements. Mis à part l'option Historique de son menu, vous ne trouverez aucune option qui vous permette de stocker des pages Web que vous pourrez ensuite consulter à loisir dans diverses positions et circonstances.

En fait, et sauf à utiliser un navigateur Web autre que Chrome, vos choix sont réellement limités. En gros et dans le détail, je ne peux que vous conseiller d'ouvrir sur votre ordinateur de bureau la page Web que vous voudriez emporter avec vous et à l'enregistrer (appuyez sur la touche Alt, puis choisissez la commande Enregistrer sous dans le menu Fichier).

Servez-vous ensuite des méthodes décrites dans les Chapitres 15 et 16 pour transférer le fichier source et le dossier associé ainsi créés vers la mémoire interne de votre tablette. Il ne vous restera plus alors qu'à faire appel à un bon gestionnaire de fichiers tel qu'ES Explorateur de fichiers pour pouvoir relire les pages ainsi mémorisées.

Si vous utilisez cette méthode et que vous arriviez à localiser la bonne page Web, touchez l'icône qui la représente. Choisissez ensuite l'option Visionneuse HTML dans le menu qui apparaît (voir la Figure 17.1). Vous devriez pouvoir visualiser sans trop de soucis la page que vous avez sauvegardée.

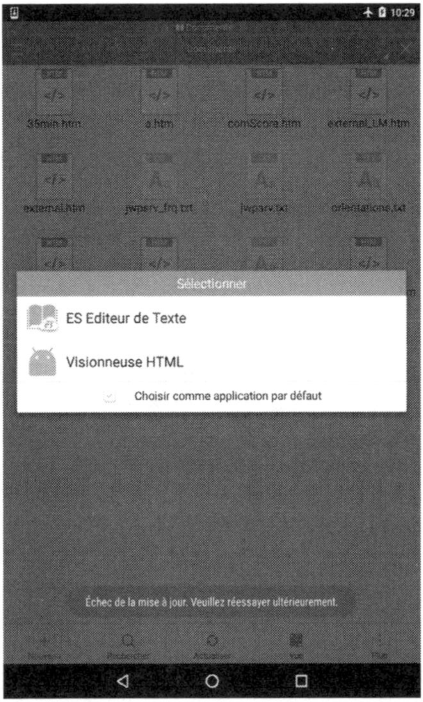

Figure 17.1 : Consulter un document HTML hors ligne.

- L'option ES Editeur de texte n'affiche que le code dissimulé derrière la page Web.
- Cette méthode est lourde, certes, mais vous n'avez pas vraiment le choix.
- Les liens présents dans une page Web que vous avez enregistrée de cette manière ne seront peut-être plus opérationnels lorsque vous la consulterez plus tard.
- Certains constructeurs ajoutent leur propre navigateur Internet. Celui-ci peut très bien proposer des options plus complètes que Chrome pour le stockage et la relecture de pages Web hors ligne.

Quelle heure est-il à Bangkok ?

Une fois arrivé à destination, il est possible que votre tablette se mette automatiquement à l'heure locale. Ou pas. Mais rassurez-vous : quelques petits réglages remettront les choses dans l'ordre :

1. **Ouvrez l'application Paramètres.**
2. **Faites défiler la liste des options vers le bas et touchez la ligne Date et heure.**
3. **Si vous voyez un réglage appelé Date/Heure automatique, assurez-vous qu'il est activé. Sinon, touchez cette ligne pour faire faire passer son bouton en vert.**

   Cette simple manipulation devrait suffire à remettre la pendule interne de votre tablette à la bonne heure. Sinon, passez à l'Étape 4.
4. **Touchez l'option Définir le fuseau horaire.**
5. **Sélectionnez le bon fuseau dans la liste.**

Si vous avez des rendez-vous là où vous vous êtes rendu, ouvrez l'application Agenda et assurez-vous que les heures de début et de fin ont été correctement ajustées. Et si un message vous propose d'adapter votre emploi du temps à ce fuseau horaire, acceptez la proposition.

La tête ailleurs

L'avion est une chose, mais il y a aussi le train ou tout simplement votre voiture. Aucun problème. La plus grande difficulté, finalement, c'est de trouver un point d'accès sans fil pour pouvoir utiliser les capacités de connexion Internet de votre tablette. Et puis, bien sûr, de repérer une prise de courant pour recharger sa batterie.

- Si vous devez vous rendre au Bamboulistan, ou plus simplement en Grande-Bretagne, renseignez-vous sur le format des prises de courant du pays et procurez-vous un adaptateur secteur adapté.
- Le Wi-Fi est pratiquement universel. Dès lors que vous êtes dans un endroit où un tel signal est disponible et que vous pouvez obtenir le code qui vous permet de vous y connecter pour lire vos e-mails, naviguer sur le Web ou toute autre activité Internet, c'est parfait.

- La plupart des hôtels modernes disposent d'un point d'accès Wi-Fi à l'usage de leurs clients. Même s'il ne fonctionne que dans le salon de l'hôtel, c'est suffisant pour vous connecter.

- Si vous devez appeler votre grand-mère en déplacement, un accès Wi-Fi risque de ne pas suffire, tout simplement parce qu'elle a un *vrai* téléphone. Vous devrez non seulement vous doter d'une application telle que Skype, mais également acheter des crédits Skype avant de partir. Le Wi-Fi, c'est gratuit, mais ça n'a parfois pas de prix !

Chapitre 18

Personnaliser et configurer votre tablette

Dans ce chapitre :

- Modifier l'image d'arrière-plan
- Afficher les applications favorites sur l'écran d'accueil
- Réorganiser l'écran d'accueil
- Configurer le verrouillage
- Créer un texte personnalisé
- Modifier les réglages
- Ajouter d'autres utilisateurs

La personnalisation d'une tablette Android n'est pas comme le tuning d'une voiture, en ce sens où vous n'en améliorerez pas la carrosserie. Ainsi, protéger votre tablette avec une coque spécifique ne constitue pas une personnalisation.

Non ! L'idée maîtresse de la *customisation* de votre tablette consiste à agir sur sa beauté intérieure. En d'autres termes, vous allez personnaliser le système d'exploitation Android en modifiant les sons, l'écran d'accueil, la sécurité, et bien d'autres choses encore. L'idée est de rendre votre tablette unique, tout en répondant à vos besoins propres.

C'est votre écran d'accueil !

Votre tablette affiche un écran d'accueil par défaut dont vous pouvez personnaliser les widgets et les icônes afin d'avoir toujours à portée de main ceux et celles que vous sollicitez le plus souvent. Bien entendu, vous pouvez modifier l'image d'arrière-plan pour qu'elle réponde à votre humeur du jour ou à votre philosophie de la vie.

Pour changer l'écran d'accueil, commencez par l'afficher. Faites ensuite un appui long sur une zone vide de l'écran. Que voyez-vous apparaître ? Une série de boutons qui vous donnent respectivement accès au choix des fonds d'écran, ou encore à certaines applications (voir la Figure 18.1).

Figure 18.1 : Comment sélectionner un fond d'écran.

TRUC

Selon la manière dont Android est installé sur votre tablette, la présentation peut être différente. Il vous sera peut-être proposé d'accéder aux widgets installés sur votre appareil ou aux paramètres liés à la recherche Google, plus précisément à Google Now.

Touchez simplement le bouton Fonds d'écran. Il ne vous reste plus qu'à faire défiler, en bas de l'écran, la série des images qui vous sont proposées, voire dans certains cas à sélectionner une image déjà enregistrée sur votre tablette.

- Les options de personnalisation de l'écran d'accueil varient d'une tablette Android à une autre.
- Les fonds d'écrans animés, c'est très sympathique *a priori*. En réalité, ce n'est généralement pas une si bonne idée que cela, car ces animations sont souvent très consommatrices de batterie.
- Les fonds d'écran animés (ou non) qui sont proposés par défaut sont, il faut le dire, assez pauvres. Vous pourrez en trouver des quantités assez impressionnantes sur Play Store (voyez évidemment la catégorie « fond d'écran animé »). Mais prudence, car on ne sait pas toujours où on met les pieds (ou plutôt les doigts). Après tout, une bonne photo personnelle, c'est très bien…

Personnaliser l'arrière-plan

Nous venons de voir que l'écran d'accueil peut afficher deux types de fonds : fixes ou animés. Les fonds fixes sont composés d'images prédéfinies, ou provenant de l'application Photos. Voici comment changer le fond d'écran pour sélectionner une image personnalisée :

1. **Appuyez longuement sur l'écran d'accueil, puis touchez le bouton Photos (voir la Figure 18.2).**

   N'OUBLIEZ PAS

   Selon le constructeur, d'autres options peuvent vous être proposées, par exemple Galerie, ou encore Sélectionner une image.

   Dans un cas, l'application choisie va s'ouvrir (voyez à ce sujet le Chapitre 11). Dans le second cas, c'est le gestionnaire de fichiers maison qui va apparaître. Il vous propose une série d'emplacements, du dossier des téléchargements ou encore d'un stockage sur le nuage Internet de Google Drive.

2. **Faites défiler vos photos, puis, une fois localisée, touchez l'image qui va faire votre bonheur.**

   TRUC

   Pour aller plus vite, commencez à faire défiler les photos. Un curseur va apparaître sur le bord droit de l'écran. Faites-le glisser vers le bas ou vers le haut pour faire défiler les images mois par mois.

Figure 18.2 : Choisir une image pour définir le fond d'écran.

Un cadre de redimensionnement peut éventuellement apparaître sur l'image. Définissez alors la partie de la photo qui sera utilisée comme arrière-plan de l'écran d'accueil. Sinon, la méthode privilégiée par le constructeur de la tablette peut être d'ajuster l'image en hauteur et de la faire défiler sur le côté lorsque vous effleurez l'écran d'accueil pour changer de page.

Certains fonds d'écran animés peuvent être paramétrés.

3. **Si le fond sélectionné vous convient, appuyez sur le bouton Définir comme fond d'écran (ou Enregistrer, selon le cas).**

   Le nouveau fond d'écran remplace l'ancien.

Un fond d'écran animé est un arrière-plan interactif. Comme son nom l'indique, il diffuse une petite animation en boucle.

- Lorsque l'écran d'accueil est couvert d'icônes, il est parfois plus simple de changer de fond d'écran en ouvrant l'application Paramètres. Choisissez alors Affichage, puis Fond d'écran.

- L'application Zedge propose une fonction de définition de fond d'écran très intéressante. Vous la trouverez sur Play Store, dont l'utilisation est expliquée au Chapitre 14.
- Pour plus d'informations sur l'application Photos, et notamment le recadrage d'une image avant de la choisir comme fond d'écran, reportez-vous au Chapitre 11.

Ajouter des applications à l'écran d'accueil

Vous pouvez placer sur l'écran d'accueil toutes les applications nécessaires à vos activités. Pour cela, conformez-vous aux étapes suivantes :

1. **Affichez l'écran d'accueil et sélectionnez le panneau dans lequel vous souhaitez ajouter le raccourci d'une application.**

   Effleurez l'écran vers la droite ou vers la gauche pour localiser le meilleur emplacement possible. Le panneau sélectionné doit comporter suffisamment d'espace vide pour accueillir une ou plusieurs nouvelles icônes.

2. **Touchez ensuite le bouton Applications pour accéder à l'ensemble des applications installées sur votre tablette.**
3. **Appuyez longuement sur l'icône de l'application que vous souhaitez ajouter au panneau sélectionné de votre écran d'accueil.**
4. **Glissez-déposez l'icône sur le panneau de l'écran d'accueil qui apparaît.**

L'application en elle-même n'a pas bougé. En réalité, vous avez placé sur l'écran d'accueil un *raccourci* vers cette application, exactement comme vous le faites sur un ordinateur. Par conséquent, le programme en question est toujours disponible via le panneau Applications de votre tablette.

- Les tablettes Android utilisent une *barre des favoris* qui contient les applications les plus souvent utilisées. Cette barre est affichée en permanence dans la partie inférieure de l'écran d'accueil. Pour modifier les applications de la barre, faites un appui long sur une des icônes qu'il contient, puis faites-la glisser quelque part sur la page courante.
- Pour combler un espace laissé vide sur la barre des favoris, faites un appui long sur l'icône de l'application que vous voulez ajouter à ces favoris, et faites-la glisser jusqu'en bas de l'écran.

- Vous ne pouvez pas remplacer l'icône Applis de la barre des favoris.
- Le déplacement des applications sur l'écran d'accueil ou sur un de ses panneaux est expliqué à la section « Réorganiser et supprimer des icônes et des widgets ».

Glisser des widgets

Les widgets sont de petites fenêtres interactives distillant généralement des informations régulièrement mises à jour. Ainsi, vous connaissez l'heure et le jour en cours, la météo, ou bien encore le titre d'une chanson en cours de diffusion. Le moteur de recherche Google est aussi un widget, et de nombreuses applications proposent à la fois un simple raccourci et un ou plusieurs widgets. Vous avez alors le choix pour agrémenter votre écran d'accueil selon vos préférences.

Voici comment gérer les widgets de l'écran d'accueil :

1. **Affichez un panneau de l'écran d'accueil disposant d'un espace vide suffisant pour accueillir de nouveaux widgets.**

   Les widgets occupent un espace plus conséquent que les icônes des applications.

2. **Appuyez sur le bouton Applis, puis sur Widgets.**
3. **Effleurez l'écran vers la gauche ou vers la droite jusqu'à ce que vous ayez repéré le widget qui vous intéresse (voir la Figure 18.3).**
4. **Faites un appui long sur l'aperçu du widget, puis déposez-le à l'emplacement voulu sur l'écran d'accueil.**

Comme vous pouvez le constater, le principe est le même que pour n'importe quel raccourci d'application, à ceci près qu'un seul widget peut parfaitement remplir à lui tout seul une bonne partie de l'écran !

Avant de choisir un widget, jetez un coup d'œil sur l'indication de sa taille, en bas et à droite de son aperçu. Sur l'illustration de la Figure 18.3, par exemple, vous constatez que le widget Agenda occupe un espace correspondant à trois cases d'icônes en largeur, et trois en hauteur. Selon la résolution de l'écran de votre tablette, l'espace disponible sur un seul écran peut permettre d'installer de seize raccourcis à environ une trentaine. N'oubliez pas ce point si vous ne voulez pas transformer votre écran en un fouillis indescriptible !

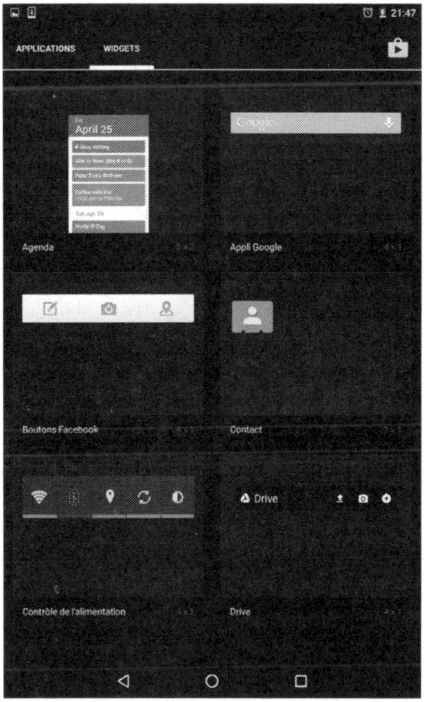

Figure 18.3 : Choisir un widget.

La quantité de widgets disponibles dépend des applications installées sur votre tablette. Sachez que toutes les applications n'ont pas un widget associé.

- Si tout va bien, les icônes déjà présentes sur l'écran d'accueil se pousseront pour faire de la place au nouvel arrivant.
- Certains widgets peuvent être redimensionnés. Pour cela, faites un appui long sur l'icône du widget. Des poignées vont alors apparaître sur les côtés. Il vous suffit de faire glisser une poignée et de relâcher pour changer la taille du widget (voir la Figure 18.4).
- Vous trouverez d'autres widgets sur Google Play (dont l'utilisation est étudiée au Chapitre 14).
- Pour supprimer, déplacer, ou réorganiser des widgets, reportez-vous à la section « Réorganiser et supprimer des icônes et des widgets » plus loin dans ce chapitre.

Figure 18.4 : Redimensionner un widget.

Créer des raccourcis personnalisés

Tout ce qui est présent sur l'écran d'accueil correspond à un raccourci. *De facto*, les raccourcis ne sont pas forcément des applications. Ainsi, vous pouvez utiliser des raccourcis qui faciliteront l'utilisation des diverses fonctionnalités de votre tablette.

Par exemple, j'ai installé un raccourci de l'application Maps sur mon écran d'accueil pour retrouver plus rapidement mon chemin. Je jure que je suis sobre quand j'utilise ce raccourci.

Pour ajouter un raccourci personnalisé sur un des panneaux de l'écran d'accueil, le plus simple consiste à exécuter la procédure d'installation de widgets (voyez la section précédente). Localisez alors le widget qui correspond à ce que vous voulez faire : accéder directement à un contact ou à une adresse de messagerie, mettre en avant un itinéraire que vous parcourez fréquemment, et ainsi de suite.

Ces favoris personnels occupent le même espace qu'un raccourci d'application, soit une seule case sur l'écran.

- Dès que vous relâchez la pression, une fenêtre va s'ouvrir pour vous demander de préciser ce que le favori doit gérer : les coordonnées d'un contact, une adresse de messagerie, un certain itinéraire, et ainsi de suite.
- Les principaux widgets de favoris fournis en standard avec les tablettes Android sont : Contact, Drive, Favori (sous-entendu Internet), Itinéraire, Libellé Gmail, ou encore Raccourci vers les paramètres.
- Certaines applications, comme Contacts ou bien Chrome, proposent directement de placer des favoris sur l'écran d'accueil.
- Bien entendu, le constructeur de votre tablette peut avoir ajouté ses propres widgets et favoris.

Réorganiser et supprimer des icônes et des widgets

Les divers panneaux de votre écran d'accueil peuvent être rapidement submergés d'icônes et de widgets. Par conséquent, il est utile de les réorganiser pour mieux les utiliser en fonction de vos besoins, mais aussi de supprimer celles et ceux qui sont devenus obsolètes.

Appuyez sur une icône d'un des panneaux de l'écran d'accueil et déplacez-la sur toute la surface de l'écran tactile pour lui assigner une nouvelle position, comme le montre la Figure 18.5. Relâchez votre pression du doigt pour ancrer l'icône ou le widget à cet emplacement spécifique.

Vous pouvez glisser-déplacer une icône vers un autre emplacement de l'écran d'accueil ou vers un autre de ses panneaux. Vous pouvez également glisser-déposer l'icône sur le bouton Supprimer (certains appareils affichent à la plage une corbeille) pour la retirer de l'écran d'accueil.

Les widgets se déplacent et se suppriment comme des icônes.

- Le bouton Supprimer ou l'icône de la corbeille apparaît en haut ou en bas de l'écran.
- Lorsque vous supprimez une icône ou un widget, l'élément disparaît de l'écran d'accueil. Toutefois, l'application ou le widget original reste stocké dans votre tablette. Ainsi, l'application sera

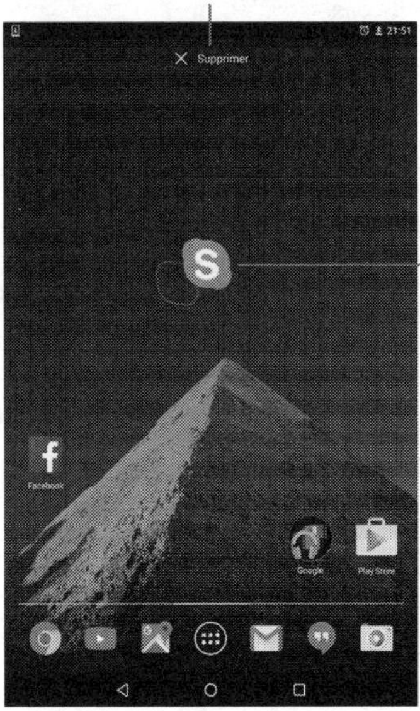

Figure 18.5 : Déplacer une icône de raccourci (ou un widget).

toujours accessible depuis le panneau Applications, et le widget pourra être ajouté selon les procédures décrites un peu plus haut dans ce chapitre.

- Il est également possible de déposer une icône sur la barre des favoris.
- Lorsqu'une icône est déposée sur le bouton Supprimer ou la corbeille, elle prend une teinte rouge pour vous alerter de sa potentielle disparition.

Créer des dossiers pour les applications

Votre tablette propose plusieurs pages pour l'écran d'accueil. Chaque page est formée d'une grille d'un *certain* nombre de cases (*certain* dépend de la résolution de l'écran et des choix faits par le constructeur). Il y a de quoi ranger beaucoup d'applications, mais vos pages finiront bien par se remplir un jour, surtout si vous aimez les grands widgets.

Réfléchissez à ceci : parmi toutes vos applications, il y en a qui se rangent facilement dans une même catégorie, qu'il s'agisse par exemple de jeux ou d'utilitaires. Pouvoir les regrouper serait donc particulièrement intéressant. Et c'est possible. Pour cela, vous avez la possibilité de créer des dossiers.

Un *dossier*, c'est simplement une collection de plusieurs applications (ou plus exactement de plusieurs raccourcis vers des applications) que vous enregistrez sous une seule icône, donc dans une seule case, de l'écran d'accueil ou de la barre des favoris.

Pour construire un nouveau dossier, il vous suffit de faire glisser une icône sur une autre, de manière à ce qu'elles se retrouvent superposées dans la même case de la grille. Maintenez le doigt appuyé sur la première application, puis déplacez-la au-dessus de la seconde. Les deux icônes apparaissent dans un cercle (voir la Figure 18.6).

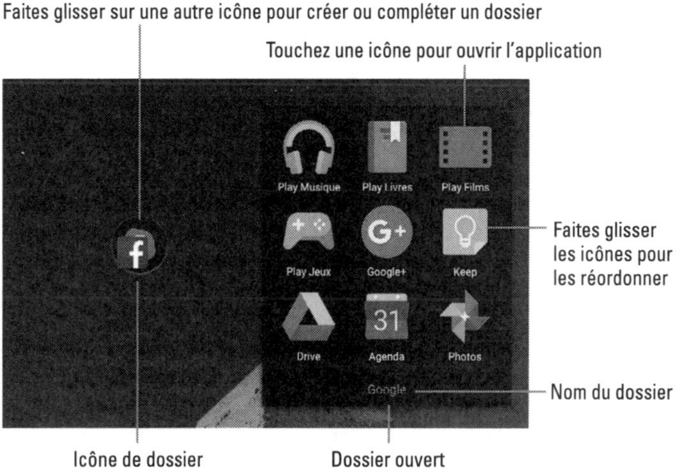

Figure 18.6 : Ajouter des dossiers à l'écran d'accueil.

Pour ouvrir un dossier, touchez-le. Son contenu s'affiche. Touchez ensuite une des icônes qu'il contient pour lancer l'application correspondante.

- Les dossiers se gèrent exactement comme les raccourcis des applications. Vous pouvez donc les déplacer sur l'écran d'accueil avec un appui long, ou encore les supprimer. Voyez la section suivante.

TRUC

- Pour (re)nommer un dossier, ouvrez-le puis faites un appui long sur son nom par défaut ou actuel. Saisissez ensuite le titre voulu à l'aide du clavier virtuel.
- Pour ajouter une application supplémentaire à un dossier, procédez comme nous l'avons vu plus haut, mais en relâchant cette

fois la nouvelle icône sur celle du dossier au moment où un cercle apparaît.

- Si vous ajoutez une nouvelle application à l'écran d'accueil en la déposant sur une autre icône, vous créez instantanément un dossier.
- Pour retirer une icône d'un dossier, ouvrez celui-ci, puis faites un appui long sur l'icône voulue et faites-la glisser en dehors du dossier.
- Si vous enlevez l'avant-dernière application d'un dossier, celui-ci est effacé. Autrement dit, la dernière icône qu'il contenait reprend son aspect normal sur l'écran d'accueil.

Déplacer les pages de l'écran d'accueil

La plupart des tablettes Android permettent de réorganiser les panneaux de l'écran d'accueil. Vous pouvez même en ajouter et en supprimer.

TRUC

La plupart, cela n'implique donc pas *toutes*… Si la vôtre ne sait pas quoi faire de ses pages, désolé, passez à la section suivante.

ATTENTION !

Chaque constructeur, voire chaque modèle d'un constructeur, peut utiliser sa propre technique pour la gestion des panneaux de l'écran d'accueil. Par exemple, un pincement sur l'écran avec deux doigts largement écartés au départ peut afficher toutes les pages disponibles. Ensuite, tout se passe comme pour nos habituelles icônes : appui long et déplacement pour réorganiser les panneaux, possibilité de supprimer une page ou au contraire d'en rajouter, *etc.*

Une autre technique possible consiste à faire un appui long sur l'écran afin d'afficher des vignettes de taille réduite. Vous pouvez alors faire un appui long sur la vignette d'une page et la faire glisser pour réorganiser vos écrans.

- L'écran d'accueil principal est celui qui s'affiche systématiquement lorsque vous appuyez sur le bouton sensible Accueil.
- Certaines tablettes vous permettent de créer de nouvelles pages à la volée. D'autres en insèrent lorsque vous tentez d'ajouter une icône à un écran déjà plein, ou au contraire en suppriment lorsqu'une page est vidée de tout son contenu (hormis la barre des favoris, bien sûr).

- Bien souvent, le nombre total de pages qui composent l'écran d'accueil est limité (à cinq ou à sept panneaux). Mais certaines tablettes ne semblent pas poser de limites impératives.

Verrouiller une tablette Android

Votre tablette Android est équipée d'un *verrou*. Il s'agit d'un écran qui apparaît au bout de quelques minutes pour éviter une utilisation accidentelle de certaines fonctionnalités.

Le verrouillage peut être complété par divers types de sécurité évitant ainsi d'utiliser la tablette à votre insu. Cela va du simple effleurement de l'écran à la définition d'un motif graphique, en passant par le code PIN ou un mot de passe.

N'OUBLIEZ PAS

D'autres modes de déverrouillage peuvent ou non être proposés, comme la reconnaissance faciale et ou vocale, un certain type de mouvement, voire la reconnaissance des empreintes ou de l'iris.

N'OUBLIEZ PAS

Bien sûr, votre tablette reste à la maison, et la sécurité n'est pas votre souci principal. Jusqu'au jour où vos enfants s'amusent avec votre carte bancaire pour acheter par exemple des bonus dans un jeu…

Trouver les options de verrouillage

Pour localiser les options de verrouillage, suivez cette procédure :

1. **Ouvrez l'application Paramètres.**
2. **Dans la liste des paramètres, touchez l'option Sécurité.**
3. **Touchez l'option Verrouillage de l'écran pour choisir le mode de protection qui vous convient le mieux**.

Les principaux choix sont : Balayer l'écran, Schéma, Code PIN et Mot de passe, dont le fonctionnement générique est expliqué dans les prochaines sections.

- Si vous choisissez Balayer l'écran (ou Aucun), cela signifie qu'il n'y a pas de verrouillage du tout. Je vous conseille dans ce cas de fixer solidement votre tablette sur une chaîne que vous porterez jour et nuit autour du cou. D'accord, c'est un peu lourd. Et même comme cela, autant peut-être la donner tout de suite pour vous éviter des sueurs froides…
- Certaines tablettes vous proposent un verrouillage par détection du visage. Vous vous prenez en photo avec la caméra frontale, et

l'appareil devra vous reconnaître chaque fois que vous voulez le déverrouiller. Voilà de quoi s'énerver et se placer dans des situations un peu ridicules, et surtout inefficaces. Et si quelqu'un a une bonne photo de vous, il pourrait bien arriver à tromper la tablette. Bref, ce n'est pas vraiment une bonne option.

- Le verrouillage choisi affectera le démarrage ou la sortie de veille de votre tablette. Pour plus de détails à ce sujet, consultez le Chapitre 2.

- Consultez l'encadré, « Le verrouillage n'opère pas ! » pour apprendre à configurer la durée au terme de laquelle le verrouillage s'active.

Le verrouillage n'opère pas !

Le verrouillage est actif chaque fois que vous allumez la tablette ou que vous la sortez du mode Veille. Toutefois, l'activation du verrouillage dépend de l'écoulement d'un certain laps de temps que vous devez définir.

Par défaut, cette durée est fixée à une certaine valeur par le constructeur (généralement, c'est autour de la minute). Pour sécuriser davantage votre tablette, vous pouvez réduire ce laps de temps. Pour cela, ouvrez l'application Paramètres et sélectionnez l'option Affichage. Dans le panneau qui apparaît, touchez Veille. Dans la liste des durées prédéfinies, choisissez celle au terme de laquelle le verrouillage de la tablette s'activera. Vous pouvez ensuite quitter l'application Paramètres.

Supprimer un verrouillage

Pour désactiver le mode de verrouillage courant, il n'y a pas de miracle : faites comme si vous vouliez le définir en reprenant la séquence Paramètres/Sécurité/Écran de verrouillage.

Maintenant, et c'est là où les choses deviennent délicates, vous allez devoir effectuer la manipulation que vous avez sélectionnée pour déverrouiller l'écran (tracer votre motif, saisir votre code PIN ou encore votre mot de passe). Si vous avez oublié comment faire, vous êtes mal ! Quand c'est fait, vous revenez aux paramètres de déverrouillage et vous pouvez alors définir une nouvelle procédure à votre convenance.

Créer un schéma

Le motif de déverrouillage est probablement le moins conventionnel, mais certainement pas le plus sécurisé. En effet, pour déverrouiller votre tablette, vous devez tracer un motif du bout du doigt. Et comme le nombre de possibilités n'est pas illimité, votre garantie est relativement minimale.

Voici comment créer un schéma :

1. **Accédez à l'écran de définition du mode de verrouillage en suivant les étapes décrites un peu plus haut dans ce chapitre.**
2. **Touchez l'option Schéma.**

   Si un didacticiel explique la technique de création d'un modèle, consultez-le puis touchez le bouton Suivant.
3. **Tracez un motif en reliant des points.**

   La Figure 18.7 illustre cette technique.

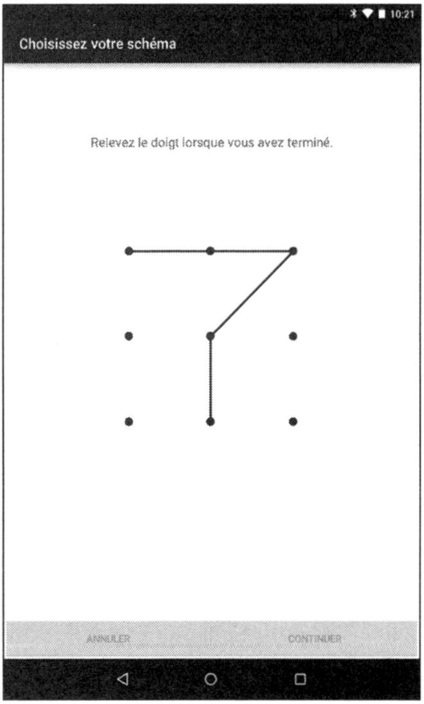

Figure 18.7 : Tracer un motif de déverrouillage.

ATTENTION !

Les lignes que vous tracez avec le doigt ne doivent pas se croiser.

4. **Touchez le bouton Continuer.**
5. **Confirmez le motif en le traçant une nouvelle fois.**
6. **Touchez le bouton Confirmer.**
7. **Le cas échéant, demandez à limiter les informations affichées dans la barre des notifications accessible depuis l'écran de verrouillage (voir la Figure 18.8).**

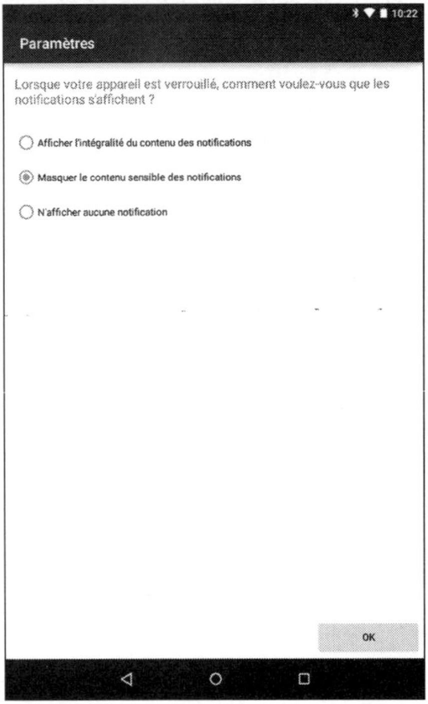

Figure 18.8 : Restreindre les notifications sur l'écran de verrouillage.

N'OUBLIEZ PAS

Certains modèles vous demandent d'associer un code PIN au schéma, pour le cas où vous auriez oublié à quoi ressemble celui-ci…

TRUC

Quand vous choisissez ce mode de verrouillage, une option de sécurité supplémentaire peut apparaître. Elle indique quelque chose comme Faire apparaître le schéma, ou encore Rendre le modèle visible. Autrement dit, une série de points apparaîtra sur l'écran de verrouillage pour vous guider. Pour *encore* plus de sécurité, vous devriez logiquement décocher cette option. Vous serez alors obligé de tracer le motif sans modèle. Attention aux trous de mémoire !

- Le motif de verrouillage peut partir de n'importe quel point.
- Le motif peut être aussi simple que sophistiqué.
- Assurez-vous que vos mains sont propres pour ne pas perturber le tracé du motif (et éviter de laisser des traces sur l'écran qui permettraient de deviner le schéma).

Définir un code PIN

Un verrouillage par code PIN nécessite de 4 à 16 chiffres de 0 à 9. Pour créer ce code, reportez-vous à la procédure d'accès aux paramètres de verrouillage étudiée plus haut dans ce chapitre. Ensuite, dans les paramètres de déverrouillage de l'écran, optez pour l'option Code PIN.

Vous devrez saisir deux fois le code de déverrouillage à utiliser afin de confirmer vos intentions.

Lorsque la tablette sera en veille, vous devrez taper à nouveau ce code pour le déverrouiller.

- Ne choisissez pas un code trop long et compliqué. Le risque de l'oublier ou de se tromper serait trop important.
- Bien entendu, un code trop simple, par exemple celui que vous utilisez systématiquement pour ouvrir votre porte d'entrée ou pour retirer de l'argent dans un distributeur, serait une *très* mauvaise idée.

Appliquer un mot de passe

La technique de verrouillage la plus sûre et la mieux maîtrisée par les utilisateurs consiste à définir un mot de passe.

La démarche est exactement la même que pour définir un code PIN. Vous devez saisir, puis confirmer, une série d'au moins quatre caractères contenant une lettre au minimum.

- Le premier caractère ne peut pas être un chiffre.
- Comme pour un code PIN, un mot de passe trop long ou trop complexe est une vraie source d'erreur de saisie et/ou de trou de mémoire.

- Une pratique reconnue comme efficace consiste à associer deux mots assez courts, sans rapport entre eux.
- Autre bonne recommandation : utiliser des lettres minuscules *et* majuscules.

Réglages divers

Les tablettes Android débordent d'options et de paramètres en tous genres qui permettent de singulariser votre environnement de communication mobile. L'idée maîtresse de tous ces réglages est de configurer votre tablette pour qu'elle soit adaptée à vos besoins propres.

Chacun pour soi, les enfants !

Votre sécurité n'a pas de prix. Mais vos enfants manipulent votre tablette comme s'ils étaient nés avec elle. Et vous avez bêtement enregistré votre numéro de carte bancaire avec votre compte Google. Là, c'est la panique. Tout n'est pas encore perdu

Vous devriez veiller à la sécurité de votre *propre* compte avant de vous lancer dans cette procédure. Sinon, elle ne servira peut-être pas à grand-chose !

1. **Ouvrez l'application Paramètres, puis choisissez l'option Utilisateurs.**

   Vous allez voir s'afficher votre nom.

2. **Touchez le bouton qui indique Ajouter un utilisateur ou un profil.**
3. **Choisissez l'une des options Utilisateur (vous avez confiance) ou Profil limité (la confiance, ça s'organise).**
4. **Suivez les instructions qui vous sont données.**

Maintenant, votre écran de verrouillage vous proposera de choisir l'utilisateur qui aura (plus ou moins) accès au contenu de la tablette. Mieux vaut alors ne pas avoir oublié votre mot de passe personnel !

Personnaliser vos informations

Dans le mode de déverrouillage par défaut, c'est-à-dire par glissement, l'écran n'affiche qu'un minimum de choses. Imaginons un instant que vous égariez votre tablette. Par bonheur, une personne très honnête la trouve et voudrait vous la restituer. Mais elle ne connaît pas votre mot de passe. Comment faire ? Tout simplement afficher des renseignements qui lui permettront de vous contacter. Pour cela :

1. **Dans l'application Paramètres, choisissez Sécurité, puis Message sur écran verrouillé.**
2. **Saisissez un message sur quelques lignes.**
3. **Touchez le bouton Enregistrer pour terminer.**

C'est tout ! Vous pourrez facilement de cette manière afficher votre nom, un numéro à appeler ou encore une adresse de messagerie. Bien entendu, encore faut-il que la personne qui retrouve votre tablette soit *réellement* honnête !

Pour annuler les informations du propriétaire, reprenez les étapes ci-dessus et effacez simplement le contenu de votre texte.

Modifier divers réglages

Cette section explique comment procéder à quelques réglages usuels et indispensables. Il suffit pour cela d'invoquer l'application Paramètres (mais vous en avez maintenant l'habitude).

Certaines tablettes offrent un accès direct aux principaux réglages. Pour cela, il suffit de faire glisser la barre des notifications vers le bas, et, si nécessaire, de toucher un bouton particulier sur la droite de cette barre. Dans les paragraphes qui suivent, j'indique quelle est la procédure générique, autrement dit celle qui passe par l'application Paramètres.

- **Luminosité :** Accédez au paramètre Affichage et touchez le réglage Niveau de luminosité. Faites glisser le curseur pour définir la luminosité de l'écran. Vous pouvez aussi opter pour un réglage automatique avec l'option Adaptation de la luminosité. Dans ce cas, l'appareil utilise un capteur de lumière pour définir le niveau de luminosité à appliquer en fonction des conditions d'éclairage ambiantes. Cependant, je trouve que ce mode automatique a tendance à trop assombrir l'écran.
- **Veille :** Cette option de la page Affichage permet de définir le laps de temps d'inactivité qui doit s'écouler avant que l'écran de la tablette ne s'éteigne (et donc, passe en mode Veille).
- **Volume de la tablette :** Accédez au paramètre Sons et notifications, et faites glisser les curseurs des différents réglages qui vous sont proposés en haut de l'écran. Un aperçu audio se

fait entendre pour chaque option. Profitez-en pour choisir vos sonneries par défaut (voir la Figure 18.9).

Figure 18.9 : Configurer les sons et les notifications.

Avec l'option Notifications appli , vous pouvez définir application par application ce qui peut être ou non notifié.

- **Configurer le clavier :** Accédez aux paramètres Langue et saisie. Les options varient bien entendu d'une tablette à une autre. Touchez le nom du clavier utilisé, comme Clavier Google, et activez ou désactivez les réglages à votre convenance.

Index

B

C

D

E

F

G

H

I

J

L

M

N

O

P

R

S

U

V

W

Y

Z

Notes

Notes

Notes

Notes